専門家が語る！
コーヒー
とっておきの話

日本コーヒー文化学会に所属する32名の専門家が、
他では聞けない特別なエピソードを執筆しました。
コーヒーの香りに包まれながら専門家のとっておきの
話をじっくりと味わってください。

目 次

装幀・小須田莉花／本文組版・キヅキブックス

ニッポンのコーヒーカップ

東京藝術大学特任教授（本会会長）　井谷善惠

はじめに

　明治維新以降日本の近代窯業界においては、有田や瀬戸窯業界を中心に洋食器生産への関心は高まり、外貨獲得を強く望む明治政府の後押しもあり、輸出陶磁器産業は急速な勢いで成長していった。

　コーヒーを入れる器は日本の古い焼物の伝統に基づき、明治維新以降、未だコーヒーを飲んだことのない職人たちが、「コーヒーカップ」なるものを作り、主にアメリカ向けに輸出した。その後順調に生産と輸出量を伸ばし、1960年代にはアメリカ合衆国で日本から輸出された食器のシェアは7割を超えていた。納期を守り、アメリカ人の嗜好に合わせた意匠が描かれたカップは、彼らにとってかけがえのない宝物となった。中に入れる澄んだコーヒーの色とカップに描かれた意匠を美しく見せる白磁は、我々が世界に誇ることのできる技術である。

　それらの明治以降のコーヒーカップを含めた輸出磁器を作り上げた人々を振り返りながら、様々なカップとその歴史をたどりたい。

1. 生産地と陶工たち

1-1. 瀬戸

　明治以降の日本の輸出磁器は、瀬戸や美濃の生地を使って名古屋で上絵付されたものがその中心になっていったが、そこにいたる過程において、重要な位置を占めたのは瀬戸であった。

　明治維新という時代の大きな変化は、瀬戸にも大きな混乱をもたらしたが、それは一時的なものであった。なぜなら、政治的、社会的な大変革による混乱は瀬戸窯業にとってマイナス要因となったものの、それ以上に保護政策、すなわち封建的諸制約から解放されたことがプラス要因として働いたからである。

　しかし、1879、1880（明治12、13）年頃の豊作と市場の好景気に支えられた増産は、粗製濫造と価格暴落を引き起こした。これにより、瀬戸の窯業界は再び混乱に陥り、1883（明治16）頃には、不況が深刻になった。とはいえ、この不況は窯業界

に大きな反省を与えるきっかけとなった。情勢としては厳しいなかでも、技術の改良、同業者の結集などの打開策が模索されたのである。

こうして時代は、染付から上絵付へと移っていくが、瀬戸の陶工たちは続いて活躍することになる。

その中で加藤周兵衛と加藤春光について紹介する。

加藤周兵衛（二代1848〜1903年）は、瀬戸・南新谷の陶工で初代周兵衛の長男徳七として生まれる。号は白雲堂。陶画家大島霞城（生没年不詳　号は霞城園）などを招き、染付磁器だけでなく、上絵付、正円子などの研究にも熱心であった。写真1の染付鳳凰カップは、加藤周兵衛（二代1848〜1903年）作で、周兵衛は伝統的染付と西洋風ブルー＆ホワイトのどちらの図柄も巧みにこなし、伝統的染付と西洋風デザインを描き分けている。この作品は、窯業として歴史ある瀬戸の陶工の技術力の確かさが感じられる染付の名品である。

写真1　加藤周兵衛
鳳凰柄染付　C&S

写真2　加藤春光製　卵ぼかし
デミタス　C&S　明治時代

加藤春光（初代生没年不詳　二代1881〜1958年）は、瀬戸・南新谷の陶工である。初代春光は1875（明治8）年に磁器窯を開窯し、1882（明治15）年には早くも森村組との取引を開始したといわれている。二代目は明治後期に春光を襲名し、英語をはじめとして数ヶ国語に通じていたといわれ、それにより西洋の文献を研究し、窯業上の改革を行った。

春光窯の作風は玉子ぼかしやその先にピンクの顔料をぼかしで加えた優しい色合いのものが多く生地も薄く繊細である。写真2は典型的な玉子ぼかしの瀬戸の陶工の加藤春光銘のデミタスカップである。

1-2. 有田

明治期になると、それまで磁器生産の最大のシェアを誇っていた肥前も、瀬戸において磁器生産の技術が向上したことにより、その地位が危うくなっていった。

肥前では従来、赤絵業が16戸に許されていたが、他の窯業者たちから規制緩和を望む声が上がり始めた。その結果、八代深川栄左衛門（1833-89）や深海墨之助、辻勝蔵、手塚亀之助が、1875（明治8）年に合本組織香蘭社を設立し、翌年は横浜に支店を開店している。しかし、1879（明治12）年には香蘭社が分離し、

深川栄左衛門らは香蘭合名会社を設立し、手塚亀之助、深海墨之助、辻勝蔵、河原忠次郎が精磁会社を設立している。

　また、深川栄左衛門の次男であった深川忠治（1871-1934）は、1894（明治27）年に独立して忠治製磁社を創立し、有田町幸平に工場を作った。後に、忠治は会社の規模を拡大して1911（明治44）年に深川製磁を設立するが、この深川製磁は現在も高級磁器メーカーとして操業を続けている。香蘭社もまた深川製磁と同じく、その規模を拡大し、有田において日本有数の磁器メーカーとして存続している。

　しかしながら、このように有田での磁器生産は時代が下っても継承されるが、硬質磁器の分野と西洋風食器産業においては、瀬戸と美濃の優位性が明治以降現在にいたるまで揺らぐことはなかった。ただ、肥前と瀬戸とは日本の磁器の二大産地として関係も深く、たとえば、名古屋や横浜で活躍した田代商店は、さかのぼれば有田が発祥の地であり、森村組の江副孫衛門も有田出身で、引退後は有田に戻り有田市長を務めている。

　ではここで深川製磁と香蘭社の作品を紹介してみよう。

　写真3は有田の特徴ともいえる深川製磁のカップである。日本の従来の伝統的な意匠を生かし、また余白の美しさがそれらの意匠を際立たせている。おもいきって発想をかえ、西洋風の意匠に舵を切っていった瀬戸製などと対極にある、日本の意匠を念頭に置いた有田独自の路線である。

写真3　深川製磁　デミタス
C&S　明治後期

写真4　香蘭社「色絵黒地花鳥唐草文」　C&S　明治時代

　次は黒地が珍しい香蘭社のカップ（写真4）である。鮮やかな花と鳳凰が黒の地に映え、細い金彩で描かれた唐草文がそれらを引き立て、香蘭社の技術の高さを示している。

1-3. 京都

　明治に入ると、長い歴史を持つ京都の陶磁器産業は、それまでにない痛手をこうむった。高級陶磁器を愛好した天皇家、公家、大名、豪商といった層の多くが、京都を離れたり、茶の湯を嗜み茶道具を購入するパトロンとしての地位を失ったりしたためである。

そうした中にあって、「京薩摩」と呼ばれる金襴手薩摩に似た輸出向けの陶器は評判を呼び、その生産量は1876-1880（明治9-13）年頃ピークに達している。七代錦光山宗兵衛（1858-1927）や高橋道八（1845-1897）、清風与平（1851-1914）らが、清水を主な生産地として活躍した。

写真5　七代錦光山宗兵衛作
C&S　明治時代

錦光山宗兵衛は、日本の京都で代々続いた京焼（粟田口焼）の陶工で、江戸時代前期の1645（正保二年）頃に、初代徳右衛門が粟田口にて創業したといわれている。特に七代錦光山宗兵衛（1868-1927）は明治・大正期の企業家として「錦光山」の名で多くの作品を残した。七代目は、父（六代錦光山宗兵衛）が輸出事業に積極的であったところから、若くして家業を継いで、京都の製陶業振興に貢献した。そして、薩摩焼に京焼風の絵付けをした「京薩摩」や、陶器を胎に用いた陶胎七宝などを手掛けて、「錦光山」のブランドで欧米をはじめ世界に輸出した。写真5のカップは瑠璃色の縁や取っ手とソーサーの意匠がバランスよく、鳥と花が優しく描かれ品格の高い作品である。

1-4. 九谷

九谷庄三（1816～83）は、江戸末期、独自の彩色金襴手の技法を確立し、明治前期に九谷焼の販路を国内外に広げた人物として明治の九谷焼の発展に大きく貢献した。

明治期に輸出された彩色金襴手九谷焼の中で、海外において最も人気が高かったのは美人画であった。ただ、九谷では京都の金襴手同様、芸者図や花鳥といった同じテーマで描き続けたため、やがて飽きられ、九谷の輸出陶磁器業は衰退していった。

1-5. 横浜絵付

横浜焼・横浜絵付で最も知られているのは宮川香山（1842-1916）で、彼は明治時代の日本の工藝を代表する陶芸家である。ただ今回は宮川香山のようにその存在が知られてはいないが、印象に残る横浜焼を紹介してみよう。

写真6　横浜焼　老女キセル図
C&S　明治初期

写真6のカップに描かれた老女はそれ単体でも存

在感があるが、カップをどけると、ソーサーにも同じ老女が描かれ、カップと
ソーサーでも一幅の絵になるように配置される。老女は何とも奇妙な笑顔を見せ
ており、一度見たら忘れられない作品である。女性はキセルを吸い、横に煙草盆、
後ろには菊がいけられており、秋の風情が感じられる。裏印は「高坂」とあるが、
いくつかの高坂が存在し、この作品を作ったのがどの「高坂」に該当するかはわ
からない。卵殻の薄い磁胎や意匠から明治初期の作品と考えて矛盾はない。

　横浜絵付に関して綿野吉二（1859-1934）もよく知られている。1909（明治42）
年発行の『横浜成功名誉鑑』には、陶磁器美術品商として綿野の名が、宮川香山
（1842～1916年）とともに掲載されている。

　綿野吉二は九谷庄三（1816-1883）と同じ加賀国能美寺井村（現・石川県寺井町）
の出身で、父源右衛門の跡を継ぎ、1877（明治10）年には神戸に開いた支店を横
浜に移して、主に九谷焼の海外販路拡張を目的に貿易業を大々的に営んだ。

　1887（明治20）年ごろパリ万国博覧会（1878年）やシカゴ博覧会（1894年）に
出品された薩摩金襴手やジャパンクタニといわれた彩色金襴手の九谷焼の最盛期
を迎える。ヨーロッパではジャポニスムの動きが隆盛期を迎えていた。

　綿野の陶磁器に描かれた美人画に共通するのは、艶やかな振袖をまとった複数
の美人と、桜、紅葉、松などの木々が女性を取り囲み、遠景に富士山と提灯など
が描かれているといった構図である。特に花では桜が描かれることが多く、女性
を窓絵の中に描いて金彩で囲み、金襴手といわれるように鮮やかな赤色を窓絵以
外の首部や底部など随所に用いることも多い。

　写真7は、前述の綿野が横浜から輸出したカップ
＆ソーサーである。着物を着た女性たちが花見をし
ているのだろうか。女性図と金襴手は九谷を代表す
る意匠である。

　九谷から輸出された金襴手は明治20年には輸出
陶磁器の第一位となるが、その後は、金襴手の構図
が飽きられて衰退し、他の地方の美人画芸者図も同
様であった。九谷の業者は綿野も含めて横浜に進出していくが、九谷同様の意匠
は飽きられて衰退していった。

写真7　綿野製　芸者図
C&S　明治時代

1-6. 東京絵付

　安政6（1859）年の横浜港開港以来、東京や横浜には外国向けの上絵付工場や
国内外の陶磁器販売業者が多数集まるようになった。

東京絵付の中でも、画工場として瓢池園を設立し、その後名古屋に画工場が移った後も、その血脈が近代輸出陶磁器に果たした影響が大きい河原徳立についてみてみよう。

河原徳立は（幼名を五郎、明治3年徳立と改める）は、1844（弘化元）年江戸小石川で生まれ、1870（明治3）年、式部寮に奉職し、翌年1月内務省勧業寮に入り、ウィーン博御用掛けとなり、さらに作品掛けとなる。1873（明治6）年7月、博覧会後に閉鎖された前述の事務局附属磁器製造所の画工達を引き連れ、深川区東森下町に瓢池園を設立した。

瓢池園は素地を瀬戸、有田、清水、粟田、薩摩に求め、花瓶、香炉などの上絵付を行った。河原徳立は、個人名ないしは瓢池園名で、内外の博覧会などでさまざまな賞を受賞している。見聞を深めた徳立は1878（明治11）年のパリ博覧会後、官職を辞して、工場を深川区富川町に移転し、工場を新設している。

写真8は瓢池園製髭受けカップ＆ソーサーと呼ばれている。「ひげ受けカップ＆ソーサー」とは、カップの中の液体を飲むときに口髭が汚れないためのもので、口縁の内側に薄い磁平板を渡しそこに半円を開けて髭を磁平板に乗せて半円部から飲むために作られ、有田ではすでに17世紀後半から18世紀前半にかけてオランダ東インド会社の注文に応じて作られている。

写真8　髭受け付き　C&S
瓢池園製　明治前期〜中期

1899（明治32）年河原の長男太郎が中心となって、画工を引き連れ、森村組の名古屋に絵付け工場を移転させた。伊勢本一郎によれば、「上等品に最も力を入れていた河原工場の主人は名古屋移転に対して最後まで反対し、京都なら行くが名古屋には行かないと主張して他の連中を困らせた者である。名古屋に行けば品格が落ちることになるから嫌だといっていたが、一同の懇望に漸く同意したというようなこともあった」とのことである[1]。河原徳立の三男三郎が百木家に養子に入り、その息子春夫が大倉陶園で活躍するなど、河原の家系はその後の近代窯業界をけん引する大きな力となっていく。

1-7. 大阪薩摩—藪明山

明治時代には薩摩（鹿児島）の沈壽官窯に素地を譲ってもらったり、影響を受けた、東京薩摩、京都薩摩、大阪薩摩などが活躍した。

---

1) 伊勢本一郎、1957.『東京振興の核心』、p13

本家ともいえる、薩摩の沈壽官は薩摩焼の陶芸家の名跡であり、鹿児島県日置市東市来町美山（旧・苗代川）に窯元を置く。沈壽官家の始祖である初代・沈当吉は、慶尚北道青松郡に本貫を置く青松沈氏の家系で、慶長の役の際、1598（慶長3）年、島津義弘によって朝鮮国から連れてこられた。第13代沈壽官（1889-1964）は、12代の死去に伴い沈家当主とともに「沈壽官」の名を継ぎ、これ以降沈家当主は、現在に至るまで代々「沈壽官」の名を襲名している。

大阪薩摩の代表ともいえる藪明山（1853-1934）は、大阪で「薩摩焼」の製作・販売をおこなった近代を代表する工芸家であり起業家であった。

藪明山については、美濃の陶芸家　加藤助三郎（1856-1908）によって刊行された『陶器商報』[2] の1897（明治30）年5月号に、「氏は大阪北区堂島中二丁目にて薩摩焼に独特の妙技を得られたる有名の美術家殊に公共事業に最も熱心の人なる」とある[3]。藪明山は大皿の作品などについては、祇園祭や春日大社などの西日本中心の催事や建築物を描いたが、一方で量産品については転写技術を駆使した。

彼は陶芸家として生きて国内で名声や地位を求めるのではなく、プロデューサーとして海外に自分の作品を博覧会などを通して紹介し、販売することを主たる目的としていた。**写真9**のコーヒーセットに描かれた紅葉は藪明山が最も好んだパターンであった。

写真9　藪明山製　C&S　セット
所蔵：株式会社平成建設　明治後期

1-8. ヴァンタイン商会とコラレン

名古屋が近代絵付の中心になるにつれて、それまで東京や横浜に支店を置いていた外国商社が競って名古屋に移ってきた。ヴァンタイン商会も、そうした外国商社のひとつだった。

ヴァンタイン社が扱ったもののなかで最も知られているのが、コラレンである。コラレンという名称は、英語で「珊瑚のような」を意味する Coralene（コラレン）に由来し、細かいビーズの部分が、珊瑚の肌触りに似ていることからつけられた

2）『陶器商報』とは、美濃（現在の岐阜県多治見市）の陶商で美濃焼の発展に尽くした加藤助三郎が中心になり、陶磁器卸売問屋満留寿商会発行として1894（明治27）年からおよそ15年間にわたり月間発行された日本最初の陶磁器業界新聞。

3）『陶器商報』1897（明治30）年5月第47号第一面　藪明山の切手400枚の寄付に謹謝して「藪明山氏の特志」欄

ものである。磁器素地を上絵具でマットな感じの地色に塗りつぶし、あらかじめ決められたデザインにそってガラスビーズを貼り付け、そのビーズデザインの周りを金線で囲むという技術を用いる。その製造技術に関して日米両国で特許がヴァンタイン社によって取得されている。

写真10　ヴァンタイン商会製
コラレン　C&S

　ヴァンタイン社製コラレンは1910年から約十年間作られ、中心となるのは花瓶や壺であった。わずかにコーヒーカップが見られるものの、いずれも装飾目的であり、食器として使われた形跡はない。その理由としては、ガラスビーズの脆弱性があげられる。本品のようなカップ＆ソーサーは極めて貴重だといってよい。

2.　オールド・ノリタケと米国の動向
2-1.　オールド・ノリタケと大倉陶園

　「オールド・ノリタケ」とは、狭義の意味では、製造販売した株式会社ノリタケカンパニーリミテド（当時の森村組、明治37年より日本陶器）[4] が「明治18年頃から昭和10年頃までに製造販売したファンシーウェアとディナーウェアの一部を指す」[5] と定義している。

　森村組の創立者、六代目森村市左衛門（幼名一太郎・明治27年1月六代目市左衛門襲名）は、開港と同時に横浜へ出かけ、外国人からさまざまな外国製品を買い集め、それらを江戸に持ち帰って売った。

　六代目市左衛門は、江戸で天保9（1839）年誕生し、明治9（1876）年に異母弟豊（1854-1900）と、東京銀座4丁目に貿易商社森村組を設立した。豊は渡米してニューヨーク6番街258番地に日の出商会を設立し、その後、日の出商会森村ブラザーズを設立し、明治15（1882）年にはモリムラ・ブラザーズと改称した。その後、モリムラ・ブラザーズは小売業から卸業へ営業転換した。

　六代目森村市左衛門と共に森村組を創立した三代目大倉孫兵衛（1983-1921）は、1843（天保14）年、絵草子屋「萬屋」二代目大倉四郎兵衛の次男として四谷伝馬

4）ノリタケの会社名に関しては、明治9（1876）年匿名組合森村組創立、明治11（1978）年ニューヨークにモリムラブラザーズ設立、その後、明治37（1904）年日本陶器合名会社が創立された。従って本著ではその会社名を、それぞれの時代の社名に合わせて呼び、総称としてノリタケ社と呼ぶこととする。

5）鈴木啓志　1996年講演会、およびノリタケカンパニーリミテド社史より

町に生まれている[6]。三代目孫兵衛は、慶応元年、神田に絵草紙屋「萬屋」としての活動を始め、1874（明治7年）には日本橋通一丁目に移り、「錦栄堂」として、錦絵・絵草紙出版販売を発展させていった。1893（明治26）年孫兵衛自身が渡米し見聞したシカゴ博覧会開催後のわずか半年に博覧会の画譜も刊行している。孫兵衛は画譜等を通して明治という時代の変化を人々に知らしめ、工芸のデザインに役立つものを作るのが版元としての意義と考えていた[7]。

　ここで大倉陶園のコーヒーカップを紹介しよう。近代以降、日本の近代輸出磁器業者が作ろうとしたのは、当時のアメリカ人が好んだ「食器として食べ物を乗せるのに清潔そうに見える白い生地」でできた磁器であった。

　写真11は大倉陶園製の大正末から昭和初めごろのカップである、このようなミントグリーンと白のコンビネーションの場合、生地の白がくすんでいれば、ミントグリーンも美しく発色せず、全体が洗練された感じにはならない。白の美しさとミントグリーンのコントラストが際立つカップである。

写真11　大倉陶園製　ミントと白のC&S　大正末期から昭和初め

3．コーヒーカップに描かれたデザイン
3-1．西洋磁器に描かれた薔薇

　花のデザインの中でも、特に陶磁器における薔薇のデザインは、ヨーロッパだけでなく、近代日本の主な輸出国であったアメリカでも最も好まれた。有名な絵付師たちを輩出したヨーロッパの窯で描かれた特別な薔薇に比べると、アメリカの市民に愛されたのは、万人受けする小粒で大衆的な薔薇であった。中でもモスローズといわれる薔薇模様のコーヒーセットは、食堂車やチェーン店のレストランで盛んに使われた[8]。このモスローズ模様については、労働者階級の家庭を訪問し、そこで供された食事について書かれた1887年、N.Y.イブニング・サン紙に登場している。

　「食欲を減退させるような冷たい塩漬けの肉にポテトが添えられ、それにパンと紅茶がついている。これらがモスローズ模様の輸入磁器の食器で出される。そういった薔薇模様の磁器は、質素な家具や調度、むき出しの壁と調和を欠いてお

6）幼名和三郎で、従兄の二代目大倉孫兵衛の養子となって三代目大倉孫兵衛となった。
7）井谷善恵『大倉孫兵衛の軌跡』大倉精神文化研究所　p71 2008年
8）Gorge W. Oliver『陶磁器協会事務局報告書』アメリカ陶磁器協会　第6巻7章　1880

り、"食器だけがN.Y5番街の大邸宅のよう"であるが、それに対し主婦は誇らしげであった」[9]。薔薇模様の食器がささやかな生活を彩る大切な宝物であった。

そして、明治期以降、薔薇は急激に日本から輸出された陶磁器デザインの中心となっていくのである。

写真12は薔薇がカップの内側に描かれた凝ったコーヒーセットである。裏印はオールド・ノリタケの中でもいわゆるメープルリーフと呼ばれる、森村組が海外向けに輸出した前期製品群に入るものである。カップの三つ足、生地の後年のもとと比べると少しくすみのある白さ、凝った金彩、どれを見ても、黎明期の輸出磁器の特徴を備えている。

写真12　ジュールのセット　明治後期

カップの底部から上がってきた脚の部分はペデストリアンと呼ばれて細くなっていて、凝った形状である。また主な装飾は外側ではなく内側に施されており、これもまた技術を要する。意匠はガーランドと呼ばれる花綱であるが、ジュールと呼ばれる宝石に似せた技法が加わっている。カップの外側より内側に描くことの難しさ誰でも容易に理解できるが、それに曲線が加わればなおさらである。また、後年、内側に意匠が描かれたカップには外側は白磁のままということも多いが、これは外側にも描かれている。カップの内側に大輪の薔薇と金彩で花綱が、口縁の内側には緑に豊かな金彩とジュールが描きこまれている。

しかし、19世紀にアメリカで人気の的となり、明治期に本邦の輸出磁器の西洋風絵付の中心をしめた薔薇は、だんだんと時代を経るにつれてアメリカでも流行のデザインではなくなる。また、陶磁器における薔薇模様も、徐々にパターン化されたデザインが、日本側の量産体制にともなうようにして割合を増やしていった。

3-2. 初期の風景画デザイン

明治以降、風景画のデザインも花のデザイン同様、この時期にはよく知られたデザインである。

---

9) Crockery & Glass Journal, 25巻 p25-26,1887 .7. 30" New York Evening Sun, A Dinner Service in China: How It Found Its Way into an East Side Tenement"

これら日本の近代輸出磁器の風景画パターンには、さまざまな種類があり、呼び方も「風景画デザイン」である英語の「シーニック・パターン（"scenic pattern"）」や「ツリー・イン・ミドウ "tree in meadow"」（直訳すれば「沼地の木」）と呼ばれている。

　日本の近代輸出磁器において初期の頻出の風景画デザインは、写真13のように黄色か薄茶色などの淡い色調の地色で、夕焼けまたは朝焼けなどの空が描かれ、丘に木が生えていて、小川が流れている。

写真13　オールド・ノリタケ
風景画 C&S　明治後期

　このようにデザインが様々に工夫され景色が変わったり、盛り上げという泥漿で盛り上げる技術が応用されたり、アール・デコ期になると、ラスター彩でコテッジが描かれたりするように種々に変化していった。

3-3. 白鳥図デザイン

　ヨーロッパのデザインの中でも、イギリスのウースター窯[10]に日本の近代輸出磁器業者たちは大いなる影響を受けた。

　日本の輸出磁器に描かれた白鳥図は空の色、鳥の描き方、葦の金彩をウースター社のそれをそっくりそのまま模倣している。ただ、多くの日本の輸出磁器に描かれた白鳥は首の方向が反対で、ウースターで白鳥を描いた名絵付師 C.H. ボールドウィンの描

写真14　白鳥図　C&S
明治後期

いた背景が明け方が多いのに比べて、日本製は、空色ないしはペパーミントグリーンに近い青緑がよく使われている。これはたぶん緑色＝クロムが輸入され、このクロムが比較的安価だったからではないかと考えられる。やがて、日本の陶磁器業者は、白鳥そのものを盛上で仕上げたり、またボールドウィンの描いた朝焼けではなく、オレンジ色に彩られた夕焼けの空に飛んでいく白鳥を描くようになった。あるいは写真14のような白鳥の白がさえるように背景が水色以外も使って、白の白鳥の羽を浮き立たされる効果をねらっている。こうして多くの特

10）ウースター窯は1751年以来続いている歴史のある窯である。ウースター窯は1862年に，カール＆バーンス社とウースター社が合併してその後、グレインジャー・ハードレー・アンド・ロック社とも合体し、それが現在のロイヤル・ウースターのもととなった。

に名古屋を中心にした磁器メーカーがボールドウィンの白鳥をさまざまに模倣していった。

4. アール・デコ
4-1. オリエンタリズムとシノワズリ

　日本の近代輸出磁器における「オリエント」として描かれた地域とは、西欧の外部である。すなわち、中国風や、トルコ風、または中東風などが景色や人物として描かれたものである。エジプトの人物画も好まれ、イシスなどの女神、クレオパトラの横顔などがある。こういったオリエンタリズムは、二十世紀初頭の異国趣味を好むアメリカ人の間で人気が高かった。写真15はまさに当時の欧米のオリエンタリズムへの嗜好を反映した、エジプト風のオールド・ノリタケのデミタスカップである。

写真15　オールド・ノリタケのアール・デコ期のエジプト風デミタカップ

　写真16のカップは、シノワズリのカップである。このカップのように内側全体に金彩を施すのは、当時のイギリス向け高級品によく使われた技法である。これだけの金を均一に塗り、はがれないようにするためにはあまり薄くてもいけないし、分厚いとコストがよけいにかかる。

写真16　オールド・ノリタケ、イギリス向けシノワズリのC&S

　カップとソーサーの口縁部内側は、赤地背景に緑や瑠璃色の薔薇か芍薬のような花を部分だけ切りとって全体に配置する。あたかも九谷の金襴手を思い起こさせる豪奢な縁取りである。

　地色は日本や中国の漆を思わせる黒。中心となるデザインは龍。ソーサーに2匹、カップには二対の向かい合う龍が四匹配置され、どれも躍動感にあふれる。描かれた龍は口辺に長髭、喉下に逆鱗、カップの対の龍の顎下には宝珠を持つ。中国の伝説の龍図をかなり正確に踏襲している。

　このカップに描かれたシノワズリ (*chinoiserie*) は、直訳すれば「中国風」と訳せるが、ヨーロッパの美術様式の一つである。ヨーロッパのシノワズリはその後アメリカにも波及し、20世紀のアメリカン・アール・デコのデザインにもシノワズリの影響が多くみられる。

4-2. デコ・レディ

アール・デコ期になると、明治期に描かれたジャポニスム風の美人画も、背景をラスター彩のような彩度の高い絵の具で塗りつぶして鮮やかな色調で描かれていくようになる。

写真17に描かれた女性が身に着けている奇妙な膨らんだ感じの帯といい、キモノともガウンともいえる衣装といい、国内でデザインされたものとは考えにくく、ニューヨークのモリムラ・ブラザーズで

写真17　オールド・ノリタケ
アール・デコ　芸者カップ

デザインが製作されたものであろう。ノリタケ・アール・デコに描かれた女性画は、エルテやポワレによって描かれたファム・ファタルや小粋なデコ・レディなど表情豊かなものが多く、その時代の女性像を反映している。

4-3. アール・デコの金彩

アール・デコの陶磁器は、鉱石が持つ硬い面に塗られた人工的な色合いが特徴である。赤、黄色、緑、オレンジ、黒などの色が、べた塗りで、隣との明らかな境界線を持って、陰影なしに塗られている。

赤と黒と金、緑と銀などの対比は鮮やかで、インパクトがある。高価で酸化しやすい純銀より、廉価なパラジウム彩やシルバー・ラスター彩も用いられている。

単純化された器形と鮮やかな色調と手に入れやすい価格で、アール・デコ期の輸出磁器は当時のアメリカ人の心をつかみ、客は自国アメリカンのアール・デコという流行の先端の真っ只中にいることを確信させて、日用品としての地位を確立した。

写真18は、オールド・ノリタケのジェオメトリック (*geometric*) と呼ばれるアール・デコ時代に作られたカップで、シンメトリーの直線による幾何学的な立体構成や、単純化された形態および金彩を用いたアール・デコ時代の特徴を最も魅力的かつ端的に表現されている。

オールド・ノリタケのアール・デコ時代に作られた作品の中でも最も高価で人気があり、ジェオメトリックとも、その宝石のような意匠からジュエルデザインとも、ダイヤモンドセットとも呼ばれる。

写真18　オールド・ノリタケ、
ジェオメトリックシリーズ
デミタス C&S（1922-29年頃）

5. 第二次大戦後

5-1. オキュパイド・ジャパンのカップ

写真19は、オキュパイド・ジャパン期に日本で製造されアメリカ向けに輸出されたカップ＆ソーサーである。

写真19　オキュパイド・ジャパン期に製造輸出されたC&S

オキュパイド・ジャパンとは「占領下の日本」と言う意味で、第二次世界大戦後日本がアメリカの占領下にあった1945-52（昭和20-27）年の7年間のことを指す。

終戦後四か月を経て、1945（昭和20）年12月、貿易庁が開設され、輸入品等臨時措置法によって日本の民間貿易はすべて禁止され、GHQの完全な管理下に置かれた。

本格的な貿易が実現するのは、1947（昭和27年）のサンフランシスコ講和条約発効後である。そこにいたるまで、陶磁器を含む日本からの輸出品には昭和20年から27年の間、すべて "Made in Occupied　Japan" や "Occupied Japan" と入れることが義務付けられていた。

このオキュパイド・ジャパン期に作られた、生地や金彩の品質は高くないものの、意匠がすべてアメリカ志向で、様々な規制もあった中でのモノづくりの前向きのパワーを感じる。

おわりに

第二次世界大戦後に陶磁器の生産が再開されると、右肩上がりの日本の経済成長のなかで国内のホテルやレストランでの食器の需要が高まり、アメリカの好景気を反映して輸出も好調となり、日本の磁器産業は順調な推移を示した。ところが、1970年代から始まったファーストフードの流行や、ASEAN諸国との価格競争の激化などにより、食器産業の衰退を含めて日本の窯業は力を失っていったのである。

それでも、いや、それゆえに、たとえそれらが作られた当初は量産品であっても、アメリカにおいて家族で大事にされ代々伝えられてきた近代磁器の価値が再認識されるようになっている。コーヒーカップを含めた食器はかつて道具としてのみ使われただけではなかった。家族や友人と食卓を囲み、皿に盛られた料理を隣の人に手渡していくという食器を介した人との触れあいの楽しさは、アメリカ人にとってスイート・ホームというかけがえのないものであった。

日本国内において、コーヒーカップが一般家庭に普及するのは第二次世界大戦後の復興が一段落した昭和30年代以降である。生活全般が洋風化し、紅茶やコーヒーがハイカラな飲み物として一般家庭においても、もてなしの重要な要素となっていった。頒布会による販売方式が始まったのもこのころであり、昭和40年頃には頒布会における売上高はピークを迎え、「ホームセット」と呼ばれた洋食器の一部としてのカップ＆ソーサーは欠かせぬ要素であった。

　また、結婚という人生の一大イベントがカップ購入のきっかけであり、「引き出物」、「結婚祝い」、「当人たち（主に嫁入り道具の一部）が準備する食器一揃え」としてカップ＆ソーサーは人気であった。

　昭和48年ごろにはホテル・レストラン仕様のカップ＆ソーサーの需要が伸びる一方、昭和50年ごろには家庭における洋食器の分離が起こり、電子レンジなどの普及により素材も様々な広がりを見せるようになった。昭和60年ごろには、デザイナーズブランドも盛んになったが、平成2年のバブル崩壊とともに、家庭用業務用の需要は落ち込み、現在に至るまでその販売量は回復の兆しを見せていない。

　しかし、西洋や日本製を問わず、全国の骨董市等では常にコレクターズアイテムとしてのカップの需要は衰えていない。これはコーヒーカップが、実用として、また、装飾目的としても魅力を持っているからであろう。

　アートとしての日本のカップ＆ソーサーの価値は、ますます高くなっていくに違いない。

日本のアメリカンコーヒーの発祥地
──それは、国営昭和記念公園にあった──

㈱サザコーヒー会長（本会副会長）　鈴木 誉志男

日本人が飲んでいたコーヒーは、明治から昭和初期まで、煎りの深いフレンチコーヒーだった。

大正デモクラシー時代に、日本流の洋食が盛んになり、築地精養軒の料理長や、天皇の料理番と言われた秋山徳蔵が、フレンチ料理を普及させ、明治23年に帝国ホテル・大正4年に、東京駅ステーションホテルのレストランが開店する。

そして太平洋戦争が始まると、敵国料理として、昭和15年にコーヒーの輸入禁止がなされ、昭和25年に再開されるも、その後も、実質的には、コーヒーは街で自由に飲めない空白の期間になった。

その期間に日本は、異文化アメリカンコーヒーを飲む国に大変貌を遂げた。日本のコーヒー文化史に異変が起こったのだ。

太平洋戦争（1941〜1945）の終了後、日本は連合国軍（10ヶ国）の占領地にされ、1945（昭和20）年から対日講話条約の発効される1952（昭和27）年までは、占領期と呼ばれ、GHQの最高司令官ダグラス・マッカーサーが、最高権力者として占領政策を統括した。その時から、アメリカンコーヒーが始まった。

日本のコーヒー輸入量の推移
（全日本コーヒー協会）

年次		生豆（t）
1877	明治 10	18
1930	昭和 5	1,887
1937	12	8,571
1942	17	244
1950	25	40
1955	30	3,993
1960	35	10,707
1695	40	18,647
1970	45	80,496
1975	50	109,409
1980	55	174,747
1985	60	231,193
1990	平成 2	291,339

1. アメリカの食文化　アメリカンコーヒーの発祥地

私は、東京の立川市にある「国営昭和記念公園」を、異文化の発祥地としてあげたい。昭和天皇在位50年記念として、立川飛行場跡地に建設された、180ヘクタールの国営公園である。

公園になっているかつての飛行場には、進駐軍の第8師団が置かれ、そこは、

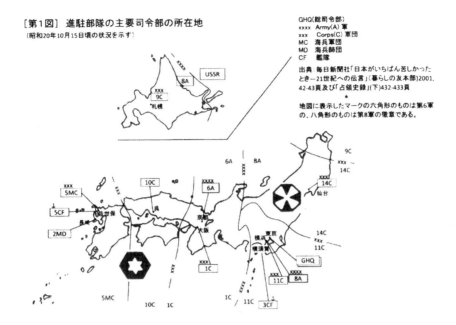

[第1図] 進駐部隊の主要司令部の所在地
（昭和20年10月15日頃の状況を示す）

GHQ（総司令部）
xxxx Army（A）軍
xxx Corps（C）軍団
MC 海兵軍団
MD 海兵師団
CF 艦隊

出典 毎日新聞社「日本がいちばん苦しかった
とき—21世紀への伝言」（暮らしの友本部）2001,
42-43頁及び「占領史録」(下)432-433頁

地図に表示したマークの六角形のものは第6軍
の、八角形のものは第8軍の徽章である。

食糧購買部・売店の本拠地で、フィリピン・日本・韓国の食料の管理と輸送を担う、極東一の部隊だった。

　立川基地には、リトル・アメリカと呼ばれるほど、米国本土と同じ豊かな食文化が存在した。日本人には、米国の民主主義が魅力に見えた。民主主義があると、こんな豊かな国になるのだと思った。

　進駐軍のマッカーサーは、日本人に、連合軍への敵対心を無くすことと、米国の長期駐留する兵士の不満を無くすために、試策を実行した。その一つとして、アメリカ本土のスーパーと同じ物を売るPX（Post Exchange）を設け、コーヒー・ビール・チョコレート・ハム・セロリ・化粧品などを豊富においた。日本人にとってPXは、魔法の国からやって来た玉手箱のように思えた。全国の進駐軍の実例を紹介する。

　実例(1)　私の住む茨城県ひたちなか市に、国営ひたち海浜公園（350ヘクタール）がある。戦前には、水戸陸軍飛行学校・大日本帝国陸軍水戸飛行場があり、そこを進駐軍が管理し、1973年に返還され、今日では国営公園として、春はネモフィラ、秋はコキアが咲き揃い、ロックフェスティバルが開催され、年間200万人が訪れている。戦後の立川と同じ環境で、ひたちなかの米軍キャンプ地のPX売店から、大量のコーヒーが広まった。

この例と同じように、第8軍の購買部は、大小さまざまなPXを1949年に誕生させ、女性兵士のための喫茶室・ボーリング場36ヶ所で160レーンを運営した。年間7300ドルを売上げる巨大ビジネスとして、その収益は、極東軍の基金にプールされていた。

　ここで、当時のPXではどのようなコーヒーが飲まれて、売られていたのかを検証しよう。

　検証⑴　私の母校でもある、茨城県日立市大みかにある、茨城キリスト教学園は、第2次世界大戦の終結ほどない1947（昭和22）年に、シオン学園の名称で開校し、現在は4年生大学・高中・こども園からなる総合学園となっている。

　学校は、戦前から住む地元のクリスチャン、米国の教会の人々によって創立された。

　戦後の物不足の時代、学園には制服が無かった。そこで家政科の先生が中心となって、アメリカ海軍の水兵服（ネイビーブルー）を利用して、ブレザーとスカートにデザインして縫い直し制服とした。現在も制服として伝統を守っている。

　教室のカーテン布は、米軍の絹のパラシュート布を転用したもので、他校には無い、それは贅沢なカーテンであった。

　そしてそれらは、立川基地のPX関係者から入手したものであった。

　検証⑵　茨城キリスト教学園短期大学学長のローガン・ファクスは、日本生まれ、父親は伝道師。13歳までは、学園の近くの茨城県常陸太田市で育ち、戦争で帰米。カリフォルニアのジョージペパーダイン大学で、心理学・宗教学を学び、再び来日して、茨城弁が話せる学長として、帰って来た。

茨城キリスト教学園の制服

茨城キリスト教学園短期大学学長
ローガン・ファクス

　学生に人気があり、夫人のマデリンさんは家政科の先生として、アメリカの家

庭料理を教え、多くの人々にコーヒーを提供した。

　日用品は、立川基地のPXに月に二度買付けに行ったという。

　PXの買物はドル。日本人は立入禁止だった。購入するコーヒーは、お気に入りの米国で広く普及している「フォルジャーコーヒー」のクラシック・ローストの「赤缶」の浅煎りで、いわゆるアメリカンローストであり、コロンビア産の豆を百％使用していた。

　フォルジャーコーヒーの創業地は、サンフランシスコで、そこはローガン学長が卒業した大学のある所。ご当地の愛飲したコーヒーを選んだものと思える。

フォルジャーコーヒー

2. アメリカの食文化をいち早く体験した少年

　検証⑶　私の友人で、ひたちなか市在住の横須賀正留さん74歳。

　5歳の頃、陸軍水戸飛行場・米軍進駐軍駐留地に隣接している地域に住み、自宅の隠居を、米国人将校夫婦に貸与した。

　米将校夫婦と懇意となった少年は、日曜日には基地に一緒に出入りを許され、映画を見て、PXの買物に同行。夫婦宅で、セロリ・マヨネーズを食べた。

　「コーラを初めて飲んだ時は、実母散・漢方薬の味だった」そうだ。夫婦からサイホン一式と「赤瓶入のコーヒー」を頂いて、サイホンコーヒーを家族で飲んだら、苦くて、砂糖を沢山入れたら甘くて美味だった。当時、砂糖は貴重品。祖父に、砂糖を使う事は贅沢と叱られ、コーヒー禁止令が出され、サイホンを夫婦に返品したという。

MJB

フォルジャーコーヒー

ヒルズコーヒー

コーヒーが入った赤い瓶は、「ヒルズコーヒー」と思われる。

当時 PX で売られていたコーヒーは、フォルジャーコーヒーは赤缶、MJB は緑缶、ヒルズコーヒーは赤瓶だった。当時ブリキ缶は戦時中不足で、ヒルズは短期間、瓶を使用したからだ。

ヒルズコーヒーは、1878年にサンフランシスコで創業した。焙煎はシティロースト、いわゆるアメリカンローストだ。現在の国営ひたち海浜公園にあった PX で、ヒルズコーヒーが売られていたのだ。

3. アメリカンコーヒーとは

アメリカンコーヒーの味の起源は、1773年12月16日、イギリス領マサチューセッツ湾の植民地（現在のボストン）で起きた、ボストン茶会事件によって誕生したと言われる。

イギリス議会が、植民地へ販売した紅茶に高額の税金をかけたことに抗議して、停泊中の船舶の積荷の茶箱を、海に大量に投棄した事件である。

そしてその3年後に、独立戦争で勝ち、アメリカが誕生し、アメリカは紅茶と決別

2つの著名なコーヒーの屋外広告

して、コーヒー王国への道を歩むが、その反面、紅茶の味は忘れがたかった。

味の未練、紅茶をあきらめ切れないアメリカ人は、紅茶の代わりに、世界で一番浅煎りのシティローストを選んだ（シティとはアメリカでは、ニューヨーク・ボストンの東海岸を示す）。紅茶の味に似ている浅煎りコーヒーを飲むことを選んだのである。

そしてアメリカは、19世紀の産業革命で、コーヒーの大量焙煎・大量生産・大型スーパーでの大量販売が確立して、コーヒー王と言われる大手コーヒー企業が次々と誕生した。

米国は他民族の国で、色々のコーヒーを飲む国であるが、世界一のコーヒーを消費する王国となった。

4. チョコレートは占領対策費だった

検証⑷　基地の街に生活していた私は、今から72年前の小学2年生の1950年

頃、小学校では、若いアメリカ兵にじゃれつくと、チョコレートやガムがもらえるという噂が流れた。甘いものに飢えた私は、若いGIアメリカ兵の腕にじゃれつき、ぶら下がると、ガムをもらった。優しい兵隊さんから、チョコレート・ガムをもらって嬉しかった。

これは、日本人が、アメリカ兵に対して敵対心を無くし、アメリカ兵に好意をもたせる戦略で、その菓子代は、占領対策費として、日本政府から出されていた。そして、それは、PXから購入された品だった。そんな事は、当時は夢にも思わなかった。

米軍第8軍の購買部は、重要視され、ますます拡大され、米国車・米国住宅の販売も手がける総合商社になって行った。

そのあと、ひたちなか市の飛行場は、1973（昭和48）年3月15日に、米軍から返還された。その当時の岩上二郎茨城県知事は、「この飛行場は、県民福祉の向上に寄与するように努力する」と語り、国営ひたち海浜公園に生まれ変わる。

5. PXからのアメリカ食文化

PXからの横流し品と呼ばれる、特殊なコネや、進駐軍関係者との個人的な関係を通して、ヤミ市場で売買される、いわゆるヤミ物資は、垂涎の的であるとともに、恐ろしい高値で貴重だった。

闇行為は処罰の対象だったが、危険をおかしても、缶詰・小麦粉・ハム・コーヒー等嗜好品、服地・衣類・化粧品などが、法外な高値で取引された。

1ドルが、昭和20年に15円、昭和22年に50円、昭和23年に270円、昭和24年に360円の交換率。GHQが統治した、超インフレ時代であった。

今では食べない、粗末な食品を食べ、毎日縫わないと着られないボロ衣類。そして、あらゆる代用品時代。コーヒーも、タンポ

米国宣教師の婦人が、PXから購入したアメリカ製のナイフ・フォーク。左はアイスクリーム用

ポやチコリの根のコーヒーだった。終戦直後の昭和20年には、43万人、昭和21年に41万人、昭和24年に20万人の進駐軍が、日本を統治した。

米軍の家族・軍属・在住民間米国人の食を賄ったPXは、旧日本軍の飛行場・港湾にあり、立川の国営昭和記念公園、博多の海の中道海浜公園、茨城のひたち海浜公園にあった。

　歴史の中で、公園のPXが、日本の食文化を豊かにし、〔日本のコーヒーをアメリカンコーヒーに変化させた〕と言っても、過言でないと確信する次第である。

参考資料・提供
◎（一社）全日本コーヒー協会
◎『占領史録』（下）
◎茨城キリスト教学園
◎『オール・アバウト・コーヒー』

津軽藩兵を救った珈琲

弘前コーヒースクール主宰（本会副会長）**成 田 専 蔵**

1．私とコーヒーの出会い

　私は、コーヒーの仕事をする前は、弘前の旅行会社へ就職し、修学旅行や会社の慰安旅行の添乗員をしていた。

　三陸海岸や男鹿半島、函館などへ行き、宴会の盛り上げ役などもやった。人を喜ばせることが好きだったからである。でも自分で会社経営をした方があっているのではと思い始め、23歳のときに起業した。

　前職の旅行関係の仕事と関係のない、コーヒー教室と喫茶店を始めたのである。会社を辞めてから時間があったので、よく喫茶店に行っていた。当時、弘前市内には珈琲店が約650店舗もあり、マスターのコーヒーの淹れ方や味、雰囲気など、コーヒーが持っているものの全部に惹かれていった。

　そしてあるとき、コーヒーからのメッセージを感じるようになった。「コーヒーのことをあなたが伝えていくべきなんだ」とコーヒーが一生懸命訴えてくるのが、私には分り、託されたような気がして、自分がコーヒーのことを伝えていかないといけないと、気持ちにスイッチが入った。

　まず、調理師専門学校に通い勉強することから始め、コーヒーのことをもっと知ってほしいということから、最初は喫茶店よりも、コーヒー教室を始めた。もちろん、コーヒーの専門書をはじめ、小説やエッセイなど、コーヒーにまつわるさまざまな本も買い求め、勉強もした。

　コーヒー教室や喫茶店を営む中で、本も書き『つがるかふひい物語』『珈琲遊学』を出した。そうしていたら、34歳になったくらいのときから、新聞社から連載の依頼が来るようになった。「珈琲、人、街」という連載で、その企画で取材した北海道の稚内市で、またもや私の転換期となる出来事が起こった。

2．北方警備へ行った津軽藩兵

　当時、コーヒーが初めて日本に輸入されたのは1858（安政5）年だという文献が残されていた。しかし、幕府の命令で北方警備へ行っていた津軽藩兵が、その3年前にコーヒーを飲んでいたという話が浮上した。そんなはずはないと、北海

道へ確かめに行ってみることにした。そしてそこで、驚くべき事実がわかったのである。

〔今から216年前の1807（文化4）年。幕府の命令で北方警備のため、津軽藩兵が蝦夷地（現・北海道）の宗谷岬周辺に赴いた。だが多くの藩兵は厳冬下、ビタミンB1不足による浮腫病で亡くなった。1855（安政2）年、再び津軽藩兵たちは蝦夷地の警備に赴く。この時、浮腫病の予防薬が配給された。コーヒーである。〕

以上のことを、東京薬科大学名誉教授（日本コーヒー文化学会顧問）の岡希太郎博士は「弘前藩士と農民100名が斜里に駐在した1807（文化4）年の冬、72名が浮腫病（＝壊血病）にかかって死亡した。半世紀が経った1855（安政2）年、稚内に駐在した津軽藩兵に、ジャワ・コーヒーが配給された。その冬、浮腫病による死者は出なかった。

浮腫病の予防にコーヒーが配られた訳は、蘭学者・廣川解が1803（享和3）年に出版した蘭療薬解に、「浮腫病にはコーヒーが効く」と書いたことによる。情報の出所は17世紀、ロンドン初のコーヒーハウス『パスカ・ロッセ』の広告ビラで、そこには"浮腫病・痛風・壊血病"と書かれていた。その頃のヨーロッパは大航海時代で、船員の間で壊血病が猛威を振るっていた。やがてオランダ領ジャワ島でコーヒー豆の収穫が始まると、コーヒーの効能と一緒にジャワ・コーヒーが長崎に伝来したのである。」と記している。（「コーヒー文化研究」23号）

ただ調べてみると、北方警備にかり出されたのは、大半が士分の藩士ではなく、農民や漁師、大工ら庶民だった。このことから、長崎オランダ商館に出入りしていた人々や蘭学者ら特権層を除くと、日本で最初にコーヒーを飲んだ庶民は津軽藩兵だったともいえるかもしれない。

3. 津軽藩兵詰合記念碑の建立
建立にいたるまでの活動

地元の新聞に「珈琲、人、街」という連載記事を書くために稚内市を訪れたのは、1988（昭和63）年のまだ肌寒い4月だった。表敬のつもりで訪れた稚内珈琲店で店主の加藤敏彦さんにいきなり見せつけられたのが「稚内煎豆湯」という缶詰。そこには武士が囲炉裏を囲んでコーヒーを飲んでいる絵と「コーヒーは宗谷の地から」の文字が刷り込まれていた。幕末のころ宗谷岬の防人として派兵されていた東北各藩の藩兵たちが、寒さと栄養不足を防ぐためにコーヒーが薬用として配布されていたことをコンセプトに商品化したという。

津軽に住んでいながら、多くの津軽藩兵が浮腫病で亡くなった事実を知らずに

生きていたことに愕然とした。供養の意味も込めて、コーヒーを通してこの事実を多くの人に知ってもらいたいと決意した。

そこで、コーヒー豆をモチーフにした「宗谷岬殉難津軽藩兵詰合記念碑」を、津軽藩兵が亡くなったとされる宗谷岬に建立し、慰霊祭を開催することにし、さっそく青森県弘前市でコーヒー豆の焙煎・販売業や喫茶店を営む人たち、またコーヒー教室や一般の人にも呼びかけることにした。

18世紀末、ロシア船の南下など日本を巡る国際情勢は大きく変化した。幕府はこれに対応するため、寒さに慣れた東北各藩から警備要員を蝦夷地に派遣し始めた。記録や郷土史家の調査によると、弘前藩からは1793（寛政5）年から1822（文化5）年までに8694人が派遣された。うち295人が死亡した。稚内市史には、1855（安政2）年に津軽藩兵にコーヒーが支給されたと記されていた。

それから2年が過ぎ、1990（平成2）年10月。再び稚内市を訪れた。手には藩兵達を慰霊するための記念碑建立の企画書とコーヒー豆を象ったイメージ画を握りしめていた。市長に会って建立計画を打ち明けるためである。断られることも脳裏をよぎっていた。当然であった。稚内市民ならいざ知らずなんの身分証明もない若者が他県から訪れていきなりコーヒーの記念碑を建立したいというのである。緊張が体を固くして息さえ苦しくなっていた。ところが、市長の反応は上々だった。「稚内はコーヒーとゆかりがあるのだそうだ」。その言葉がすべてを好転させた。わが意を得たりと思うと次々に言葉が滑り出していた。

これまでの2年間。コーヒーの日本史と蝦夷地警備の実際を徹底的に調べた。コーヒーが日本に正式に輸入されたのは日米修好通商条約が調印された1858年。それまでは長崎の出島にオランダ人がインドネシア・ジャワから持ち込み、出島に出入りしていた幕府の役人や蘭通詞、遊女などごく一部の日本人が飲んでいたにすぎない。1776（安永5）年に「日本紀行」を著したツンベルクが「日本の蘭通詞、2,3人が漸くコーヒーの味を知るのみである。旧習を保存し危険な回心を避けるためには、例え有益なものでも外国人の持ってきたものは採用しないのである」とし、文献上初めて日本人がコーヒーを飲んでいたことを記している。また、大田蜀山人が1804（文化1）年にその著書「瓊浦又綴」で「紅毛船にて「カウヒイ」というものを勧む、豆を黒く炒りて粉にし、白糖を和したるものなり、焦げ臭くして味ふるに堪ず」と記した。これが日本人初のコーヒー体験の記述になる。

ここで面白いことが分かった。長崎出島では18世紀初めからコーヒーが持ち込まれ、オランダ人が常飲していた（出島では1日80杯〜100杯が飲まれていたと

思われる）のを見ていながら進んで飲もうとしなかった「コーヒー嫌い時代」が幕末までの150年余りも続いていたことになる。そんな中、蘭方医・廣川解が1795（寛政7）年に「長崎聞見録」で長崎出島におけるオランダ人の飲むコーヒーの観察記録、コーヒー豆の外見・効用・器具を記し、1803（享和3）年には「蘭療薬解」で可喜（コーヒー）の漢字を使用し、コーヒーは水腫に効き、他の薬と調合すれば解熱利尿の効果ありと記している。コーヒーを飲むのは好まない日本人でも、薬用となれば別である。蘭医学の普及とともに「コーヒーは薬」の情報が長崎から発信され、関係方面に伝わって行ったに違いない。

　その頃、北辺の蝦夷地では風雲急を告げていた。1792（寛政4）年ロシア大使・ラックスマンが根室にきて日本へ通商を求めてきたことに始まり、沿岸では年々、異国船の往来が激しくなり、弘前藩でも1804（文化元）年には幕府より東蝦夷地永久警備を命じられ、250名の出兵を余儀なくされていた。

　そして1807（文化4）年3月。幕府は宗谷、利尻、礼文、樺太を含む西蝦夷地の直轄に踏み切りその中心に宗谷がおかれた。その警備にあたっていたのは200人余りの津軽兵だった。択捉の交代兵約60名を率いた山崎半蔵も増毛で宗谷詰めの深山宇平太から急の飛脚船にて「異国船も見得候間、急ぎ参らるべく候」の知らせを受け宗谷を目指して北上し6月7日に到着している。また、7月16日には斜里場所を警備せよと命令が下り、宗谷詰めの100名が派遣されている。そして、駐屯する藩兵達を襲ったのはロシア兵ではなく、栄養失調からくる「浮腫病」だった。半蔵日誌には「8月21日、昨日安房の和助、腫病にて病死、今日八反田の文五郎同断、頃日腫病のもの多く困候事」とある。翌年の4月18日の場所引き払いまでに浮腫病で死亡した者は宗谷場所が32名、斜里場所では72名の尊い命が失われた。

　この時、長崎からコーヒーを取り寄せ服用されていればもしかして……と思うがそれは当時の状況からは叶わぬこと。実際にこの場所にコーヒーが届けられるのはそれから50年余りが経ってからであった。コーヒーを飲めずに逝った津軽藩兵。お国を守るために殉難した津軽藩兵。武士で三両二分の支度金（現在の貨幣価値で数10万円）。一般人はそれすらもなく年老いた父母や妻や子を故郷に残したまま粗末な陣屋で苦しみもがいて息を引き取っている。その無念さはいかばかりだったのでしょう。調査するほどにその悲惨な運命が浮き彫りになっていく中で斜里町と松前町にはその慰霊碑が確認されたが、西蝦夷地警備の中心地だった宗谷の墓地（宗谷公園）には秋田藩や会津藩のお墓はあっても津軽藩兵のものはなかった。

下見に訪れた宗谷の岬はいつも強い海風が吹いていた。その背中を押す強い風が殉難した藩兵達の弔われていない怨念に思い、ここに慰霊碑を建立したいと思うまで長い時間は必要なかった。また、コーヒーの史実から1855（安政2）年にこの場所で薬用として飲まれていたことは庶民として初めての飲用体験となる貴重さであり、何百年も持ちこたえられるモニュメントを建立しようと強い決意が湧いていた。と、同時にこの地から日本国中にその偉業と苦難の歴史を発信しながら、コーヒーに命を託したその高い精神性をコーヒー消費大国日本の多くの愛飲者に知らしめるためにも広範な賛同者を募る運動に広げたいと強い意欲が湧いていた。記念碑建立の快諾を市長から得て、市庁を回り、関係部署の方々の挨拶を済ませ再び宗谷公園へと向かった。護国寺でお参りを済ませ、旧藩士の墓に手を合わせながら墓前に報告と誓いを立てた。「この場所に必ずあなた方をしのぶための墓標を建立します」。いつもは強い風にあおられるはずのこの地がこの時はほんのりと磯の匂いのする柔らかい風が吹いていた。勇躍、地元に帰って報道関係に建立計画を発表。新聞は各紙とも大きく取り上げ、テレビ、ラジオへの出演依頼も相次いだ。同時進行で12月には宗谷岬に津軽藩兵詰合の記念碑を立てる弘前実行委員会を発足。いよいよ具体的な記念碑建立の活動が始まる。

　年が明けた1991（平成3）年1月。黒石市妙経寺においてコーヒーの初釜を開催。殉難した津軽藩兵の子孫・鈴木三男氏も参加。再現した「藩士の珈琲」を飲みながら当時に思いを馳せた。同じ年の3月。青森市に実行委員会が発足。連帯して活動を始めることを確認しあう。6月にはその勢いを広げるべく温泉郷大鰐町で大掛かりな「藩士の珈琲」の試飲会を100名近くの参加者で開催。7月、黒石市浄仙寺において「津軽藩兵供養茶会」を開催。8月、「宗谷に届け、お岩木山の風」のスローガンに岩木山供養登山を実行。9月、弘前中心街で市民に向けて「藩士の珈琲」をアピール。

記念碑の建立（1992年の活動）

　1992（平成4）年3月。八戸市に実行委員会が発足。これで青森県の3大市すべてに実行委員会ができた。記念碑建立の機運がさらに高まるだろう。8月。吉報が届いた。稚内市の有志の方々が「宗谷に津軽藩兵の記念碑建立を支援する会」を組織。その会が各町会に趣意書を配り、募金活動に入るという。言葉では言い表せないほどの感謝の気持ちだった。何回も押しかけては無理難題を言い続けてきたことに呵責の念があった。それを少しは許してもらえたかも知れないとの期待と、歴史を伝承するにはそこに住まう人々の意識にこそ刻まれることを望んでいた。それが叶う喜びにその夜遅く稚内方面に向かい立ち、思い浮かべられるす

べての人たちに願いを込めて合掌した。8月、宗谷公園に記念碑の石材が持ち込まれ工事が始まる。すべての材料は岩手県渋谷村から運んだ。職人たちが手際よく作業を進める。白御影石のコーヒー豆を象った記念碑本体には遺族の鈴木三男氏が揮毫し「津軽藩兵詰合記念碑」と刻まれた。

碑に向かって右側に碑文を置き、以下のように刻んだ。

「この碑は、文化4年（1807）幕命による蝦夷地警備越冬警備の際、厳冬下で次々と浮腫病に斃れて逝った数多くの津軽藩兵を悼むとともに、その後、安政2年（1855）再び蝦夷地警備に赴いた藩兵達には、浮腫病の薬用として「和蘭コーヒー豆」が配給されていた事実を記念するためのものである。珈琲を飲めずに逝った人々と、薬用として大事に飲んだであろう先人たちの辛酸を、単に歴史の一齣として忘却するには忍びがたいし、その体験は日本の珈琲文化の嚆矢としても貴重である。茲に、その偉業と苦難の歴史を後世に伝承すべく、ゆかりの地・宗谷に珈琲豆を象った記念の碑を建立することとした」

碑の左側手前には「望郷の座右」と銘打ち、ここに座ると藩兵達の故郷・津軽が望めるようにした。1992（平成4）年9月16日。記念碑除幕の日が来た。黒く重い雲が空を覆っていた。今にも雨が降り出しそう。記念碑に被せられた白い布が宗谷の風にはためく。この布が剥がされ、お経が奉じられ開眼された時から津軽藩兵達の魂の石になる。ここ数年間はさまよう御霊の永遠の弔いをするために多くの時間を使ってきた。そしてまた、その運動に対してどれほどの人の助けをもらい、心を託されたかわからない。その重圧から解放される時が間もなく来る。地元稚内からは肩書の重い人たちが集まってきた。津軽弘前からは実行委員会の人たちが大型バスに乗り込んできている。地元の町会が用意してくれたテントに集う。

今日の導師様石田住職が護国寺からお出ましになった。初めに除幕が行われる。稚内市長、稚内支援する会会長、そして私が記念碑の前に整列した。3本の綱が同時に引かれ、テレビのライトや新聞社のカメラフラッシュがたかれた。その光で見慣れたはずの記念碑がとてつもなく大きく見えた。この場所にこれから何百年と居座り続ける縦1.5m、横幅2.0mの石碑がまるで意志を持ったようにたくましくも見えた。数えきれない人の供養の意志がこもった石碑。何よりも殉難した藩兵達の辛酸が解きほぐされる石碑。藩兵達には比ぶべくもない事だが、弘前と稚内を往復しての記念碑建立運動の困難さは想像をはるかに超え、若輩の私を突き続けた。その凍りついた局面では藩兵達のご加護を乞い、只々祈りを持って拓いてきた。

雨が落ちてきた。式典の会場変更を余儀なくされる。感傷に浸る余裕はない。強くなる雨足に追い込まれて急遽護国寺に走る。ご住職が手際よく段取りをつけてお寺を開けてくれた。回向に始まり、追悼の言葉を捧げる。読経が流れる中で焼香が始まる。粛々と進む法要に緊張の糸が緩み始める。代わりに胸の奥から熱

津軽藩兵詰合の記念碑（宗谷岬）

いものが込み上げて涙腺が開き始めた。脳裏では邂逅が始まった。

　23歳の時、珈琲店を開業したのはコーヒーに魅了されての事だった。ところがその時代は大方の人達が健康への害を唱え、敬遠する飲み物だった。そんなコーヒー事情に挑戦したことで開業間もなくから赤貧の状態が続いていた。時間だけはあり余り、片っ端からコーヒーの文献から現代本まで読み漁った。それで分かったことは1千有余年の飲用史を継続させてきた根本的な理由は健康に良い事、精神に良い事、経済力を高めることだった。貧乏と引き換えに夢だけが膨らみ、日本のコーヒー状況をつかむための珈琲行脚を始めたその最初に稚内市史で蝦夷地警備の歴史的事実を知った。郷土の先人たちが防人として警備に赴き殉難した藩兵達と薬用として飲んだコーヒー。コーヒー屋としての社会的なコンセプトを渇望していた時に出会った運命的な遭遇だった。

　法要が終わり、サプライズが待っていた。稚内市民を代表して「支援する会」から供養料の贈呈があるという。稚内市の各町会から渡った記念碑建立趣意書によって伴われた浄財が目録として手渡された。この重みは計り知れない。記念碑建立計画の先陣を走ったのは私でも、この記念碑を永久に守り語り継ぐのは稚内市民。とりわけ、地元・宗谷地区の方々には負担をかけてしまうことは承知の上で託さなければならない。「支援する会」の方々と固い握手を交わしてすべてのセレモニーが終了した。お見送りで本堂から出ると、白い雲の間から太陽がのぞいていた。晴れやかだった。少し先に視線を運ぶと旧藩士の墓の隣でコーヒーの記念碑が陽に照らされて悠然と構えていた。それを守るように切り立った崖に茂っている木々や草花が風で揺れている。その時だった。記念碑の真上でつむじが立つように集められた風が天空に舞い上がった。背筋に電気が走るのを覚えた。そうなのだ。ここは聖地。コーヒーを愛好する者の聖地として未来永劫、崇められる場所になるだろう。

4. 記念碑建立後の活動

　それから30年。記念碑を守るためにその後の10年間は毎年この地を訪れて慰霊祭を挙行した。その後も2〜3年に一回は訪れている。また、供養珈琲茶会を始めた黒石市黒森山淨仙寺では、ご住職のご配慮で「お位牌」を安置し毎年10月第2週日曜日に法要を挙行している。祭壇には世界一大きいコーヒーカップ（50人用）に並々と注いだコーヒーを献じて飲めずに逝った藩兵達に献じている。その前後に行われている供養珈琲茶会は、津軽藩兵が教示してくれた「コーヒー、一杯のありがたさ」をテーマに多くのお客様を招き、殉難した当時を忍んでいただきながら大事にコーヒーを味わってもらっている。

　そして記念碑の建立をきっかけに、コーヒー文化を広める活動にのめり込んでいった。コーヒーを文化として総合的に研究するため、1993年12月に発足した「日本コーヒー文化学会」の創立に携わり、最初の支部結成と同時に「弘前でコーヒーを楽しむ会」を催し、全国の仲間との交流も計れた。

　2013（平成25）年12月に東京で上演された青年団リンク ホエイ、山田百次作・演出の「珈琲法要」はまさに珈琲茶会活動から素材を得て作品化となった。その後2014（平成26）年10月3日〜5日は三重県津市、10月25日には稚内市総合文化センター、12月13日・14日には弘前市で上演されたことは記憶にあたらしい。

　その前の2009（平成21）年には、弘前市内の喫茶店グループで全国初となる「弘前は珈琲の街」を宣言。文書を参考に蝦夷地で飲まれていたコーヒーを再現してメニュー化、市民や観光客に由縁について説明を加えながら提供している。今、日本は未曽有のコーヒーブーム。輸入量も毎年記録を更新し、飲用スタイルも多様化している。

　本格的なコーヒー消費大国となっていくこの国で飲用が増えることで薄められていくのはコーヒーの価値。1960年代半ばのアメリカがそうだった。消費が増えることで販売も激化し、安価なコーヒーが市場に出回るようになる。世界で一番豊かだったアメリカで一番まずいコーヒーを飲むことになったのだ。日本も同じ轍を踏まないとも限らない。とても危惧している。その歯止めになるのは「コーヒー、一杯のありがたさ」の精神性。日本人の飲用ルーツとなった蝦夷地での飲用体験こそ日本人にとって忘れてはならない事。その啓発、普及に今後も粉骨砕身の覚悟で頑張りぬくことを、津軽藩兵詰合の記念碑の墓前に誓う。

焙煎機の歩みとその構造

㈱富士珈機代表取締役（本会副会長）**福 島 達 男**

1. コーヒーの焙煎が行われたのはいつの頃からか

　人類が火を用いて口に入れる食材を加熱したのは、有史よりも遥かに昔のことである。加熱することにより食材を柔らかく消化吸収しやすくし、「生」とは違う香りが生まれることを知った。しかも加熱の殺菌作用で安全に自分たちの生命を維持し、子孫を残していったのである。火を知り、火を扱うことで、人類は地球上の生物の頂点に立ち、繁栄していく。これら火の知識は知恵と工夫による進化を遂げていき、その中の一つは「料理」という食べる楽しみを持つ文化を担っていく。

　コーヒーの赤い実の果肉は甘いので、人がそのまま口にすることもあったであろうことは容易に想像がつく。一方、その実の種は口に入れても風味に乏しく、食感もよろしくない。直接、脳に旨味を感じさせるものがないのと、消化しにくくて硬い種はそのままでは食用には向かない。しかし種には豊富な栄養が含まれているので、人類は加熱したり、あるいは細かく砕いたりとあらゆる加工を試みて、食用にしてきたのである。

　生命を維持するために貴重な栄養源の食料は水分を含んでいると、腐敗が早いことを長い経験により知っていた人類は、水分を抜き、乾燥させるという保存方法を用いた。必要な時にそのまま食べたり、煮たり焼いたりと加熱して、それらを食べたのである。（これは種以外の根や茎、葉っぱなどでも同じで、その中から薬効のあるものも見つけていった。お茶も当初は薬として用いられていた。人類の数百万年という長い歴史の中で、いろいろなものを口にしてきた経験により、培われた知識である。）

　コーヒーは、その種を焼いた時に芳しい強烈な香りを放つ。これを煎じると、他とは全く異なる芳香を放つ黒い液体となる。神聖で特別な薬としてイスラム教徒たちの秘薬になったという話も、あながち作り話ではないのかもしれないと思わせる芳香である。いつ、誰がこのコーヒーの種を焼き、強い芳香を放つのを発見したのかは分からないが、こうして煎じた黒い液体は、やがて一般の人々の口に入る飲み物として広まっていくことになる。初めは薬としての価値を持ってい

たコーヒーに、嗜好品としての新たな価値が加わったのである。コーヒー豆における焙煎という概念は、このように始まり、広がっていったのではないか。

　ここから「焙煎器」もしくは「焙煎機」との二人三脚の歩みが始まったのである。

　　注1：ここでは機械構造を持つものを「焙煎機」シンプルなものは「焙煎器」と述べる。

2．アラビア半島でイスラム教徒に飲まれていた時代

　焙煎、つまり豆を煎るための当初の器具は、簡単なフライパンのようなものだった。テラコッタのような素焼きの陶器あたりが用いやすかったと思われるが、後に割れずに丈夫な金属（青銅など）のものが登場する。さらに耐火性や強度に優れた鉄のものが出てくる。ただし、製鉄技術が進んでいない時代や地域のものは、不純物が混入したものもたくさん流通していた。

写真1　17世紀イエメンの豆煎り
（標コレクション）

　鉄は紀元前三千年頃から利用されているが、その頃には、現代のように鉄に関する品質の規格もなかった。品質の良い鉄を大量に安定して製造できるのは、もっと時代が下り、「品質の規格」が生まれるのはもっと近代になってからとなる。どの時代も良質の鉄は生命や財産を守る為に優先的に用いられ、価格も高いので武器や防具などに回された。

　当時、焙煎を行うための燃料は、枯れた木の枝や幹、薪などで（木炭も一部あったのかも知れない）、火加減が難しいのでムラなく均一に煎るのが難しく、乾燥技術やその保存の観点からも豆の品質はバラつき、焦げた豆の混じる苦いコーヒーだったと想像される。

　砂漠の遊牧民「ベドウィン」が使っていた焙煎の器具。ラクダでの移動中、コーヒーを焙煎しながら飲んでいた彼らは、持ち運びを考慮して組み立て式にしたものもある。

3．オスマン帝国下のコーヒー

　十五世紀半ば、千年余り続いたキリスト教国の東ローマ帝国の帝都である東西交易路の要衝コンスタンティノープルがオスマン帝国に奪われ、東ローマ帝国は滅びた。そしてオスマン帝国はここを帝都にして、さらに勢力を広げていく。

　コーヒーはオスマン王朝の領土のイエメンからアラビア半島を北上し、地中海東岸をさらに北上し、トルコの東部コンスタンチノープルのすぐ近くにまで伝播

していたであろう。東ローマ帝国の晩年はその領土のほとんどが失われており、コンスタンティノープルが最後の砦であった。そしてついにこれが陥落すると、新たなイスラムの王朝の帝都となったコンスタンティノープルにコーヒーが持ち込まれる。東洋と西洋の文明が融合した高い文化レベルを持つ、勢いのある帝都に辿り着くのは必然であった。

コンスタンティノープルに世界で最初のカフェができたのも、帝国の最盛期にあたる。多民族国家であり、遠い国から交易のために様々な国の人が大勢集まる帝都において、コーヒーは大変な需要があった。実際にどんな器具で焙煎されていたのかは不明であるが、様々な国の料理が持ち込まれ、最先端の調理器具と技術が集まっていたことから推測すると、ベドウィンたちのものとは違った器具を用いて効率的に焙煎をしていたに違いない。また燃料も木の枝や薪より燃料として扱いやすい木炭が多く用いられていたのではないだろうか。

その後、キリスト教世界（ヨーロッパ）に伝わっていったコーヒーだが、海路は当時すでに地中海制海権をベネチアからとって変わっていたオスマン帝国の影響が大きかった。それでもベネチア人が逞しく活躍し、伝播に貢献したことは、この当時のベネチアにカフェができたことからも想像ができる。陸路は、アラビアのベドウィンのようにヨーロッパの遊牧民ジプシー（ロマ）が、伝播に一役買ったのかもしれない。コンスタンティノープルに誕生した世界最初のカフェから、約百年後にはヨーロッパの主要な国に広がっていく。

コーヒーは、遠いアラビアからの交易品なので高価であった。当時、ヨーロッパの封建国家の領主や貴族たち、貨幣経済により力を持った商人たちが飲んでいたといわれ、庶民には縁がない飲み物だった。

高価なコーヒー豆を焙煎するのもせいぜいキロ換算で一回一キロから二キロ程度の量だったということが焙煎器を見てもわかる。焦げないように豆を撹拌させる金属製の羽根や、くるくると回す機構が設けられたものもある。焙煎後に素早く熱を取り、冷まさないといけない焙煎豆も、当時は団扇のようなもので風を送って冷ましていたようだ。

この頃、コーヒーはまだ一部の人たちに向けた飲み物だったので、このような焙煎器で間に合っていたのだろう。

4．コーヒー生産国の広がり

ところで、オスマン帝国は、支配下の地中海を通る交易船に重い関税を掛けたために、西側のヨーロッパの国は、自分たちを潤わせてくれる交易品の調達に重

大な影響が出た。そのため、独自の交易ルートを
確保すべく、外国航路の開拓が始まる。これがポル
トガル、スペインによるアフリカやアジア、続
いて中南米の植民地支配の始まりとなる。これら
植民地でコーヒーを栽培し、ヨーロッパへとコー
ヒーを持ち込んだことからも、当時のコーヒー人
気と利益を生む交易品としてのコーヒーの価値が
窺い知れる。

写真2　手廻しロースター
（標コレクション）

4-1. 産業革命と焙煎機

　十八世紀半ば、イギリスから始まったといわれ
る産業革命をきっかけに、ヨーロッパの先進国で
は中世から近代へ封建社会から資本主義が台頭
し、変貌を遂げていく。資本家と呼ばれる購買力
を持った層の人がたくさん出てくることによって、
コーヒーの需要も上がってくるのである。

写真3　18世紀手廻し焙煎機
スウェーデン（標コレクション）

　木炭を燃料としてきたヨーロッパでは、国土に森林が少ない国は資源が枯渇し、
木炭から石炭へと切り替えが進んでいく。イギリスも自国で産出する石炭への切
り替えが進んでいく中で、十八世紀初めに「コークス」という石炭を精製加工し
て不純物を抜き取り、より高温で燃焼する燃料を作り出した。これにより十五世
紀に木炭による製鉄の炉を発明したドイツより、さらに高温で不純物の少ない良
質の鉄が製造できるようになる。

　製鉄業や鉄の加工業が大いに進化し、複雑な構造の機械も作ることができるよ
うになっていき、当時イギリスの主要産業の織物業界も機械化が進んだ。たくさ
んの労働者が働く大工場ができていき、産業が大きく成長する。蒸気機関が発明
されると、それを使用した機関車や蒸気船が登場して、輸送や交通のインフラが
整備されるとイギリスの国力は益々増大していく。

　「鉄は国家なり。」という言葉の通り、鉄はあらゆる産業を発展させる。これに
より資本家がたくさん出てきたのと、労働者も安定した賃金収入を得ることが可
能となり、生活が豊かになっていく人も増えてきた。

　イギリス以外の国力のあるヨーロッパ諸国や新興のアメリカも、これに続いて
近代化を進めていくのである。これら近代化の進んだ国の人々がコーヒーを飲む
ようになると同時に、焙煎機も機械化の波に乗っていく。その結果、より機械的

な構造を駆使し、一回あたりの焙煎量が多い効率的な機械が登場した。

写真4　手廻しロースター球形
（標コレクション）

〈捕捉〉良質な燃料による熱源が十分に行き渡っていなかった時代の焙煎はドラムの中で豆を蒸し焼きにする焙煎器（機）が作られていた。コーヒーの香りを煙と一緒に逃したくないから密閉していると言われているが、熱効率を考えると、熱風を積極的に通して豆に当ててやる方が焙煎には良いのだ。だが古い焙煎器（機）は、熱風を積極的に当てるような構造になっていない。見れば見るほど、生豆に熱風を当てたくはないという声が聞こえてくるようだ。なぜなのだろうか？　私は燃料に答えがあると考える。当時の粗悪な燃料による臭いや煤の付着による品質の低下、付着物にもし毒性があれば健康被害を防ぐために密閉したのではないだろうか。

4-2．電気の普及　モーターの登場

　コーヒーの需要の高まりにより、焙煎機も大型化していく。しかし、駆動部分や焙煎豆の冷却撹拌工程は安い人件費の人力に頼っていたので、焙煎工場の労働環境は決して良くなかった。

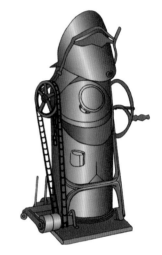

　十九世紀に入ると、発電機の発明に伴い電動機（モーター）が実用化に向けて開発されていった。また十九世紀後半には発電所による送電も都市部から進んでいく。人に変わって安定して長時間力を出し続けてくれるモーターは、産業をさらに発展させていった。（なお焙煎機において実用的に取り付けられたものが普及していくのは、二十世紀に入ってからとなる）。

　モーターは人力よりも力強い回転運動を起こせるので、コーヒー豆を焙煎する時に豆を撹拌させながら加熱するドラム（シリンダー）の動力に重宝された。またモーターに羽根（ファン）を取り付けた電動送風機の登場により、焙煎では積極的に熱風（対流熱）を用いることができるようになり、早く均一に焙煎ができるようになった。あら

ゆる性能が飛躍的に上がったのである。また冷却においても、従来よりも短時間で冷ませるようになったので、生産効率が非常に上がったといえる。

電気を熱源とするヒーターも登場してくるが、ヒーターは電気を大量に使用してしまう。結果、大型焙煎機に利用するにはコスト高になり、ガスや電気に譲らざるをえなかった。

今日実用化されているのは小型のロースターとなる。

4-3. 燃料の変化

先に述べたように原料の石炭を加工し、より高い燃焼温度で燃えるコークスを作る際、副産物としてガスができる。十八世紀には、これを用いたガス灯が照明として数多く利用された。木炭や石炭と違い、ガスは気体なので、流量調整弁で簡単に燃焼火力をコントロールできる上に強弱の応答も早いので、やがて加熱のための燃料としておおいに利用されていく。

次に油を見ていこう。それまで利用されていた鯨油のような動物性や植物性の油は、臭いやカロリーの問題で主に照明として用いられるようになった。また原油（石油）という液体燃料も古くから知られていたが、油田の開発で石油が大量に取れるようになってくると、原油の精製技術も高まり、品質の良い油が沢山作れるようになった。ガスを見ていこう。石油精製の副産物としてのガスと、油田とガス田は産地が重なっており、採掘によっては原油が採れたり、ガスが採れたりするので、ガス田による天然ガスもたくさん取れるようになってくる。

このように様々な産業でこれら燃料の実用化が大幅に進んだ。精製された油は内燃機関（エンジン）の燃料として主に使われていたが、工場の乾燥や加熱用のバーナーの燃料としても使われており、焙煎機にも採用されている。これもガスと同様で、まず着火が容易な点が優れている。さらに流量調整弁によって燃焼火力の調整が容易である、かつ応答性も良いため、より精密な加熱が可能となる。またガスや油を利用するバーナーは、空気と混ぜることで完全燃焼しやすいので、木の枝や薪のような煙や臭いを発生しない。これにより対流熱を利用する画期的な焙煎が可能となったのだ。

これらの新しい燃料が焙煎機に普及していくのは、二十世紀に入ってからで、それまでは木炭や石炭、コークスが主な燃料であった。しかし、それ以降はカロリーが高くコントロール性に優れた新たな燃料である石油とガスは、いろいろな産業に利用され、焙煎機にも利用されていく。この時代こそ、焙煎機の黎明期である。

4-4. より早く大量に

産業革命による製鉄技術の革新、燃料の生産供給技術など、多くの技術革新は二十世紀に入ると加速度的な発展を見せる。（この裏には、戦争によるところも大きいのは、何とも皮肉である）

医学の進歩や食料事情の改善で子供の死亡率が減り、寿命も伸びたので人口が増え、労働力も上がり、コーヒーの需要はますます伸びた。コーヒーは儲かるとなると、コーヒーを焙煎して供給する会社が次々と設立されていき、自然と焙煎機メーカーも増えていく。時代が求めたのは、大量、短時間で焦がさず、中まで火の通ったコーヒーを焙煎できる焙煎機であった。よって、焙煎機メーカーは、競って開発を推し進めていったのである。

4-5. コストの削減

コーヒー焙煎をする会社が次々にできてくると、価格競争が自然と起こり、やがて各社は価格を落とすための競争に入る。この競走のために時間あたりの生産量の増加を図り、一回あたりの焙煎量の増加と時間短縮を求める上で、燃料を大量に使うようになる。そうなると次の目的は、生産コストの削減である。熱効率を徹底的に追求し、燃費を稼いでいく焙煎機の省エネ化が図られていく。今の時代は地球環境の観点も大きいが、価格競争に勝ち抜くために、燃料コストをできるだけ落せる焙煎機が開発されていった。

その次のコスト削減の手段は、人件費をいかに抑えるかである。その結果、制御の自動化が進んでいき、人件費の削減へと開発が進められていく。このように時代の要請によって、焙煎機は開発されていったのである。

5. 今稼働している代表的な焙煎機

これから日本に登場した特徴ある代表的な焙煎機を紹介したいと思う。その前に焙煎機が利用する三種類の熱について、簡単に説明しておきたい。

①伝導熱　焙煎機で使う伝導熱とは、フライパンによる加熱をイメージしていただきたい。熱源により加熱された金属がコーヒー豆に接触することで熱を伝えていく加熱方法である。

②輻射熱　熱源により加熱され熱を蓄えた物体から放出される熱で、物体とコーヒー豆は直接接触しない。加熱する物体が被れている場合は、熱源の熱を蓄えるために奪っていくが、十分に蓄熱すると安定した熱を放出し、コーヒー豆に安定した加熱をさせる。蓄熱量が多く放熱が多いと、火力を

絞っても温度が下がらないので、深煎り焙煎時に焦げてしまうこともある。

③対流熱　熱風をイメージしていていただきたい。熱源で空気を加熱し、温度の高い熱風をコーヒー豆に当てることで焙煎していく。

　これらの三種の熱を複合的に使用して焙煎をするのだが、それぞれの熱の使用する「割合」とその「温度」と「量」で風味が変わってくる。それが焙煎による風味づくりの特徴となる。

5-1. 直火式焙煎機　（じっくりと焙煎するタイプ）（図1）

　図のように熱源のガスバーナーの熱を穴の空いた鉄板（パンチングメタル）製のドラム（回転し豆を撹拌しながら加熱する円筒形のもの）に入ったコーヒー豆に穴から通して焙煎をする方式。ガスバーナーを用いた焙煎機に多く採用されている。

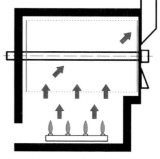

図1　直火式焙煎機

　ガスが利用され始めた頃は、ガスの燃焼カロリーが低く、バーナーの火が豆を焙煎するドラム（シリンダー）に接触するくらい近づけないと火力が足りなかった。日本では二十世紀半ばになってから高カロリーのプロパンガスが普及し、天然ガスもより高カロリーの13Aへと変わっていくとコーヒー豆が焦げやすくなったので、火を遠ざけるなどの対策が行われた。

　炭焼き式焙煎機（図2）も直火式で用いることが多い。使用する木炭は、コーヒー豆に悪影響を与える臭いや煤が出ないのと、赤外線を発する優しい熱源である。空気をコントロールすることで火力も容易にコントロールできる。直火式焙煎機はドラム（シリンダー）に使用しているパンチングメタルの穴から熱を取り込むが、この穴から細かいチャフが下のバーナーに落ちてしまうため、定期的にバーナーを掃除しないと燃焼に影響が出る。またコーヒー豆が焦げやすいので、火力調整は少し気をつけないといけない部分があるものの、日本では根強い人気がある。

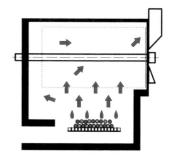

図2　炭焼き式焙煎機

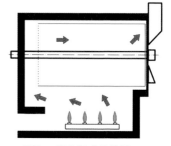

図3　半熱風式焙煎機

5-2. 半熱風式焙煎機（じっくりと焙煎するタイプ）

半熱風式焙煎機（図3）はドラム（シリンダー）に穴の開いていない鉄板を使用し、フライパンのように鉄板からの熱とドラム（シリンダー）後部から熱風を取り込む方式。直火式のようにバーナーの汚れはほとんどない。直火式と並んで人気がある。

5-3. 熱風式焙煎機 （短時間焙煎が可能なタイプ）

コーヒー豆を焦がすことなく短時間で焙煎するために考案された方式である。

二重シリンダー式「熱風式二重シリンダー」（図4） コーヒー豆を早く焙煎するためには高い熱カロリーを豆に与えなければならない。単純に高い火力をかけるのが簡単だが、従来の構造だとコーヒー豆が焦げてしまう。そのためにドラム（シリンダー）の火の当たる鉄板を二重にして間に空気の層を作り、豆が接触する部分の温度が上がりすぎないように考案されている。結果、火力が上げられるので焙煎時間が早くなった。

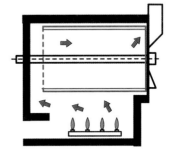

図4　熱風式二重シリンダー

熱風発生炉式「熱風式焙煎機」（図5） 高いカロリーを与えるためには、高い火力を直接与える方法の他に、豆を焦がさない温度の熱風を作り、それを大量に豆に当てる方法もある。熱風発生炉を設けて熱風を作り、それをコーヒー豆に大量に当てて焙煎を短時間でできるように考案された焙煎機である。

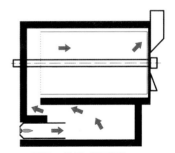

図5　熱風式焙煎機

流動層式「流動層式焙煎機」（図6）

この焙煎機は、より大量の熱風を通すように、さらに高速で焙煎できるようにと考案された焙煎機である。ドラム（シリンダー）式の焙煎機の場合、焙煎のために熱風を通していくと、いずれ熱風と共に豆が外に飛び出してしまい、歩留まりが悪くなる。この問題を改善するためにドラム（シ

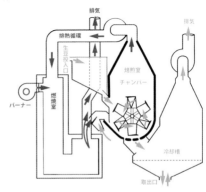

図6　流動層式焙煎機

リンダー）式をやめて大量の熱風を通せ、流速を落とす「チャンバー」を設けてある。短時間で焙煎されたコーヒー豆は、より細胞壁が壊れて大きく膨らむので抽出効率が上がる。このことからインスタントコーヒーや缶コーヒーの工業原料といわれるコーヒー豆の焙煎には欠かせない焙煎機である。

6. これからの焙煎機

　現在までの焙煎機の歩みとその構造について述べてきたが、最後にこれからの開発が進むべき二つの方向について述べたい。

　一つ目は、焙煎機の自動化である。焙煎の現場において焙煎職人といわれる人の確保が難しい時代になっている。これからはもっと職人の代わりに機械の自動化が進み、誰にでも同じ焙煎ができることが求められていくだろう。個人事業主が職人としてこだわった焙煎をする店と、自動化を導入し、誰にでも同じ焙煎ができる機械で安定的に供給できる会社組織という二極構図になるのは、他の業界を見ても明白である。

　自動化が進む中で、私たちが忘れてはならない"精神面"の大切さをここであえて述べておきたい。私たち日本人の先祖は、生きていく為の行動を通して、その根本にある人間としての高潔な精神を尊び、もっとも大切にして所作動作を身につけて来たのである。焙煎も単なる作業ではなく、自らの手で豆を煎るということを通して、技術と心の修練も忘れずにいて欲しい。岡倉天心は「茶の本」で、茶道を通して喫茶という人間としての素晴らしい精神世界を書き表している。焙煎の世界は新渡戸稲造の書いた「武士道」に通じると思う。私たち日本人が、いや人間が大切にしてきた精神は、自動化が進んだ機械で焙煎を行う上でも大切にし、守っていって欲しいと願う。

　二つ目は、温暖化ガス排出の対策である。現在、稼働しているコーヒー業界の焙煎機は、大量の化石燃料を使い焙煎をしているわけで、カーボンニュートラルという温室効果ガスの排出と吸収のバランスを求められている時代に、私たちコーヒー業界も、まさにこの大きな問題に直撃している。焙煎で使う熱以外に、焙煎で出る煙や臭いを持つ排ガス処理にも化石燃料を使って再加熱しているのが現状で、何の技術的対策がなされないままだと、コーヒー産業自体が存続できなくなる。業界でもこの問題に対して、すでに動き出している企業がある。

　2022年度と2023年度のSCAJの展示会では、UCC上島コーヒー株式会社が他に先駆けて、水素を燃料としたバーナーで焙煎をしたコーヒーをブースでふるま

われていた。水素のような気体燃料の場合、ガス同様に、水素対応の安全なバーナーができたら焙煎機に利用することは可能だ。水素はまだ新しい燃料としての利用に向けた開発期間が浅く、インフラも機器も追いつかず整っていないのと、ガスに比べてカロリーが低いといわれるのでコストが懸念されるところだが、水素実用化の開発は着実に進められていく。

　また石光商事株式会社のグループ会社の関西アライドコーヒーロースターズ株式会社が、2023年の環境展でブースを出展し、案内されていた内容を紹介する。「再生可能エネルギー」として今まで捨てていたコーヒー抽出後の粉「コーヒーグラウンズ」をペレット状に成型加工させることに成功し、これをバイオマス燃料として完全燃焼させて、臭いや煤のないクリーンな熱を作りだす。この熱を焙煎機に取り込み、安定した焙煎をできるところまで技術的に完成させている。工場での量産型の大型焙煎機の実用化に向けて進めているということであった。

　このように意識の高い企業は、この問題に積極的に取り組まれているが、私たち焙煎機メーカーも焙煎、消煙、脱臭という技術開発において、この課題を乗り越えていかねばならない。美味しいコーヒーを飲むだけではなく、コーヒー業界やコーヒー愛好家の一人一人が、コーヒーを取り巻く様々な環境づくりに対して、どうアプローチするか。その手に持った一杯のコーヒーから少し考えてほしい。素晴らしい地球環境を守りながら、自然と共に生きていくために、私たちは高いレベルでの意識改革が必要な時代にもう突入しているのである。

コーヒージャーナリズムとリテラシー

珈琲見聞録代表（本会イベント委員長）　狭　間　　寛

コーヒーは複雑な苦みを特徴とした飲みものである。
子供の飲みものではない。
生きることがきれいごとでは済まないことを知った
大人の飲みものである。
コーヒーは単に自然の苦みばかりではなく
社会や歴史の苦みも溶け込んでいる。
大人が生きていく上で必要な認識など
苦みからしか生まれてこないのである。
　　　　　　　　　　　　　—東京大学名誉教授・臼井隆一郎—

1. 国際コーヒー協定（ICA）と国際政治

　Sep.11, 2001。米国ニューヨーク、ワシントン、ピッツバーグで起きたハイジャック機4機による同時多発テロ事件は未だ記憶に新しい。

　マンハッタン島南部ウォール街に聳える世界貿易センター（WTC＝World Trade Center）の南北ツインタワービルは、米国経済の富の象徴として威容を誇っていた。南棟4階のコーヒー砂糖ココア取引所（CSCE ＝ Coffee, Sugar and Cocoa Exchange）では、汎用品（中米産アラビカ種豆）の先物取引が開始される午前9時30分（東部現地時間）が迫っていた。

　サンフランシスコに向けてボストン空港を飛び立った乗客92名のアメリカン航空11便が、午前8時45分に北棟へ激突炎上。その18分後に同じくボストンを離陸した62名搭乗のユナイテッド航空175便が、今度は南棟に突入した。日本時間で同日午後9時45分と10時03分のことだった。

　私は当日午後10時前に帰宅し、家人からニューヨークの大惨事を聞いて、衛星生中継のTV画面に釘付けとなった。高さ420m110階建の北棟が白煙をあげている。暫くして左手より飛来したハイジャック機が南棟をめがけて激突。数時間後ツインタワービルは崩壊した。

　当然の如く先物取引は停止、ロングアイランドにあるバックアップセンターか

ら再開されたのは翌週月曜日の9月17日。永年の歴史を刻んできた先物相場の罫線（足取り）から、4営業日の記録が途切れた。「戦争の世紀」と総括された20世紀を見送り、世界人類の誰もが新世紀の幕開けに祈願した安寧を打ち砕いた。

実は私は同時多発テロ発生の数ヶ月前に、世界最大の取引量を誇る先物取引の現場を見学通路から視察していたばかりだった。それだけに、事件を身近に感じると同時に、この衝撃映像に既視感を覚えて、小学生の頃の記憶が蘇った。それは1963年11月22日。日米初の衛星生中継でテキサス州ダラスをパレード中の第53代米国大統領が、オープン・カー後部座席で狙撃される凄惨なシーンだった。

非業の死を遂げたジョン・F・ケネディ（1917〜1963）は、一次産品のコーヒーと因縁がある。暗殺された前年の1962年9月、世界のコーヒー価格と需給安定を目的に輸出国と輸入国の計77カ国が加盟し発足した「第一次国際コーヒー協定」（ICA＝ International Coffee Agreement）締約国政府の当事者だったからだ。ケネディは就任早々の1961年1月キューバ危機に直面し、米ソ冷戦下で核戦争を招きかねない緊急事態を政治的判断で回避する苦い経験を乗り越えていた。

コーヒーは、主に南半球の発展途上国で生産し、北半球の先進国で消費される典型的な南北商材である。当時は一次産品の世界貿易額で石油に次ぐ第2の取引高を誇り、農産物では最大の輸出品目だった。7〜8割に及ぶモノカルチャー経済が生産国の政治と社会に影響を及ぼすことを米政府も理解していた。ICAは単なる商品協定ではなく、広義の国際協調を意味していた。

「コーヒーの歴史は、供給過剰と安値の時代の後に、突発的な品不足と高値がやってくる事例が多い」（ICO/国際コーヒー機関 ベルトラン元事務局長）

協定発足直前の1957年から60年代にかけての需給は、完全なオーバーサプライ。1950年前後に起こった「ファーストウェーブ」現象（大量消費・大量販売）で需要は膨張し、品不足から相場は高騰した。これをみた伝統生産国の中南米、新興国のアフリカ・アセアン諸国が増産に走った結果として、過剰在庫と過剰生産の供給過多に転じた。国際相場は1ポンド30¢台で頭打ちし、コーヒー依存の生産国経済は深刻な状況に陥った。一方最大消費国のアメリカは、裏庭にあたるラテンアメリカの治安情勢を不安視していた。エクアドルで1952年に左派政権が誕生し、1959年にはキューバ革命で反米政権が樹立、またジャマイカの独立（1962年）運動など地政学的リスクを抱えていたからだ。その中で一触即発のキューバ危機は必然的に起きた。

『自由競争が原則のアメリカは商品協定には反発していたが、この時ばかりは中南米の共産化防止のため第一次協定に率先して動いた。』

この発言は社団法人全日本コーヒー協会（当時、以下全協）の第六代会長・石光輝男氏（1923～）の言葉である。私は1980年に設立した全協の創立三十周年記念誌の編集作業に関わり、歴代会長を取材してインタビュー記事をまとめた。石光会長の在任期間は2000年10月～04年9月。任期四年間の国際相場は41～85¢のレンジで推移し、特に同時多発テロがあった2001年の12月4日は30年ぶりの史上最安値（瞬間値41.50¢）を更新するなど“コーヒー・クライシス”が叫ばれた時代である。

　石光会長の回顧談。『世界の需給はオーバーサプライ。新興生産国のベトナムは増産体制を取り続け、一方でブラジルは伐根を奨励していた。それよりもずっと大昔、国際コーヒー協定が出来た時も同じ状況だった。』と、第一次協定に関する予期せぬ発言が飛び出した。人に話を聞くことは簡単そうだが、相手の心に通じるだけの気持ちの深さが聞き手になければ、実りのある話は引き出せないという。協定発足前後、既に現役だった業界最長老の歴史的な証言を得て、私は椅子から転げ落ちそうになった。記者冥利に尽きる、とはこのことだと感じた。

　協定発足前年の1961年に、ブラジルを初めて訪問した時の模様をこう語った。『コーヒーは過剰時代。当時の主産地であるパラナ州のロンドリーナを視察した時、1日1万袋を燃やし計50万袋を焼却処分する現場に立ち会った。1万袋のコーヒー豆を焼くことは大変なことで凄く印象的だった。現場に近寄るため匍匐前進して持参の8ミリカメラで記録に収めた記憶がある。当時の相場は底値。多分30セント台だった。自由競争が原則のアメリカは商品協定には反発していたが、この時ばかりは中南米の共産化防止のためコーヒー協定に率先して動いた。業界に入って間もない私には、ブラジル出張がコーヒーを通じて国際政治を知る意味で大変いい勉強になった。』

　ICAの使命は、コーヒー価格を安定させ、世界の生産量と消費量の長期的均衡を保持すること。このため消費国への振興資金供与と需給均衡の市場介入権限を有する「経済条項」（輸出割当制度）を持っていた。日本政府は1964年に協定を批准し、運営を管理する国際コーヒー機関（ICO＝International Coffee Organization: 本部ロンドン）に翌年正式加盟した。

　1980年に発足した社団法人全日本コーヒー協会（当時、以下全協）は、創立から十年間で累計十六億円もの振興資金を得る恩恵に浴した。これを原資に活発な消費振興事業を展開したことから、我が国は米独に次ぐ第3位の輸入大国へ躍進した。その後日本政府は2009年に財政難を理由として協定を離脱するが、2014年に再度復帰する。

当時の世界市場は、BRICsほか発展途上国の消費拡大が続き、一方で気候変動によってアラビカ種の減産を予測（「2050年問題」）する報告をWCR（World Coffee Research）が発表していた。将来の安定的な輸入確保を図る狙いが背景にあった。ICOは、市場の供給量を制限するため、過去2度（1982年9月〜86年2月／1987年9月〜89年6月）に亘って、"伝家の宝刀"の輸出割当制度を導入して一定の成果をあげたが、1989年7月に「経済条項」を廃止、以降市場はフリーマーケットとなる。現行ICAでは、国際協力の促進、生産国への技術開発、消費振興、情報収集・分析以外の他、近年は「持続可能な開発目標（SDGs）」を付加している。ICOもまた世界のコーヒーセクターが直面する問題を解決する政府間組織として機能し、世界2600万以上の生産者の生活向上を担っている。2005年にアメリカが12年ぶりに協定へ復帰したのは国際協調に配慮したためだといわれている。同時多発テロ再発を危惧する国家安全保障会議（NSC）に説得された米国務省が、協定に否定的な農商務省（USDA）の反対を押し切って批准したからだ。

2. 半世紀の世界生産量とNYC（ニューヨークコーヒー先物相場）の推移

　コーヒーノキは、世界に約220億本。一本から生豆約1ポンド（453g）を収穫する。USDAが発表する世界総生産量は、1973年度の7700万袋（袋60kg）から2022年度の1億7000万袋へと半世紀で2.2倍に伸長した。大陸別の構成比は、中南米が約6割、アジア約3割、アフリカ約1割。品種別シェアは、アラビカ種約53％、ロブスタ種約46％、そしてリベリカ種約1％。

　50年前はアラビカ種とロブスタ種の比率は8対2だった。ロブスタ種は、内乱や内政事情で減産したアフリカ諸国がシェアを落とし、代わって急増したのがベトナム、そしてブラジルも霜害後にコニロン・ロブスタの増殖に着手した。ブラジルのコニロン比率は現在36％に達している。殆どは内需向けだが数年後には輸出に廻るだろう。そこで問題となってくるのが、我が国の『レギュラーコーヒー及びインスタントコーヒーの表示に関する公正競争規約および規則』の原産国表示だ。現行では、アラビカでも、コニロンでも、「原産国ブラジル」の表示が可能なため今後混乱が生じてくる恐れがある。

　国際相場の乱高下が顕在化し始めるのは霜害以降。それまでも天災による減産はあったが、世界の膨大な在庫が緩衝になった。また気象以外に投機ファンドの介入で相場が左右される時代となって久しい（※別表グラフのNYC推移は年間平均値）

　過去最高値は1977年4月17日の337.50¢（瞬間値）、最安値は2001年12月4日の41.50¢（同）。高低差は約300¢。最高値は75年7月のブラジル降霜による減産に起

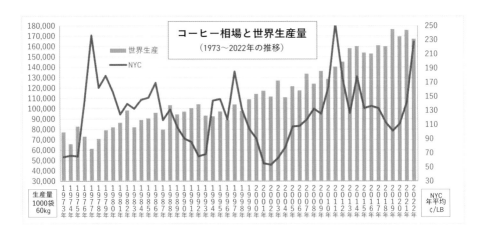

コーヒー相場と世界生産量
（1973〜2022年の推移）

世界生産
NYC

生産量
1000袋
60kg

NYC
年平均
¢/LB

因、最安値はブラジルとベトナムの増産が要因となった。双方の記録が今日まで更新されてないのは、ある意味で価格メカニズムが働いているからだろう。

史上最悪のブラジル霜害を知る業界人は少なくなった。1975年7月18未明、パラナ州で数時間氷点下を観測、その後の日照で州内約7割のコーヒー樹が枯死した。国際相場がピーク・アウトを迎えたのは降霜から二年半後だが、その後はつるべ落としの如く、半年後149¢へ急落した。識者はこの乱高下を「騰がるときは富士山の裾野、下がるときはアイガー北壁」と評した。この時の国内事情について識者は、「コロンビア（スタンダード品）の国内卸価格は㌔当たり2,450円から950円へと1,500円も値下がりし、5ヶ月間は商談停止の状態に陥った」と振り返った。急落相場の怖さは地獄を見る思いだったことだろう。

一方最安値はブラジルとベトナムの増産が原因だ。ベトナムの栽培の起源は、フランス植民地時代の1850年代中頃。仏人宣教師が同国北部へアラビカ種を持ち込んだ。しかし、その後さび病（Leaf Rust）の発生により耐性のあるロブスタ種に転換した。国策としてコーヒー栽培に注力するのは、20年に及ぶ米越戦争が終結した後の1980年代以降。政府主導で中部高原地域を中心に栽培を本格化し、2003年にはコロンビアを抜いて第2の供給国となる。

ベトナムの1㌶当たりの反収は約40袋。ブラジルの約25袋、コロンビアの約17袋を大きく引き離す。同国の生産動向は、次第にブラジルはじめ伝統生産国に脅威と映る。需給で相場に影響を来たすからだ。近年ベトナムではラムドン（Lam Dong）地区の高標高地域（1300ｍ級）でアラビカ種の良質豆を産出し、ロブスタ種も完熟豆を厳選収穫、フルウォッシュドやハニープロセス等の特殊精製豆を増産している。一昔前のベトナムは、工業用原料主体で増量剤的なイメージ

が強かった。最近では原産国表示でベトナムを筆頭に掲げるコモディティ製品が少なくない。日本の生豆輸入量で、ここ数年ブラジルと首位争いを繰り広げているベトナムだが、近い将来トップに立つことだろう。

コーヒー市場には南北問題が存在し、同時に南北支援は重要課題のひとつである。北米が中南米を、欧州がアフリカを、そして日本はアセアン諸国をサポートする使命を持つ。日本政府はその一環として、1988年にインドネシア（ジャカルタ）で初の「海外貿易会議」（通産省主催）を開催した。

インドネシアは1980年代にロブスタ生産量がアフリカ産を追い越したものの、品質的に問題が多く、カップテスト（官能検査）も満足に行われていなかった。このため全協は翌1989年、初の海外協力事業として現地にカップテスターを派遣し講習会を実施。同時にインドネシアコーヒー輸出業者（AEKI）と工業協会（AICE）に対して、「アラビカ種の増産」「カップテストの導入」を厳守させて品質の向上に繋げた。さらに全協は数年後ベトナムでも同様の技術指導を行う。この時の興味深いエピソードを、全協で長年顧問を務めた山田早苗氏が『30年記念誌』で紹介している。

『輸入が増えてきたベトナムのロブスタにも、品質向上を目的として同様の技術指導を実施した。偶々来日していたコロンビアのＦＮＣ総裁に懇親会で全協の協力ぶりを自慢して披露したところ、余計なことをするなといわんばかり明らかに嫌な顔をされた。折からのICOの場でも、ベトナムは国際相場破壊の犯人扱いされていたこともあり、コロンビアとしては全協の技術指導が敵に塩を贈る行為と受け止められたらしい。』

3. 2050年問題

「地球温暖化を原因とする気候変動の影響で、高品質アラビカ種の耕作面積は30年後に半減する」（WCR 元 CEO ティモシー・シリング博士）

この身も凍るような予測に対し、世界のコーヒー業界は資金を供出して2012年に非営利研究機関 WCR（本部：米テキサス州）が発足した。現在の世界生産量の32％を占める国々が農地の30〜60％を失うと警鐘を鳴らし、特に、世界シェア3割強のブラジルは「2050年までに現状の約60％が失われる」と指摘した。世界的にコーヒーの需給は拮抗している。先進国消費は停滞気味だが、開発途上国の需要は右肩上り。気候変動はこうした需給関係を一層タイトにする要素を孕んでおり、WCR の成果に大きな期待がかかる。

WCR の活動の主旨は、コーヒーのバリューチェーンの開発、作物の回復力、

気候変動の影響力及び軽減及び品質改善の戦略的且つ科学的アプローチを確立して、持続的成長のプランを作成すること。現在29カ国170社以上の企業の協力を得て、グローバルに連携した研究開発に取り組んでいる。

第一段階として2015年より、生産性・耐病性（主にさび病）・カップ品質・気候変動への抵抗力の向上―を目的として高性能品種を交配した新たなF1 hybrid（雑種第一世代）の開発に着手。そして7年間の実証実験の評価作業を経て、4品種の優秀な最終候補を特定した。

このF1 hybridは、Geisha（ゲイシャ）とSarchimor（サチモール）系列の交配種。4ヵ所の栽培農場で得た実証実験において、生産性では対照品種より平均25%高い収穫量を上げ、品質評価は2022年のボストンSCA（スペシャルティコーヒー協会）大会のカッピングで4品種とも高い評価を得、うち3品種は平均スコア84点（スペシャルティ規準80点以上）を付けた。さらに同年秋よりコスタリカの国際機関CATIE（熱帯農業研究高等教育センター）の協力で12,000本のF1 hybridを増殖、世界9ヵ国のグローバルパートナー（コスタリカ、米国、インド、インドネシア、ケニア、メキシコ、ペルー、ルワンダ、ウガンダ）と世界的共同育種による気候変動抵抗性の栽培実験に取り組んでいる。

4．コーヒーに関するリテラシー

・コーヒーの貿易取引額は石油に次いで2番目？

『コーヒーは、世界中で最も親しまれている飲み物です。世界の貿易取引額は、石油に次いで2番目。まさにグローバルに人々を魅了する魅惑の飲み物です。』

5年前に出版された書物の冒頭にあったこの記述に目が点になった。この通説を現在も許容する業界関係者は少なくない。半世紀前までは確かにそうだった。しかし、50年で世界人口は40億人から80億人に倍増した。発展途上国中心の爆食化で4大穀物（米、トウモロコシ、小麦、大豆）の需要は増えて貿易量も拡大、嗜好品のコーヒーの地位は徐々にランクを落としていった。

世界貿易額（21兆米ドル/2001）は、今でも石油がトップ（約6550億米ドル）で全体の3割を占める。一次産品を農産物に限定すると、コメ（約2570億米ドル）、小麦（約1620億米ドル）、トウモロコシ（約1580億米ドル）、大豆（約1300億米ドル）の順で、コーヒー（約400億米ドル）は5番目。コーヒーが世界2位という昔日の認識は、最早通用しないのである。

・国民一人当たりの消費量はルクセンブルクが世界一？

ICOが毎年発表する「国民一人当たりの年間消費量」では、欧州のルクセン

ブルクが24.1kg（2021年）でトップ、以下伝統消費国の北欧三国（フィンランド、ノルウェー、スウェーデン）が続く。1人当たりのGDPでもルクセンブルクは12.7万米㌦（2022年）と世界一（これもリテラシー）。但し国民が裕福だからＥＵ平均（5.25kg）の5倍ものコーヒーを飲用している訳ではない。ルクセンブルクは、ドイツ、フランス、ベルギーに囲まれた人口60〜70万人の小国だが、70年代に鉄鋼業中心の産業構造から金融サービス業に転換し、現在は欧州屈指の国際金融都市に発展した。当然隣国からの越境従業員で昼間人口は増える。また、同国の付加価値税（15％）は隣国に比べて5％前後低く、他国民の購買力によって過剰に膨らんだ統計が反映されているのだ。

生産国含む国民一人当たりコーヒー消費量（kg/1人/年）

		2016	2017	2018	2019	2020	2021
（輸出国）							
ブラジル		6.12	6.29	6.34	6.27	6.29	6.35
コロンビア		2.15	2.15	2.23	2.39	2.44	2.48
コスタリカ		5.13	4.07	4.28	4.30	4.15	4.17
ドミニカ共和国		2.24	2.23	2.20	2.14	2.10	1.89
エルサルバドル		2.71	2.76	2.80	2.77	2.71	2.72
赤道ギニア		2.04	2.02	2.01	1.99	1.98	2.29
グアテマラ		0.70	0.70	0.69	0.69	0.69	0.74
ホンジュラス		1.06	1.07	1.07	1.07	1.05	1.10
インドネシア		0.07	0.07	0.08	0.08	0.08	0.09
ジャマイカ		1.31	1.31	1.32	1.30	1.31	1.26
ベネズエラ		3.22	3.18	3.14	3.07	2.94	3.24
ベトナム		1.33	1.43	1.48	1.52	1.59	1.68
（輸入国）							
EU平均値		5.07	4.97	5.27	4.91	5.27	5.25
	オーストリア	8.2	7.9	7.9	7.6	7.6	7.7
	ベルギー	7.9	6.8	7.2	6.2	5.3	5.6
	デンマーク	7.9	7.7	7.7	8	7.2	7.1
	フィンランド	12.5	11.6	12	14.7	12.2	10.2
	フランス	5	5.1	5.5	5.7	5.2	5.7
	ドイツ	6.3	6.2	6.1	6.3	6.1	6
	イタリア	5.9	5.5	6	5.5	5	5.3
	ルクセンブルク	23.1	21.4	25.5	21.9	17.7	24.1
	オランダ	7.3	6.9	7.5	7	6.5	6.5
	スウェーデン	11	10.5	9.9	10.3	10.1	9.1
日本		3.7	3.6	3.7	3.6	3.4	3.4
ノルウェー		8.9	8.9	8.3	8.6	9.1	8.3
スイス		7.6	6.3	8.3	8.6	9.1	8.3
イギリス		3.2	3	3.4	3.4	3.3	2.3
アメリカ合衆国		4.7	4.8	4.9	5	4.8	4.7

出所：ICO統計（2022年7月）　注：主要な国について掲載

・コーヒー「生豆」の呼称、"なままめ"か、"きまめ"か？

『コーヒーは生豆（きまめ）です。』1988年秋、大手コーヒーメーカーがレギュラーとフリーズドライの2商品を統一のブランドで立ち上げた。この時の"キャッチ・コピー"が業界に波紋を広げた。それまでは"なままめ"が一般的だったため、業界人の多くは違和感を覚えた。しかし、この大規模なキャンペーンは、数万GRPのTVスポットCMをはじめ、全国紙・地方紙の全面広告等々アドバタイジング効果によって"きまめ"は広く浸透し普及した。

1988（昭和63）年の時点で、既に業界に足を突っ込んでいた人たちは"なままめ"派、以降の人たちは"きまめ"派が多い。その境界は年齢にして55歳。言葉は時代と共に変化するというが、それとは別の意味でこの広告キャンペーンはインパクトがあった。

5.「スペシャルティコーヒーの台頭」と「コンビニコーヒーの普及拡大」

最後に、21世紀の日本のコーヒーマーケットを振り返る。過去20年を通して2大特徴を上げるとしたら、「スペシャルティコーヒーの台頭」と「コンビニコーヒーの普及拡大」だろう。両者の胎動と挑戦の始まりは2000年代初期に遡る。

2003年日本スペシャルティコーヒー協会が誕生し、またコンビニ各社のコーヒー戦略も20年近く前からトライアル＆エラーを繰り返した経緯がある。焙煎・粉砕・抽出。この美味しいコーヒーの三大基本原則に忠実なコンビニコーヒーは、「日本の新たなスタンダード」として消費者層の裾野を広げるとともに、コーヒー市場の発展性と有望性にインセンティブを与えた。

一方スペシャルティコーヒーでは、元々我が国が高品質市場だったため米国ほどのインパクトには至らなかった。現実に日本の輸入実績は、数量ではGDP並みに世界全体の6％であっても、金額は7％と他国に比べて高単価の良質豆を仕入れてきた。多くのスペシャルティコーヒーのユーザーの購買意識は、説得型から納得型に深化し続けている。標高3776mの霊峰富士が気高く映えるのは、約40km四方のなだらかな裾野を有しているからだが、五合目迄は誰もが容易に辿りつけるが、トップ・オブ・トップを極めるには、自力に頼る以外術はないのである。

参考文献
『「コーヒー」飲用の振興を預かり30年 社団法人全日本コーヒー協会の歩み』（社団法人全日本コーヒー協会刊）
※臼井隆一郎著『コーヒーが廻り世界史が廻る―近代市民社会の黒い血液』（中公新書）

サンゴの森に眠るコーヒー
──日本人が遺し古の森が育んだ南洋の赤い真珠ROTA BLUE COFFEE──

UCC上島珈琲㈱農事調査室室長（本会賛助会員）　**中 平 尚 己**

1. 『料理本のアカデミー賞』グルマン賞

　2023年5月27日、大西喜代一（敬称略）はスウェーデンの地方都市ウメオで開催されている、グルマン世界料理本大賞の表彰式のステージに立っている。彼の人生初の著書『ROTA BLUE COFFEE』（LUMINA Books 2021年11月）が、SOUTH PACIFIC BOOKS部門で1位を獲得した為だ。因みにCOFFEE部門でもFOOD & SPORTS部門でも、2位を獲得している。

> ＊大西喜代一
> KFCトライアスロンクラブ代表。国内外でトライアスロンやトレイルランニング、ロードサイクリング等、スポーツイベントの企画運営を多数手がける。1994年にゼロから立ち上げた「ロタブルートライアスロン」は、国内専門誌の人気ランキングでも海外部門で1位を獲得、2017年（23回大会）を最後に、開催を休止。その後も「伝説の楽園トライアスロン」として語り継がれ、復活開催が待ち望まれている。1951年兵庫生れ。
>
> ＊グルマン世界料理本大賞
> フランスのエドワード・コアントロー氏によって1995年に設立された、世界唯一の料理本の賞。その年に発刊された世界中の料理本やワインの中から優れたものが、エリア・地域・ジャンル毎に部門別に表彰され、「料理本のアカデミー賞」と呼ばれている。

　北極圏に近いスウェーデンは、この時期初夏を迎えており、日中はカラッとしていて過ごしやすい。日が沈んでからは急激に冷え込んで肌寒く、運が良ければオーロラを見ることもできるそうだ。このコーヒーの生産地とは真逆の環境で、大西さんとKFCトライアスロンクラブの面々は、〝新参者〟であるロタ島産コーヒーのお披露目の為に、慣れない英語のプレゼンテーションで聴衆を沸かせている。

　ROTA BLUE COFFEEは、大西さんがROTAの山中で奇跡的に発見した野生のコーヒー。これを特産物に育て上げ、島の経済を復興させようと奮闘する物語で、目標を達成する為に試行錯誤する過程で体験した6つのミラクルを軸に展開されるドキュメンタリーである。

『ROTA BLUE COFFEE PROJECT』の6つのミラクルとは次のことである。

① 太平洋戦争末期（1944年）にグアム、サイパンのような米軍からの集中砲火を浴びなかった事。（ロタは奇跡的に島の原生の植生を保つことが出来た）

② 1993年に開催予定の「第3回タヒチ国際トライアスロン大会」が急遽中止になった事。（開催されていれば、代替の大会は開催されず、ロタ島と大西さんの出会いは無かった）

③ 1994年大西さんがロタの島民宅で自家製のコーヒーをごちそうになった事。（この経験が後のROTA BLUE COFFEE PROJECTに繋がっていく。）

④ ロタ島の原生林『アスアコード』でコーヒーの群生地を発見。（島民の言い伝えや歴史の文献を辿り見事発見に至る）

⑤ **UCC上島珈琲㈱の技術協力。（お客様担当窓口経由での農事調査室所属 筆者との出会い）**

⑥ 新型コロナウイルスの出現による世界的なパンデミック。（観光産業が完全にストップし、コーヒーが経済復興の狼煙に）

ロタ島は北マリアナ諸島の中の一つで、グアムとサイパンの間に位置し、日本からジェット機で3時間半、人口約1500人、千葉県の船橋市と同じくらいの面積を持つ島である。

大西喜代一さんはトライアスロン大会の企画・運営の第一人者で、KFCトライアスロンクラブの代表である。1993年に初めてメンバーと共に島を訪れた大西さんは、世界でも有数の透明度を誇るサンゴ礁の海、野性味たっぷりのジャングル、素朴なチャモロ人たち、絵に描いたような南国リゾートのイメージそのままのロタに魅せられた。そして彼の地で翌年から、

トライアスロンの大会を毎年のように開催するに至る。

ロタ島の経済は現在、観光客の激減でどん底にある。転機が訪れたのは2001年のアメリカの同時多発テロ。

写真1　野性味たっぷりのジャングル

この事件以降、世界の航空業界はテロ対策の為のセキュリティー強化でコストがかさみ、利益の出ない地方路線を縮小・廃止。日本の航空会社もサイパン路線廃止を余儀なくされ、23回続いたトライアスロン大会は17年以降開催すること

が出来なくなり、現在休止中である。

　ロタ島経済の衰退を間近で目の当たりにして来た大西さんと KFC トライアスロンクラブは、復興へと立ち上がる。島には観光業の他は漁業と農業しかなく、農業も特産品はタロ芋とサツマ芋程度で、とても島民を養う柱にはならない。

　そんな中、大西さんには、20年以上前に、ロタの地元民宅で出されたロタ島産コーヒーの記憶が蘇る。のちの調査で、このコーヒーは島民が自身の庭で育てていたものを収穫して焙煎したものであったことが判明している。しかし大西さんは、直感的にロタの森の中にコーヒーの木が自生していると曲解・妄信し、島の歴史や、昔話を調べ上げ、行政を巻き込んで2017年に「ロタコーヒープロジェクト」を立ち上げ、山林を捜索し翌年の2018年6月に、なんと本当にコーヒーの木を見つけてしまうのである。

　しかし、コーヒーの木発見と同時に大西さんの頭をよぎり始めたのは、本当にこれはコーヒーノキなのか？　この赤い実は本当に飲めるのか？　どうやって飲めば良いのか？　という不安だった。当時、大西さんも島民も、コーヒーに関する知識を全く持ち合わせていなかったのである。

2．UCC上島珈琲㈱との邂逅

　2018年7月、大西さんは藁をも掴む思いで UCC のホームページからお客様担当窓口へメールを入れ、ダメもとでプロジェクトへの協力依頼を入れたのである。お客様担当窓口は、通常メーカーに対する商品の問い合わせやクレームが寄せられる場所である。そこへいきなり飛んできた大西さんからの熱い直球の協力依頼に、取り次いだ担当が対処に困り、産地の事なら取り敢えずと、私が所属する農事調査室に助けを求めた。これが冒頭で紹介した6つのミラクルの内、5番目のミラクル『UCC 上島珈琲㈱の技術協力』である。

　ここから主人公を大西さんから筆者へとバトンタッチさせて頂く。お客様担当から連絡を貰った時、先ず私の頭によぎったのは、「トライアスロンの人がなぜ？ロタ島ってどこ？」というクエスチョンばかりだった。得てしてこういったケースの顛末は余り良い結果でないことが多い。しかし、私のモットーは「一先ず話を聞く」なのである。

　2018年8月初旬、大西さんとアポイントを取り、東京のヘッドオフィスで初顔合わせ。私の勝手なイメージは、筋肉隆々のボディビルダーのような若者だった。しかし実際に現れたのは、シュッとして見るからに温厚そうな白髪の老紳士。完全に意表を突かれた。

大西さんは、ロタの地図と数枚の写真、現地で収穫したコーヒーのサンプルを少々持参され、これまでのいきさつを熱く語り始めた。その内容は私の予想の範囲内で、規模的にも弊社で取り扱いできるような数量にはまるで足りず、安定供給も期待できない。実際には、丁重にお断りをしないといけないケースに思われた。しかし、説明の最後に大西さんが見せてくれた数枚の写真に、私は目を奪われた。そこに映っていたのは、まるでエチオピアの原生林で育った『フォレストコーヒー』そのものだったからだ。

3. いざロタ島へ

　俄然興味が湧いてきた。現地の環境はどんなものなのか？　コーヒーのテロワールはどんなものだろう？　私はこの後ロタに3回訪れている。1回目は2019年の現地調査、2回目と3回目は、新型コロナウイルスが少し落ち着いた2022年、現地の進捗確認と商品化に向けたシミュレーションの為だ。

写真2　「フォレストコーヒー」そのものの豆

　1回目の訪問。2019年8月大西さんと現地に向かいコーヒーの群生と対面した。その光景は、まさに『奇跡』と呼ぶに相応しいものだった。

　サンゴが隆起してできたその森は、コーヒーにとっては、必ずしも適した環境とは言い難い。南の島特有の高温多湿、アルカリ性の土壌、毎年定期的に訪れる台風の被害。なにより、元は人の手で育てられていた作物が放棄され、野生化して行く過程では、在来の植生に打ち勝ち、生き残るケースはほとんど無い。

　この群生地を有する『アスアコード地区』は、そんなセオリーに反して、在来の木々の中でコーヒーの木が生き生きと繁殖し、生態系の一部として既に組み込まれている。隆起サンゴ礁の深い森が、南国の強い日差しや台風から木を守り、太古の姿でコーヒーを育んでいた。まさに奇跡のバランス。ここにあるのは、自然に世代交代を繰り返し生き続ける、野生のフォレストコーヒーそのものだ。

　周りの苔や根元の落ち葉を払うと、テーブルサンゴがそのままの形で化石化している。目を閉じると、この森の中をかつてはサメや熱帯魚が元気に回遊していたであろう姿が思い浮かぶ。とても幻想的だ。DNA検査の結果、アフリカ・エチオピアにルーツを持つ、アラビカ種「ティピカ」であることが判明した。なぜ南海の孤島にアフリカ発祥のコーヒーの木があるのか？　更に時計の針を巻き戻

す。

　大航海時代にスペインの植民地だった北マリアナ諸島は、ドイツ統治を経て1914年から太平洋戦争が終結するまで日本の委任統治下にあった。戦争を終わらせたとも言われる広島、長崎への原爆投下を行ったB-29エノラ・ゲイが飛び立ったのが、同マリアナのテニアン島であった事は、歴史の皮肉と言わざるを得ない。

　当時ロタ島にも多くの日本人が移り住み、官民挙げての農地開拓や製糖工場建設等が行われた。戦時中に刊行された『南洋紀 踏査紀行』には、「島の険しい山腹のジメジメした開墾地でコーヒーの栽培をしていた」という記述が残っている。品種や史実から考察して行くと、当時の日本人が南洋政策で持ち込んだ物である可能性が高く、さらにそのルーツを辿るとハワイ島コナに行き着く。ハワイ島コナ地区に直営農園を所有する弊社にとって、これも歴史の悪戯かと感じずにはいられない。

　大西さんの6つのミラクルにも挙げられていた通り、北マリアナの島々は米軍の集中砲火を浴びた。しかし、ロタだけは幸いにも壊滅を免れ植生も守られた。島の言い伝えで、「森には日本人の植えたコーヒーがある」と言われていたことを、大西さんも聞いていた。それが今回見つかった『アスアコード』なのである。

4．ロタをコーヒーアイランドに

　コーヒーを島の宝にする為に、新しい試みが動き出している。アスアコードのコーヒーの森を、天然のシードバンク、ナーサリーとして活用し、森で育ち、本来間引かれる若木をプランテーションに移植し、増産し、商品化する試みだ。アスアコードの森は文化遺産として、また、島の観光資源として遺して行くことも決まった。

写真3　UCCが協力したプランテーション

　UCCはロタ島への支援を、『UCCサステナブル指針』で重要課題に定められる「農家の生計向上」や「森林保全」の一環と位置付けている。森林を保護しながら、環境負荷の少ない農業を提案し、高品質で高付加価値のコーヒーを作り上げるモデルケースにして行きたいと考える。

　現在、ロタ島でもっとも標高の高いサバナ高原（標高500m）には、新たに開拓された市営の20haの農場があり、近い将来40haまで増設することを計画し

ている。3〜5年後には生豆で約5t、最盛期には20t程度の生産量にまで拡大し、最終製品にまで加工し、先ずマリアナ諸島内で拡売。一部プロモーション用として生豆を世界各国に輸出する計画だ。夢は膨らむばかりである。

　島で味わったROTA BLUE COFFEEの肝心の味わいはというと。まだ荒々しさはあるものの、フルーティーで口当たり滑らか、甘い余韻の長く続く美味しいコーヒーだった。今後収穫方法や加工工程が洗練されれば、さらに魅力的な味わいに進化して行くだろう。

5. 英語版ペーパーバックが呼び込んだ『7つ目のミラクル』

　ここで時計の針を元に戻す。大西さんは今回の本を執筆するに当たり、日本語版だけではなく、英語版の出版を見据えていた。なぜならこの物語の舞台は米国領ロタ島であり、コーヒーはかつて相場で取引される一次産品の中で、石油に次いで第2位の商いであったこともあるグローバルで、我々の生活に欠かせない身近な存在だったからだ。

　2022年7月16日英語版の電子書籍と紙の書籍（ペーパーバック）が、日本以外の世界11か国のアマゾンで発売され、ロタブルーコーヒーの存在は一気に世界に知られるところとなった。その結果、英語版発売の翌8月18日、グルマン世界料理本大賞のエドワード・コアントローさんから、大西さんに突然のメールが届く。「あなたの本をすべて読みました。非常に面白かった。グルマン賞にエントリーしなさい」という内容だ。

　加えて、そうすれば『7つ目のミラクルが起こりますよ』と、フランス人特有の洒落の利いた言い回しのお誘いだった。しかし、冷静に考えれば、サイバーセキュリティが確立された昨今、この手のメールはスパム処理され、受け手の目に留まることは稀である。このメールが大西さんと繋がったこと自体が、実は7つ目のミラクルではないかと私は思っている。

　かくして7つ目のミラクルは現実のものとなり、『ROTA BLUE COFFEE』は世界デビューを果たした。現在ロタ島では様々な障壁に対処しながら、ある意味チャモロ人らしくなく、地道に粛々とコーヒーの安定栽培、事業化に向けて邁進している。

　このコーヒーが一定程度の量が担保され、商品として世界デビューする為には、まだ3〜5年はかかるであろう。私どもUCCは、今後も島民に寄り添い、島の自然や産業と共存できるサステナブルな農業の確立に貢献し、島の発展に寄与して行きたいと考えている。

コーヒーの旅で出会った人と本のこと

書肆梓＆クラウド・ナイン・コーヒー代表（本会会計）　小 山 伸 二

1、コーヒーの旅、旅のコーヒー

　コーヒーを語ることは、旅を語ることに似ている。

　それは、コーヒーが国際的な商品となった中世のアラビア以降、現在にいたるまで、旅することが運命付けられているものだから。

　旅とはただ空間を移動することだけではなく、時間を移動することでもあり、場所と時間を移動しながらいろんな事物、そしてひとに出会うことだ。

　1980年代から始まったぼくのささやかなコーヒーの旅で、出会ったひとたちのことをここに書いておきたい。

　　　旅人は待てよ
　　　このかすかな泉に
　　　舌を濡らす前に
　　　考へよ人生の旅人
　　　汝もまた岩間からしみ出た
　　　水霊にすぎない
　　　この考へる水も永劫には流れない
　　　永劫の或時にひからびる
　　　ああかけすが鳴いてやかましい
　　　時々この水の中から
　　　花をかざした幻影の人が出る
　　　永遠の生命を求めるは夢
　　　流れ去る生命のせせらぎに
　　　思ひを捨て遂に
　　　永劫の断崖より落ちて
　　　消え失せんと望むはうつつ
　　　さう言ふはこの幻影の河童
　　　村や町へ水から出て遊びに来る

浮雲の影に水草ののびる頃

　西脇順三郎の「旅人かへらず」の冒頭の19行だ。
　ひとは、永劫のあるときに生まれ、一瞬の有限の時間を生き、ふたたび永劫の
なかに消えていく。まるで、岩間からしみ出た水霊のように。
　そして、一瞬の有限の時間のなかで、ぼくたちにはどんな鳥が鳴いてくれるの
だろう。
　かすかな泉に舌を濡らすときが来たとして、その泉がザムザムの井戸から湧き
出す黒くて芳醇な香りをまとった水だとして、ひととき、その苦みを舌のうえに
ころがしながら、やがて立ち上がる甘みの至福へと夢をみる、花をかざした幻影
のひとにでもなったつもりで、このコーヒーの旅、旅のコーヒーを語りおこして
みよう。

　1970年代はじめ頃、南九州の小さな町で出会ったレギュラーコーヒー。当時
のぼくは中学生で、コーヒーという飲料が「大人」への扉を開けてくれると思っ
ていた。
　ある店でぼくはコーヒーにはお湯を注ぐだけのインスタントコーヒーとは別に、
コーヒー豆をミルで挽いて粉にしてペーパードリップで淹れる「レギュラー」な
コーヒーがあることを知った。そんな店のことを「挽き売り店」と言ったのだ。
遅ればせながら南九州の小さな町にも新しいコーヒーの小さな波がやって来た。
　その後、大学生になって東京に住み始めたぼくは、ジャズのレコードあさりと
神保町の古本屋巡りを趣味にしながら、レギュラーコーヒーとは縁のない生活を
送った。お金がなかったこともあって、喫茶店にも行かず、もっぱら部屋でパチ
ンコの景品のインスタントコーヒーを飲む、そんな暮らしだった。
　大学卒業後、食の総合出版社を標榜していた柴田書店に入社。ここでコーヒー
の雑誌「ブレンド」創刊に立ち会うことになる。この編集部時代、全国のコーヒー
の店、とりわけ自家焙煎の店を取材することになった。北海道から沖縄まで。い
ろんな店に取材に行った。1982年のことだ。
　編集部で、まず編集長に二軒のコーヒーを飲んで、その味を舌に刻むように言
われた。その二軒とは、銀座の「カフェ・ド・ランブル」と吉祥寺の「もか」だった。
　いずれも深煎りコーヒーの自家焙煎店で、ネルドリップで抽出していた。どち
らも濃厚で苦いけれども、不思議なことにほのかな甘みを感じる、とろりとした
コーヒーだった。

「苦味の海がふたつに割れて、その間をやがて芳醇な甘みがさざ波のように
やってくる」なんて拙い表現を使ってみたが、その感覚は、さほど誇張でもなかっ
た。

ぼくが知っていたコーヒーとは別世界のコーヒーがあることを知った。

「これからは、これがコーヒーのひとつの基準だと思ってくれ」と編集長は言っ
たのだった。

「カフェ・ド・ランブル」と「もか」のコーヒーは、現在のぼくの記憶のなかでは、
こんな感じだ。

関口一郎さんの「カフェ・ド・ランブル」。完璧な空調管理をした部屋で十年
以上寝かせたオールド・ビーンズは、水分が抜けて軽く、枯葉色をしていた。そ
んな大切な豆を焙煎機に投入する前にばんばんハンドピックして床に捨てる。焙
煎がはじまると、微妙な調整などいっさいせず（と、ぼくには見えた）、びっくり
するぐらいあっさりと焼き上げてみせる。そうやって焼いたコーヒー豆を、ネル
で点滴抽出する。コーヒー液はもちろん濃厚。枯れた味わいと思わせつつ、なぜ
か新鮮な爽やかな後味、余韻を残してくれる一杯だった。

いっぽう標交紀さんの「もか」のおそろしく繊細な気配りのなかで焼き上げら
れた美しいコーヒー豆。神々しいまでに美しく焼き上げられた豆が、ネルドリッ
プによって液体へと転生していく。とてつもなく重厚な味わいのなかに、調和の
とれた端正な影像のような姿形をした苦みの輪郭が、豊かな甘みを包み込んでい
る。口のなかに広がるものは、コーヒーという飲料が到達したエキスそのものと
いう感じだった。

1914年生まれのランブルの関口さんは取材当時、68歳だった。パイプやアー
チェリーを趣味にしながら、好奇心旺盛な科学少年のように、コーヒーを愉しん
でいるように見えた。コーヒーだけの店「カフェ・ド・ランブル」は、そんなディ
レッタントの極みのような関口さんにとっての小さなお城でもあった。

対して「もか」の標さんは、職人というものさえ超え、まるで求道者のように
ストイックに純粋にコーヒーの極北をめざして追求されていた方だった。店には
いつも緊張感がみちあふれ、まるで修行僧のように白衣姿の従業員が寡黙な影に
なって、店のなかを静かに、ゆらめくように動いていた。

出されるコーヒーは、とりわけオリジナルのブレンドにおいて、この飲料が到
達できる最上級の味わいが凝縮されたものだった。しかも信じられないくらいに
調和がとれたまろやかな味わい。コーヒーについてはまったくの素人の駆け出し
の編集者だったぼくのような人間にさえ、有無を言わさぬ圧倒的な説得力のある

コーヒーだった。

趣味人の関口さんのお店では、なんの気負いもなく、いつもＦＭラジオがうすく流されていた。ただ、レジに立つ妹さんの存在が、若干の緊張感を客に強いているくらいで、実に居心地のいい空間でもあった。

標さんの店では、いつでも緊張させられた。一点の曇りもない磨き上げられた磁器。その器に注がれた黒い液体と対峙する。つねに自分の感性を最大出力にして臨まないといけない。コーヒーとの真剣勝負の場所。そんなコーヒー店だった。

標さんは、どこか近寄り難い、気楽には話しかけられない存在だった。そんな標さんに編集者としてお話を聞くことができたのは、コーヒー研究家の井上誠さんの追悼文を『月刊喫茶店経営』に寄稿するためにうかがったときだった。

標さんとじっくりお話しできたのは、思えばこれが最初で最後だった。

2.「全国の自家焙煎店」取材をしながら

書籍の編集担当としてのぼくはその後、「珈琲屋バッハ」の田口護さんと、雑誌の連載で二年間、一緒に全国の自家焙煎店を取材した。

田口さんがいつも口にしていたのが、日本のコーヒー業界のなかでの、コーヒーをめぐってあまりに「文学的」なアプローチ、表現が多すぎる、ということ。もっと客観的で、科学的な視点で表現しないと、「正しい」コーヒーの技術の発展はない。次世代の育成もできない、ということ。

そんな田口さんの「正しいコーヒー論」には賛同しながら、ぼくはコーヒーという飲料の文化的な魅力は、科学や「正しさ」の外側の領域で、なにやらあやしげな精神論も含めてあるのではないかと、ひそかに思ってもいた。

東京の山谷という町で、明るく、開放的で、だれも差別せず、受け入れてくれる素晴らしいパブリックスペースとしてのカフェを標榜していた田口さん。彼は社会派的な話も大好きで、南北経済格差問題など熱心に語っていらした。その情熱の傾きは、科学的な物言いというより、実はロマンチックな芸術的なものへのシンパシーにあふれてもいた。

いずれにしても「珈琲屋バッハ」のコーヒーは、均整のとれた元気いっぱいの健康的なコーヒーだった。ある種、職人的なアプローチの「ランブル」、「もか」とは違う、もっと社会に開かれた店、それが「珈琲屋バッハ」の魅力だった。

そんな田口さんの「珈琲屋バッハ」は、多店舗化するのではなく、全国各地で若手のコーヒーマンを育てあげ、生豆の共同購入のグループを立ち上げたのだった。全国各地で、それぞれの地域に根差した「コーヒー自家焙煎店」を定着させ

ていきたい、との思いからの活動だった。それぞれ独立独歩の個性的で職人的な
コーヒー店とは別種の、よりソーシャルに機能する地域のなかの喫茶店、カフェ
を構想していたのだった。

田口さんは、後進のためにすぐれた技術書もたくさん上梓された。そのなかの
一冊、『田口護のスペシャルティコーヒー大全』（ＮＨＫ出版・刊）は、第三回辻
静雄食文化賞を受賞した。そんな彼の「科学的な技術論」を支え補強するような
形で理系の研究者も登場し、まさに科学的なコーヒー論が定着した。

そして、もうひとり。

関口さん、標さん、田口さんなど個性的なコーヒーのひとたちと比べても、ひ
ときわ異彩を放っていたのが早稲田「あんねて」の店主、森尻純夫さんだ。彼が
「ブレンド」に寄稿したエッセイ「芝居も珈琲もぼくの祝祭」には、その多彩な
活動の全貌が描かれていた。

コーヒー店「あんねて」は、フランス語「夏に（en été)」をひらがなにした
ものだった。当時の「あんねて」は「夏」のカーニヴァルのような祝祭的なコー
ヒー店だったし、ぼくにとって取材だけではなく、彼を通して出会った世界の眩
しさの象徴の季節にも思えた。

早稲田大学南門通りにあった四階建ての自社ビルの一、二階がカフェで、三階
が劇場だった。この場所は、鈴木忠志の主宰する早稲田小劇場があったところだ。
1976年に鈴木たちが拠点を富山県の利賀村に移転するにあたり、劇集団流星舎
（森尻純夫主宰の小劇団）が劇場の運営を引き継いで、劇場名を「早稲田銅鑼魔館」
と改名したのだった。いわば、早稲田の小劇場の聖地のような場所だ。

この頃の彼は、自家焙煎した焙煎豆の卸しや、東京・中野のコーヒー屋では有
田焼きのコーヒー碗なども手広く商っていた。と同時に、演劇人としてみずから
主宰する劇団で演劇の作・演出をやり、劇場の運営にまで手がけるようになって
いた。さらに岩手県の早池峰神楽をフィールドにした民俗芸能研究者でもあった。
そんな彼が経営する自家焙煎の店が早稲田の「あんねて」だった。

ユニークだったのは、さまざまな産地の四十種類以上のコーヒー豆を仕入れ
（アラビカ種だけではなく、ロブスタ種、リベリカ種まで）、すべてストレートでメ
ニューに載せているということだった。森尻さんのコーヒーを語るときのスタイ
ルは、劇作家であり民俗芸能研究者でもある彼自身の言葉を拠り所にした、まさ
に「文学的」なものだったろう。四十種類以上の世界の産地にちらばったコー
ヒー豆のそれぞれの個性を個性のまま、ぽんと出してみせる。コーヒーが世界に
つながっていることをシンプルに教えてくれた。

ぼく自身は、科学的、技術論的なアプローチで語るコーヒーよりも、森尻さんの語る「たかが珈琲」が、脱線しながらも、いろんな領域と響きあう世界にしだいに魅了されていった。

　森尻さんが関口一郎というコーヒーマンを、日本のモダニズムという文化現象のなかで読み解いた『銀座カフェ・ド・ランブル物語 珈琲の文化史』（ＴＢＳブリタニカ・刊）は、科学か感覚か、ゼロか百かといったことを超えて、コーヒーを語るアプローチの多様性にこそ、嗜好飲料としての魅力が詰まっている。そんなことを教えくれた。

　実際、この破天荒な『銀座カフェ・ド・ランブル物語』は、『表徴の帝国』で日本論を書いたフランスの哲学者ロラン・バルトから、元プロボクサーでコメディアンのたこ八郎まで縦横無尽に参照しながら、関口一郎を、そしてランブルのコーヒーの世界を、さらには日本のモダニズムをコーヒーの世界から照射し、論評したものだった。

　バブル崩壊による経営破綻で、森尻さんのコーヒー店や焙煎業も劇場経営などは、すべて廃業に追い込まれていった。まさに時代の季節が変わり、夏が終わってしまったのかもしれない。

　その後、彼はインドの大学で「民俗芸能研究」を教える教授となる（九四年インド・カルナータカ州カンナダ大学客員教授を経て、九六年より同州マンガロール大学客員教授に就任）。並行して、その間も岩手県大迫町（現・花巻市）の早池峰神楽研究をつづけていた。

　早稲田銅鑼魔館のビルは、その後、早稲田大学の運営になり、2012年には耐震強度不足のため一度閉館、取り壊されたが、2015年、再び早稲田大学により「早稲田小劇場どらま館」として、再度スタートして現在につながっている。

　「あんねて」の名前は消えたけれども、鈴木忠志の「早稲田小劇場」から森尻純夫の「早稲田銅鑼魔館」につながり、早稲田大学の「早稲田小劇場どらま館」となったのだ。

3.『コーヒーについてぼくと詩が語ること』を出版して

　編集者としてコーヒーの業界、とりわけ自家焙煎店のひとたちを取材したぼく自身、数十年後に『コーヒーについてぼくと詩が語ること』（書肆梓・刊）と題した一冊を上梓することができた。この本ができあがるにあっては、ドイツ文学研究者の臼井隆一郎さんとの出会いが大きかった。

　彼とのつきあいのなかで、イスラームから発祥したコーヒー文化の奥深さと、

文学的な、歴史的な、思想史的なアプローチからコーヒーを語る回路を発見できたのだと思う（臼井さんのコーヒーをめぐる仕事については、いつか機会を改めて書きたい）。

『コーヒーについてぼくと詩が語ること』の出版にあたって、帯の文章を「大坊珈琲店」元店主の大坊勝次さんにお願いした。この本には、中世のアラビアの詩人からはじめて、欧米の詩人、日本の詩人たちが書いたコーヒーの詩を通して、コーヒーを語り、その先の世界を語りたいという野望があった。それが実現できたかどうか別にして、校正刷りを大坊さんにお送りしたところ、こんな文章を書いていただいた。

> 「ちょっと待って、
> ちょっと立ち止まって、
> 一杯コーヒーを飲もう、
> コーヒーの話しを聞こう、
> イエメンのスーフィーたちの、
> 豆をひく男の
> ジュゼッペ・ウンガレッティの、
> 世界中のコーヒーを飲む人達の、
> 話しを聞こう。」

その後、本が出たあとにご挨拶にご自宅に伺ったとき、大坊さんの書斎に筑摩書房版『西脇順三郎全集』十二巻を目にしたのだった。

惜しまれつつ閉店されてから五年後に出版された『大坊珈琲店のマニュアル』（誠文堂新光社・刊）がいま目の前にある。

1982年に初めて取材にうかがった「大坊珈琲店」。82年といえば、開店して七年が経った時期だった。手廻しのロースターで深煎りにしたコーヒー豆を粗挽きにして、ネルドリップで点滴抽出するというスタイルが、すでに多くのファンを魅了していた。当時の大坊さんは三十三歳、ぼくは二十二歳だった。

以来、年に数回、あるいは、数年ぶりという間隔で、表参道の交差点近くの小さな建物の二階にあがり、扉を開く。すると、ジャズが流れ出し、カウンターの向こう側、いちばん奥の定位置に、大坊さんは立っていた。

店内に入ると、一瞬、目だけで微笑んでくれる。でも、もうそれだけ。あとは、注文して、コーヒー碗が出され、飲み干して、店を出る。ほかにお客さんがいる

ときには、まったく会話のないままのことも多かった。たまに、ぼくひとりのときに、少しだけ会話をかわす。それでも、長話になることはない。彼のコーヒーを淹れる所作、他のお客さんに投げかけるまなざし。店の客たちの雰囲気。どれもが、心地よかった。

　岩手県盛岡から出てきて銀行員になった大坊さんは、若くして転職して、コーヒーマンをめざす。最初のコーヒー修業は「だいろ珈琲店」から始まる。そんな物語が、率直に語られている一冊を、「マニュアル」という実用書のようなタイトルに閉じ込められている。

　芸術も文学も生活も、茶も花も工芸も、自分の感性と視点をゆっくりと磨きあげた。三十八年間、表参道のコーヒー店のカウンターのなかで豆を焼き、淹れる日々のなかで磨きあげられたその記録としての「マニュアル」。芸術と生活を、人生の光と影の陰影さえも、小さなコーヒー店のなかで、絵が飾られ、器があり、花が活けられ、そしてレコードが鳴る日々が、「取り扱い説明書」というタイトルの本には盛り込まれている。

　この「マニュアル」では、いろんなことが語られる。しずかに語られる。お店をするということ。商売ということ。店をやる側とお客さんと。まさに、大坊さんが四十年近く携わったコーヒー店の経験からにじみ出るしずかな語りにひきこまれていく。

　コーヒーを淹れているときの彼の表情。それを見つめるさまざまなお客さんのまなざし。ゆっくりとしたテンポで注がれるお湯。そこから生み出される濃厚な一杯のコーヒー。粗挽きにされたコーヒー豆は、手廻しのロースターで、営業前からカラカラと音をたてて焼き上げられていく。苦みのそのさきの甘みをつかまえるために。どこまで深く煎ることができるか。

　コーヒーの蘊蓄は語らないけれども、焙煎を、抽出をどこまでも研ぎ澄ましていく。その手順、段取りというよりも、コーヒーを掘り下げていくことの心栄えが、この本では語られる。

　珈琲店という「場」についての大坊さんの自由と平等論には引き込まれる。

　どんなに常連客であっても、有名なひと、偉いひとでも、けっして特別扱いをしない。目だけで会話できる間柄ならなおさらだ。むしろ初めてのひとに優しくする。全身ペンキだらけの職人さんが扉のところで入店するのを躊躇っていると、大丈夫ですよと手招きしてあげて、いちばん、カウンターの真ん中、一番いい席に座ってもらう。つまり、そんなときは特別扱いする。そのことで、コーヒー店の平等は保たれるのだ、と大坊さんは考える。

コーヒーが生み出す空間は自由なはず。職場でも家庭でもない場所で、肩書き、年齢、出身にとらわれず、ひとは一杯のコーヒーのまえで自由でいられる。

ゆっくりとしたテンポの抽出から生まれる濃厚なコーヒーが、自由と平等のしずかな空気をたくさんに吸い込んで、出され、飲まれていた。

そんな大坊さん流のコーヒーの店の「マニュアル」が、本の半分くらいは語られているのだが、残りの半分は、大坊さんのコーヒー（あるいはコーヒー店）の世界が、演劇や絵画や工芸、そして詩につながっていて、そのことが大坊珈琲店の魅力を構成していたことに、いまさらながら気づかされるのだ。

たとえば、太田省吾の転形劇場「水の駅」が登場する。

この芝居にはセリフがない。

また劇的なストーリー展開もない。おそろしくテンポを遅くした役者の所作を、観客はただじっと観つめるだけという実験的な舞台だった。

舞台中央に水飲み場があって、そこをめざしてさまざまなひとが、舞台袖からゆっくりと登場して、水飲み場に行き着き、また消えていく。一歩を動かすのに数十秒はかける超スローモーションだ。能の舞台の所作に通じる動き。役者の表情はやはり超スローモーションのなかで刻々と変化している。それだけのことを凝視する観客。

ぼく自身、舞台が跳ねて、劇場の外に一歩出たときに、世界があまりにハイスピードで動いているように見えて目がくらくらしたことを記憶している。演劇空間と時間を濃厚に凝縮してみせた演劇を紹介しながら、大坊さんは「時間」ということと、「意味（物語）」ということを考える。

そしてその考察は、やがて、大坊さんのコーヒーのなかにある、スローなテンポで流れる「時間」と、意味や象徴を越えた「感覚」に接続していく。深煎りのコーヒーを点滴抽出する。たっぷりと時間をかけて一杯のコーヒーを抽出することが、太田省吾の無言劇に接続する。そんな「マニュアル」なのだ。

こんな展開が、この本の魅力だ。コーヒーを語り、店を語る。人生を語り、芸術を語り、画家の人生を取材し、語る。その語りが、三十八年かけて大坊さんが作り上げたコーヒー店としてのマニュアルとして一冊となった。そのことの意味は、大きい。表参道の交差点そばの「大坊珈琲店」はなくなってしまったが、この本を開けば、そこには大坊さんの珈琲とお店のありようが、言葉となって濃厚に、しずかな佇まいで、抽出されている。

本書に登場する西脇順三郎の『あむばるわりあ』の詩篇から、陶芸家キム・ホノの前衛的な陶器に話は展開する。

喫茶の世界のなかで、茶も花も器も書も絵もあるようにして、コーヒーの世界にも接続するもの。それを教養主義的ではない、権威主義的ではない姿勢で。

　この小文の冒頭でぼくが紹介した西脇順三郎の「旅人かへらず」の同じ冒頭の19行。この部分をまるごと引用して、大坊さんはこう呟くのだ。

　「西脇順三郎の詩はよくわからないものが多いのですが、私が好きになった理由も、わからないのが当たり前であると思えたからにほかなりません。」

　と、ここまで書いてから、大坊さんは、たたみかけるようにして、

　「そう考えれば誰の思考だってわからないものですし、自分の思考の散歩も誰にもわからないものです。誰だって同じようなものです。一人一人の脳髄の記録は違うものでしょうが、みんな同じようにどこかを散歩しているのです。」

　そして、コーヒー店の「マニュアル」として、この話はこう結ばれる。

　「そして私の場合は、そういう人が珈琲店のドアを開けるのだ、と考えられたのでした。」

　西脇順三郎の詩に登場する「永劫の旅人」は、必ず死ぬ運命にあるぼくたちのことでもあり、だからこそ、「淋しさ」「哀愁」までもが愛おしいものに感じられる詩情が響いているのだ。

　そんな西脇の世界は、大坊さんによる沈黙のなかから抽出され生まれ出るコーヒーの芳醇な苦み、甘みに拮抗するかのようでもある。

　本書の最後のパートで登場する、通勤電車の小田急線の車窓から見た雨に打たれた昼顔をぼんやり眺めてふと思い当たった「約束」の話が好きだ。これは、大坊さんの詩であり、コーヒー論でもあるかもしれないからだ。

　「小田急線で朝、店に向かう時のことでした。夏の初めだったのでしょう。昼顔が咲いていました。急行電車が世田谷のあたりを走っていて、窓から景色を見ていたのですが、ちょっと家がとぎれたのか、空地だったのか、草が繁っているところがあり、静かに雨が降っていました。（中略）音もなく、とぎれることもなく、昼顔に雨が降っている。私はぼんやり見ていたのですが、その時なんとなく、約束が果たされた、という感慨が湧いた。」

　毎朝、七時から表参道のお店でコーヒーを焙煎するひとが、通勤の車窓でぼんやり雨に濡れている昼顔を見ている。

　「ついに雨が降った時、草はというより、その草と雨を見ている私に、約束は果たされるものだなあ、という思いが湧いたんだと思う。そういうもんだよなあ、というような気分、もともとわかりきっていることなのに確信する気分、約束は果たされるということだけでなく、約束は遅くなってもいいから果たさなければ

ならないということも、確信される。」

　こうして、ぼんやりと車窓を眺めているうちに「約束」という言葉が浮かび、その約束というものはいずれ「果たさなければならない」という決意に逢着する。

　二十代、コーヒー店を始めた時から、「俺は何も知らない子供だなあ、と思った時」から、朝7時から手廻し焙煎機をガラガラ回してコーヒー豆を焼き、花を含めて店を整え、コーヒーを一杯一杯、丁寧に抽出する。店に来たひとにコーヒーの自由を享受してもらうために、大坊さん独自の平等を実現するための接客法で、言葉がなくてもわかりあえる関係を築き、瞬間的な微笑みを交わす。同じことを、毎日、毎日、繰り返す。三十八年間も。

　抽象的な詩句も、絵画も、演劇も、芸術も、コーヒー店の日々の仕事と同じようにあって、あるとき、いずれ果たされるであろう能動的な「確信」として、「約束」として「大坊珈琲店」は実現してみせたのだった。

　だから、この人生のマニュアルでは、時間はかかっても、時間はいくらかかってもいいから、コーヒー店は、長い年月やるものなのです、と大坊さん結んでいる。

4. グローバルな視点を持ち、ローカルに対して誠実に対応する雑誌と人

　2015年にスロバキアのニトラという街で、コーヒー・カルチャー雑誌「Standart」は生まれた。

　この雑誌では、さまざまなジャンルの専門家、ライターたちが国を超えて寄稿している。テーマは、生産国、流通、焙煎の技術と機器、抽出機器、コーヒー店、豆の販売店、経済、商売という切り口だけではなく、ジェンダー、環境、コミュニティーなどをとりあげる、21世紀の現在、もっとも先端的な「コーヒージャーナリズム」のひとつだろう。

　公式サイトにはこうある。

　「言語別に四つのバージョンを発刊し、モスクワ、ニューヨーク、ロンドン、京都と世界各地で読者やパートナー、ファンと一緒にイベントを開催しています。読者はコーヒーの仕事に携わる人だけでなく、コーヒーラバーや、アーティスト、ライター、雑誌愛好家など多岐にわたり、米メディア Sprudge が毎年開催する『Sprudgie Awards』では2017、2018、2019年と三年連続で『Best Coffee Magazine』に選出されました。創刊当時から変わらない Standart のゴールは、ジャーナリスティックな視点から生まれる、人にフォーカスした妥協のないコンテンツを世界中に届けるということ。」

21世紀最先端のコーヒー雑誌が、「人」にフォーカスすると宣言していることが嬉しい。

　グローバルな視点を持ちつつも、それぞれのローカルに対して誠実に対応する。
　そんな若い世代が標榜している世界観を、福岡にある「珈琲美美」の森光宗男さんは、ずいぶん昔から実現、体現されてきたのではないだろうか。
　森光さんは、冒頭に紹介した吉祥寺「もか」で、1972年から五年間、働いた経験を持つ。恩師・標さんのことは折につけ、お話されて来た。森光さんはすぐれたコーヒーマンであり、社会活動家でもあり、なによりも、すぐれた教育者でもあった。2016年暮れに、韓国でのコーヒーイベントの帰り、空港で倒れられ急逝されたが、死後、生前刊行された『モカに始まり』が、クラウドファンディングを利用して『産地紀行編』『焙煎・抽出・美美編』の二冊が復刊された。
　森光さんのコーヒーの旅は、コーヒーの起源に向かう旅だった。そして、エチオピア、イエメンのふたつのコーヒーの故郷をつなぐ言葉として「モカ」に光を当て、ふたつの産地に旅を重ね、ふたつのコーヒーの聖地を巡った。
　1987年に初めてのイエメン視察。90年にはイエメンは南北統一されイエメン共和国となる。91年には初のエチオピア視察。1998年には「イブラヒム・モカの会」を設立された。
　以降、亡くなるまでにエチオピアに七回、イエメンに五回、訪問されている。

　コーヒーはローカルな場所（カフェや焙煎所）で、ローストし、抽出するもの。そのとき、その場所に居ないことには、相手にコーヒーをサーヴィスすることはできない。
　いっぽう、コーヒーは裏庭で、近所で栽培されているわけではない。遠い異国の、しかも、イエメンやエチオピアのような地域では、山岳地帯の僻地とでも言える場所で栽培され、運ばれて来る国際貿易商品でもある。
　いまこの場所を離れることはできないコーヒーマンが、それでも、遠隔の地の風土や、そこで暮らすひとたちの生活や文化に思いを寄せることがどうやったら可能になるのか。
　森光さんは、フランスで生まれた現状のグローバリゼーションを超えたもうひとつの「世界の連帯」のためのスローガンとしてよく知られる「Think Globally, Act Locally」の精神で、目の前のローカルにおいて誠実に行動しながら、遠い世界のことに思いをいたし連帯の形を模索し、継続できるように活動の場を用意

し、本やさまざまな形で、この世界に希望の光を、コーヒーを通して遺されたのだと、ぼくには思える。

　森光さんが愛されたイエメンは現在、大変な状況にあるが、それでも現地のコーヒー生産者たちはコーヒーを栽培し、輸出は続いている。内戦やテロなど様々な困難があるなかで、それでも生きていくひとたちの手によって、長い旅をして日本にやって来るコーヒー豆を、今日も焙煎し、抽出するひとがいる。これからもきっと。
　地上にいろいろな厄災や戦争が絶えることはなくても、苦い苦いコーヒーを飲みたいひと、作ってくれるひとがいる。いつかは滅びるかもしれない世界であっても、今日もまた、ぼくたちは一杯のコーヒーを淹れる。
　森光さんの二冊『モカに始まり　産地紀行編』と『モカに始まり　焙煎・抽出・美美編』（手の間・刊）を、ぼくたちはいま読むことができる。
　『産地紀行編』には、現在も「珈琲美美」を守っていらっしゃる森光充子さんの後書きが置かれている。
　ずっと一緒に居た夫に対する言葉。

　「星になってみていますか。」

　ひとはかならず、いつか死ぬ。
　旅人も、町のひとも、村のひとも、山のひとも、海のひとも。
　死んでしまえば何も残らない、ということはない。なぜならば、世界があるかぎり、生き残ったひとたちの人生はつづくのだから。だから、そのひとがいなくなっても、そのひとが遺してくれたコーヒーも残る。亡くなったひとが遺してくれた本だって読むことができる。まだ、生き残っている者たちは。
　だから、毎日毎日、焙煎室から空を見上げられるひとのことを、森光さんは星になり、そっと見ていられるに違いない。

　　コーヒーは苦い。
　　とてつもなく苦い。
　　人生もまた。

　それでも、まるで光のようにして、苦みのさきから幸福な香りや甘みさえも見

え隠れする。コーヒーが、人類史上、もっとも悩ましい飲み物であることは、いくら繰り返してもいい事実としてある。それでも（それだからこそ）、コーヒーにかかわり、愛しているぼくたちの現在は続いている。環境問題をはじめ、やっかいな問題だらけの世界のなかで、コーヒーが生き延びていくことは、思い切って言ってしまえば、人類の希望そのもののようにさえ思えてくる。

　そんなぼくたちのコーヒーの旅が、まだしばらく、つづきますように。

日本喫茶店史と日本最初の喫茶店

㈱いなほ書房代表（本会出版編集委員長）　星 田 宏 司

1．日本への珈琲伝来史

　日本に最初にコーヒーが伝えられたのは、長崎出島のオランダ人が持ち込んで飲用したのが最初で、1700年前後の、江戸時代元禄期のことと推定されている。

　しかし、その後150年間、1854年に外国との開国がなされ、文明開化が訪れるまで、このコーヒーを飲んだ日本人は、出島への出入りを許された通詞、遊女、役人、商人に限られており、それも、日常的に飲んだと推察できるのは、出島のオランダ人の私生活に深く入り込み、普段の身の回りの世話をつとめた遊女だけであったと言える。

　ちなみに、江戸時代後期の狂歌師・戯作者として有名な太田南畝（号・蜀山人）が、文化元年（1804年）長崎奉行所に勤務した時代の日誌の中で、「紅毛船にて『カウヒイ』といふものを勧む、豆を黒く炒りて粉にし、白糖を和したるものなり、焦げくさくてして味ふるに堪えず」と書いているように、江戸時代には、飲用としてのコーヒーは普及せず、蘭方医により「薬として」また「漢方薬」の材料として用いられていた。

　なお、蜀山人の記した文が、日本人としては最初の、コーヒーの味について記したものとされている。

2．文明開化とコーヒー店
2-1．外国人による日本最初のコーヒー店

　日本人がコーヒーを飲みだすのは、1854年に開国がなされ、外国人との交際が日常化し、西洋の食生活（肉食中心）にもなじみだしてからであった。

　長い間の鎖国政策も、開国を求める外国の求めにより解かれ、長崎、神戸、横浜、函館などに外国人居留地がつくられた。そして、居留者が多くなるにつれ、彼らのために、外国人商人（商社）を通じて、コーヒー豆がもたらされた。

　例えば、横浜の山手居留地付近に、外国人が東海道に馬を乗り入れたり、散策したりして、日本人と葛藤を起こさないようにするため、本牧沖一帯のミシシッピ・バアレー（根岸湾）に、馬の乗り入れもできる遊歩道が作られた。1865年に

ワーグマンがその道の賑わいを描いたスケッチに、コーヒーハウスが描かれている。

1865年2月に、神奈川奉行は、プロイセン国籍の外国人が、「ミシシッピ湾に近き新道でコーヒーを売る店」の開業を願い出たのに対し、許可を与えたという記録が残されている。当時、この遊歩道を散策する人のための休憩所、茶店、カフェハウスなどが、道に沿って13件できたという。

コーヒーハウス前の光景
（ワーグマン　1865年）

横浜居留地のコーヒー店、またはコーヒーハウスを兼ねた休み処として、店名が分っているものに、「ビクトリア・コーヒーハウス」と「カフェ・デュ・ジャポン」、「アリイエ・カフェ」などがある。デュ・ジャポンは169番地で6年間も営業した。また、1870年に、174番地で「カフェ・デュ・コメルス」も開店した。これらは、外国人による、日本における最初のコーヒー店である。

コーヒー豆を日本人に売った外国人は、1869年、横浜裁判所近くの居留地89番地に住む小売商、倉庫管理業のJ・エドワードである。最初、雑貨屋を経営し、各種の食品、雑貨と共に「甘きビスコイド」「生珈琲並びに焼き珈琲」を販売し、日本人にも知らせるべく『万国新聞』に「エドワルド」の名で広告を出しているのである。営業は少なくとも10年は続いた。新聞でコーヒー（珈琲）を生豆、炒り豆として日本人に売った第1号として特筆すべきである。

日本人でコーヒーの啓蒙にあたった人として、幕末の絵師貞秀がいる。彼はコーヒー豆をひいている西洋の女性を具体的に1862年、「西洋諸国の婦人集まり豆ひきを以てこれをこなす」と図を描いて説明している。コーヒーを家庭で作るほど、西洋人が好むものだということが分る。

こうした中、外国人と接触する機会のふえた日本の人々は、彼らの接待で

コーヒー豆を挽く女性（貞秀　1862年）

洋食を共にし、やがてコーヒーを飲むことに対する抵抗も少なくなっていった。

明治の初めには、外国人相手のホテルが築地や横浜にたてられ、そこで出されるコーヒーは、アメリカ式の大量だてのコーヒーいれ器（コーヒーアーン）でたてられるものであったが、そのコーヒーを日本人が飲む機会もふえた。

　この頃のコーヒーの味についての記述に、渋沢栄一のものがある。1867年に、ナポレオン3世が、パリで万国博覧会を開いた時、徳川15代将軍慶喜も招待されたので、慶喜の弟昭武が兄の名代としてパリに行った。栄一も「御勘定格陸軍附調役」として随行し、その時の慶応3年正月12日（1867年2月15日）の「航海日記」に、「食後カッヘーという豆を煎じたる湯を出す。砂糖、牛乳を和して之を飲む。頗る胸中を爽にす」と記した。

　ここにはすでに、「焦げくさくして味ふるに堪えず」という拒否反応ではなく、西欧人と交際しなければならない立場と必要から、コーヒーを飲むことを受け入れようとしている姿勢があり、そしてさらには、コーヒーを飲みなれるにつれ、飲んだあとサッパリすると感じる一部の人たちが出てきたことを示している。

　こうした使節や視察、留学の目的で、欧米諸国にでかけ、その国の食生活の中で、コーヒー飲用の習慣を身につける人もふえたが、一般の人々に受け入れられるようになるのは、徐々にであった。それは、日本の食生活の中に、少しずつ外国の食生活が入ってきて、それにしたがって、コーヒーも飲んでみようかという気運が出てからのことで、そうなるには、明治時代の末まで時間がかかったのである。

　それは、コーヒーの輸入量の推移を見てもあきらかである。輸入金額から推して、明治5年頃、輸入量は40〜50トンであったものが、明治25年でも同程度であり、明治30年代、40年代で80トン前後で、2倍にはならなかった。輸入先としては、モカ、ジャバ、ハワイなどの名前がみられる。

2-2. 日本人による明治期のコーヒー店

　ところで、日本人経営者によるコーヒー店はいつ作られたかというと、文献を調べてみると、いくつかあげることができる。

　たとえば、濱田儀一郎著『江戸たべもの歳時記』（『中公文庫』版）に収められている「たべもの文明開化」という一章の中に、次のような記述がある。

　西欧風ブームの明治に入ると、コーヒーに手をつかねているはずがない。まず横濱に西洋人相手のコーヒー店ができ、ついで東京にも店を開くというぐあいだが、ちょっと興味をそそるのは、日本の写真術の祖といわれる下岡蓮杖が、明治9年に浅草の観音様の境内にコーヒー茶屋を開いたことである。明治9年4月7日

の『東京繪入新聞』は、こう報道している。

「先ごろまでに横濱に居られた下岡蓮杖といふ写真や油繪の先生が、こんど浅草の奥山にひっこして、御安見所コーヒー茶館、または油繪茶屋といふのを設けて……油繪は日朝社の岸田吟香さんも感心して、其時のことを思い出すやうだと言われました。ナント、コーヒーを呑ませて、この多くの油繪を見せるのですから、壹錢五厘では實にお安見どころに違いありません……。」

壹錢五厘でコーヒーをのみ、油繪が見られる、安い、というのがねらいのコーヒー茶屋が、もし出来たとすると、現代の珈琲店のハシリだが、少なくとも盛業はしなかったとみえて、ほかに文献が見当たらないので、日本人の作った最初の喫茶店とは言えない。

また、神戸元町三丁目の茶商「放香堂」も、今日の喫茶店に類する営業をしていたと推測される店の一つである。明治11年（1878）12月26日の『讀賣新聞』に掲げられている同店の広告に、「焦製、飲用コフィー　弊店にて御飲用　或いは粉末にてお求め自由」と、ハッキリ記されているからである。すなわち、この文面どおりであるとすれば、焙煎したものを売ると同時に、店先で飲料として客に提供するサービスもしていたわけで、そうであれば、今日の喫茶店と同じ業務も行っていた、ということになる。

明治11年では、これもいささか時期が早すぎると思われるかもしれないが、場所が国際都市神戸の、そのころから外国人客も多かった港に近い下町の繁華街元町のことだから、一番の目当ては、焙煎コーヒーも含めて、外国人客であったに違いない。

残念なのは、その店の様子やサービスの仕方などが、具体的にはなにも分かっていないことである。（以上『日本コーヒー史』より）

また、今までの文献では、明治19年11月に、東京日本橋の小網町に「コーヒーの店洗愁亭」が開店されたとあり、コーヒーの店と名乗っている以上、この店こそ、日本最初の日本人経営になるコーヒー店とする書物が多数あり、それが今でも孫引きされている。

「コーヒー店洗愁亭」の広告が、どこに掲載されているのか分らないが、私の目にした「洗愁亭」の広告は、「絵入朝野新聞」（明治18年9月5日）の広

西洋酒 コップ賣
一ぱい二錢より
のみや

珈琲　そのほか
コップ賣　繪
一ぱい　無代償にて呈上
コップ賣　　日本橋區小網町四丁目五番地
鐘橋通新開
西洋料理隣　洗愁亭

弊亭儀開業の日向は淺しと雖も諸君の御愛顧を以て意外の御商業の繁を煎んとあり但し當年御光來の方へ日本橋區小網町四丁目五番地

絵入朝野新聞・明治18年9月5日

78

告で、これは雑誌「サライ」（1992年11月10日号）に林丈二氏が発表したもので、そこには、洗愁亭は「のみや」とはっきり称し、広告で来店した人に「珈琲」一ぱい無代価にて呈上としているところから見ると「コーヒーの店」ではなかったとはっきり分るので、「洗愁亭」を最初としている本はすべて間違いであると、ここに強く指摘しておきたい。

2-3. 日本人が作った日本最初の喫茶店「可否茶館」

そして、文明開化に拍車をかけたのが、明治16年からの「鹿鳴館」を中心とする外交時代で、政府は外国高官を招き、舞踏会を連日のように催すなどして、欧化政策をとったのである。そのため、「オッペケペー節」で「まじめな顔してコーヒーを飲む、おかしいね」と皮肉られはしたが、その影響で、一般にも牛鍋店や洋食店が盛り場にたてられ、西洋風の食べ物を味わう人も多くなった。

日本で本格的なコーヒー店ができたのは、明治21年（1888年）4月13日のことで、東京上野西黒門町に、日本人の鄭永慶が開いた「可否茶館」であった。彼はアメリカのイエール大学に留学し、コーヒー店にも入り、さらにその歴史をも研究したようである。帰国後、官吏、教育者を体験した後、特にフランスの文学カフェ（文学者や画家たちが集まり、談話したコーヒーハウス）のような文化の推進役の場となるコーヒー店を考え開店したが、商売としては時期尚早で、明治25年にはつぶれてしまった。彼は開店にあたり、四六判16頁の「可否茶館広告」を著し、世界各国のコーヒー店の歴史と概略も紹介した。

以上のように、いま分っていることは、この「可否茶館」こそが、日本人が日本で最初に作った「喫茶店（珈琲店）」であり、この店の開店日の4月13日は、現在「喫茶店の日」として登録されている。そして、「コーヒーの日」は10月1日である。

ちなみに、「可否茶館」は時期尚早で4年でつぶれ、鄭永慶は西村鶴吉と変名し、シアトルに密航し、その地で明治27年、37歳で死去。墓は、シアトルと上野の谷中墓地の2ヵ所にあり、「可否茶館」の跡地（上野のオリックスビル1階広場））に記念碑が建てられている。

2-4. コーヒーの普及に寄与した「カフェー・パウリスタ」

その後、明治43年（1910年）になり、フランスに留学し、じかにカフェ文化を体験してきた文士・画家たちを中心に結成された「パンの会」の人たちが中心になり、日本にも集まる場所が欲しいという気運から、日本橋小網町に「メイゾ

ン鴻の巣」ができたり、明治44年には、画家・松山省三の「カフェ・プランタン」と、ブラジル移民の父・水野龍の「カフェー・パウリスタ」がつくられた。

　そして、なんといっても、コーヒーを人々に普及させたのは「カフェー・パウリスタ」といえる。

　プランタンのコーヒーが15銭の時に、5銭という町の小僧さんたちも立ち寄れる安い値段で提供し、砂糖やミルクもふんだんに使えて評判を呼び、最盛期には全国に21の喫店（支店）を設け、そこで働いた人たちが昭和期に入り独立し、喫茶店隆盛の基礎を成して、現在に至っているのである。

多様性を極める現在のコーヒー流通形態

東京アライドコーヒーロースターズ㈱代表取締役（本会監査）**小 野 智 昭**

コーヒーの流通について、大枠の流れとしては図のようになるが、コーヒー生産国によって多少の違いはあるものの、ここでは各生産国での説明は省略する。

1. 生産者からコーヒーボード、そして袋詰め

小農家である生産者は、まずコーヒーチェリーの状態で、仲買人や精選工場を持つ農協や組合、政府機関（コーヒーボード）などへ販売をすることが多い。そこで脱殻や異物除去の工程を経て、袋詰めなどの作業がおこなわれるが、水洗式もしくは非水洗式によっても工程は異なる。

農家の規模にもよるが、精製設備を有するところもあり、農協による資金援助により設備投資する農家も増えてきており、さまざまである。

2. 輸出業者によって船積みへ

60〜70kgに袋詰めされたコーヒー生豆は、輸出業者によって港へ輸送され、出航予定に沿って船積みがおこなわれる。

私の記憶では、1990年ころまでは大型の本船にコーヒー麻袋がバラ積みされ、日本に到着してから、荷下ろしやロットごとの仕分け作業にかなりの時間を要していた。また、せっかく到着しても、輸送途中でダメージを受けていたり、ステインドが多かったように思われる。

このころを境にコンテナでの輸入が開始され、日本へ入船後の港湾倉庫への倉入れ作業時間が、大幅に短縮されることとなる。

3. 日本国内における輸入から流通について

日本国内におけるコーヒー生豆の輸入から流通については、一般的に産地側輸出業者を介して、日本国内では輸入商社もしくは生豆問屋を通じて流通されていた。

しかしながら昨今は、C.O.E.をはじめとするスペシャルティコーヒーの普及により、焙煎業者が直接生産国に出向いて、農園や品質指定などの要求事項も増え

て、直接輸入するケースもあり、多種多様な流通が可能な時代となっている。

　ただ忘れてはならないのは、残留農薬基準違反のリスクである。過去、日本ではエチオピアコーヒーの輸入がストップしていた時期があり、またいつこのようなことが起きるともわからないため、輸入に際しては、安全基準を満たしていることを確認するなど、細心の注意を払う必要がある。

4．荷姿と輸入形態の最新事情

　荷姿についても、60〜70kg麻袋だったものが、スペシャルティコーヒーなどは30〜35kgとコンパクトになったり、10kg段ボール入りなど、より流通や取り扱いし易い荷姿に変わってきているものもある。

　輸入形態も大きな変化がある。大手メーカーは麻袋からバルクコンテナでの輸入へ変わり、バルクにすることでコンテナに入る総重量が増やせることで効率的となること、港湾倉庫での一時保管も必要がなくなり、コンテナのままコーヒー製造工場へ直納することができるようになってきている。

　また、コーヒー生豆を積むためのパレットにおいては、木製パレットでの保管が主流であったが、過去に防腐剤使用による問題等の発生もあり、現在ではプラスチック製パレットでの保管が推奨されるようになってきた。顧客要望により、このプラスチック製パレットのまま流通されることもしばしば増えているようだ。当然受け入れる企業側の設備も必要となるが、昨今課題となっている輸送などの問題解決には有効かと思われる。

　少量輸入の対応方法として、1トンフレコン（フレキシブルコンテナ）バッグなども開始されてきている。

現在のコーヒー流通形態

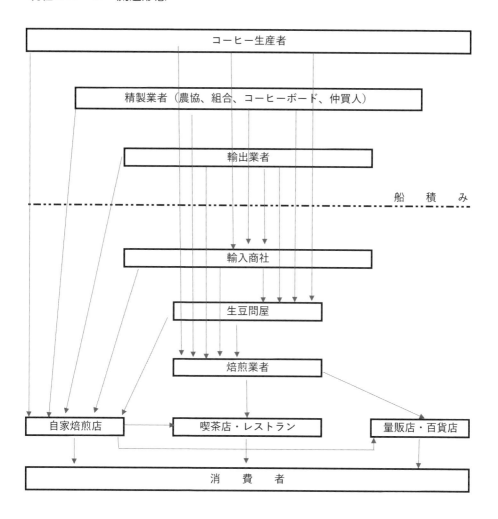

獅子文六の小説の中のコーヒー・喫茶店
──『金色青春譜』から『可否道』まで──

鹿児島国際大学名誉教授（本会九州南支部支部長）　飯 田 敏 博

はじめに

　本論では、獅子文六の小説の中にあらわれる「コーヒー」、「喫茶店」を取り上げる。コーヒー、喫茶店、獅子文六（岩田豊雄）のいずれにも魅力を感じる筆者が、3つを重ねて考えることで、何かおもしろいものが生まれるのではないかと期待し、筆を執る次第である。

　なお、文六の二つの自伝的小説、『娘と私』（昭和28−31年）と『父の乳』（昭和40-42年）の文章は、作品別の項目を設けず、他の作品と絡めて引用する。

1.『金色青春譜』─ "純喫茶" が小説に登場（昭和9年、『新青年』）

　獅子文六にとって、初の長編小説である。尾崎紅葉の『金色夜叉』のパロディであるこの作品は、大学卒業したばかりの美男子の高利貸、香槌利太郎と、金持ちで若い美貌の未亡人、大井千智子との恋愛が新鮮な文体でつづられる。

　香槌は資本や有力な人間関係がないので、優れた素質と、大学で学んだ金融学の知識を頼りに、科学的金融業者を目指す。その彼が経営するのが純喫茶 "ラルジャン" だ。「小資本で手取り早く利益を揚げ、それで体を縛られない商売」を探していたときに、喫茶店にその可能性を感じたのである。彼自身、一番よく出入りするのがキャフェでもおでん屋でもなく、喫茶店なのである。

　そこでは、「十五銭のコーヒー一杯で、音楽を聞いて、清浄ミタイな少女の顔を見て、軽便に精神を安息させる」ことができる。客の「カレッジ・ボーイ」たちは、「根がセンチ」にできており、「擦れからし女給や芸妓」は彼らの相手としてはふさわしくない。「チップをとらない純喫茶の少女たち」に慰めを求め、「友達の妹と遊んでいる気分」を味わうのがちょうど良いのである。化粧を控えめにした女給の少女達が、ちょっと「クスグッタイ雰囲気」を醸し出すことが、「喫茶商売永遠の秘訣」だと利太郎は気づいたのである。

　大学時代に開業して、彼の目算通り、成績は良好。店は家賃三十四円で、奥に六畳と四畳半。造作に四百円掛けたが、友達のプロ演劇舞台装置家の協力で、苦

もなく芸術的且つ経済的なセットを拵えてくれた。

　そのような純喫茶 "ラルジャン" は七坪半の小さな店である。利太郎は採算について考えた。「珈琲と紅茶の茶碗、ソーダ・グラス、いずれも当初は半ダースずつで結構」で、ストローはタダ同様だ。蓄音機は自分の物で間に合わせ、レコードの仕入れは、知人に頼み、市価の半値で卸してもらう。針も大箱を購入すれば、二か月は保つ。飲料品は「徳用粉紅茶にブラジルの屑豆（これに或る薬草の黒焼を混ぜると、いくらでも濃い色になる）、化学的天然シロップ五種」を準備する。「元来お客は精神的慰安を求めにくるんだから、見た眼さえよければ万事 OK」という方針である。「女給の月給が十五円から二十円」と出費はかさむが、「これが一番の看板ものだから仕方がない」と割り切る。しかし、電燈瓦斯代が思いの外、少額で済むことも織り込み済みである。

　純喫茶 "ラルジャン" のおスミちゃんと、歓迎されない客のやり取りは時代差を忘れさせる――

　　「いらっしゃいマセ」
　　カウンターの前に直立不動の姿勢をとっていたおスミちゃん、適度の微笑と、侵しがたき警戒を兼ね備えた態度で、テーブルへ進みました。白のブラウス、灰色のスカート、質素なこと制服の処女のようです。
　　「暑かったですね、今日は。ニヤニヤ…」
　　お客様、そんな風に笑いました。直ちに註文を発しないで、まずバットを一本抜き出す…こういうのに限って、ネバリたがって、カラミたがって、女子従業員に好かれません。ましてやこのお客、綽名を "にんじん" といって、おスミちゃんを煩く付け回すので、ひどく嫌われてる。丁度あの映画 "にんじん" が評判になった頃からこの店へ通い出し、今月で二月あまり、毎日皆勤です。時には、昼来て、夕来て、夜来たりする。（中略）
　　「召上がりものは」
　　「そうですね。アイス・コーヒー頂きましょうか」
　　毎日のことで、"にんじん" 氏高い飲料に手が出ません。

　"にんじん" 氏、おスミちゃんに前に渡した手紙の返事を迫り、彼女の「肩をぐっと引き寄せて、アイロンのような熱いヤツを一口、お見舞い申そうと掛った」そのとき、マスター利太郎の咳払いが聞こえ、おスミちゃんは難を逃れることになる。

おスミちゃんは新製品「ラルジャン・アイス」を開発するなど、店のために奮闘する。さらには、利太郎を慕う思いを封印して、彼と千智子の縁結びに貢献し、二人の信頼を得て、銀座に出現する東洋第一の大喫茶"茶館・スミ"の支配人を任せられる。

　この作品の舞台は、夏場の別荘地帯、鎌倉がモデルの都市である。「町の食料品店は横浜からモカとジャバの珈琲豆」を仕入れることが記される。文六の小説におけるコーヒー豆の種類への初言及だと思われる。

　純喫茶では普通、酒類を出さないが、純喫茶"ラルジャン"では、客の注文に応じてビールを出す。主に酒を出す店を描く時、文六は「カフェ」や「カフェー」を使わず、もっぱら「キャフェ」と表現する。

　文六は『娘と私』の中で、この小説が好評を博したことは、「予期以上のこと」であったとしている。「新境地を拓かねば、と思って、文体や調子の工夫を凝らした」が、あまり成功していないと自覚していた。それにも拘わらず、「作風の新味」が注目されたのは意外であったが、そのことで「良心が咎める」よりも、「着服してしまう気持ちの方」が強かったと振り返る。評判が良ければ自分の道が開けるので「天にも登る気持ちだった」ようである。

2. 『楽天公子』 ― 土管のパン食（昭和11年、『新青年』）

　伯爵は老ルンペンからもらったサンドイッチの切屑を食べる。「これに熱いモカが一杯と、グルイエル・チーズが一片あったら、申し分なしだがな」と、伯爵は空想する。作者のグルマンとしての資質は隠しきれない。

3. 『胡椒息子』 ― 銀座で洋菓子（昭和12–13年、『主婦の友』）

　羽田の飛行場の喫茶室は、「飛行機に乗り降りする旅客達が、一憩みする場所であるらしい」との言及あり。

　文六の銀座描写に喫茶店が加わる。昌二郎は家庭教師と銀座の喫茶店で、「モカだのエクレアだの、好きな西洋菓子」を腹一杯食べる――

　　「昌二郎さん、今日は、とても綺麗でお菓子の旨い店へ、案内しますぞ」
　海野先生は、銀座の裏通りの新しい喫茶店の前で、そう云った。
　　トリアノン・ベーカリイと書いてある入口から、二階へ上ると、内部はまるで牟礼家の応接間のように、静かで広かった。お客の数も少くて、方々のテーブルに、昼間の電燈が、橙色の笠を染めていた。

「どうです、旨いでしょう？」

　海野先生は、可愛い少女給仕が運んできた生菓子を、片端しから平らげながら、昌二郎君に云った。

「ほんとだ。先生、もっと注文して！」

昌二郎君も、負けずに、ムシャムシャ食べた。二人は、紅茶を二杯にケーキの皿を三度、お代りした。少女給仕が、しまいにはクスクス笑い出した。それもその筈、この店は極く高級な喫茶店で、お客様も、お淑やかで、上品な方が多い。静かに話をして帰るお客が、大部分である。今も一つのテーブルには、文士みたいな男が、コーヒーを飲んでは何か考え、何か考えてはコーヒーを飲んでいるし、もう一つのテーブルでは、帽子と前髪を密着けるようにして、スマアトな若い男女が、ヒソヒソと囁き合ってるだけで、店の中は、銀座裏と思われないようにシンとしている。

　さすがに、六つ目のお菓子を食べたら、少しゲンナリした昌二郎くんは、見るともなしに…

　このあと、昌二郎は主筋に関わる重要な場面を目撃する。その前の喫茶店描写は文六らしい、楽しい生き生きとした文章である。

4.『虹の工場』— 新興喫茶（昭和15年、『日の出』）

　昭和12年夏、萱田（かやた）（蒲田がモデル？）は二千の工場と十万の職工がいる街である。キャフェ、バー、食堂、おでん屋、酒の家などが乱立する。当時増えたのが、「新興喫茶」と称する店だ。各店が女給さんを数名ずつ抱え入れ、紅茶、ケーキはもとより、ビール、お銚子の類を、高価に販売する。

　駅前のキャフェと正反対に、喫茶「レンボー」は閑古鳥が鳴く。小さな螺子工場の職工、前畑は、女給の雪子が目当てで喫茶に通う。註文するのはいつも20銭の紅茶である。良家の子女風の雪子が店を辞められなくて自暴自棄となり、「お酌ぐらいしますわ。あたしだって、新興喫茶の女給なんですものね」と言って荒れる姿を目にして、彼は心を痛める。

　一方、大工場主の息子に生まれた麟太郎は、「純真な女性」との出会いを願う。雪子が、先代の工場主の私生児とみなされ、麟太郎の家に住むようになる。財産がありながら、日夜孤独に苛まれる麟太郎は、彼女こそが「無慾」で、「温かい、匂いのいい湯気の立つ、精神的な紅茶」のような女性であると気づいたが、雪子には別の運命が待ち受けていた。新興喫茶と工場が主役の小説である。

5. 『南の風』── 主人公は活火山 （昭和16年、『朝日新聞』）

六郎太は西郷隆盛の風情。彼が愛する瑞枝がその父親と経営する銀座のおでん屋は、ビールの配給が少ないので、週に一度だけ、ビールを出す。この店での六郎太と瑞枝の会話はあっさり味だが深い。

六郎太は銀座にアルコール時間（戦時態勢ゆえ午後5時から9時）より早く着いたために、ビールが飲めない。仕方なしに、"コロンビイヌ"という喫茶店へ飛び込む。「比較的、甘くないジュース」をボーイに頼むが、出された果汁は絶対的に甘かった。

若い時に異国で出会った三人が、長い月日をはさんで、コーヒーの話をする──

> やがて、お玉が、大きな銀盆に、コーヒー・セットを載せて、現われた。
> 「自慢じゃなかですが、こんコーヒーな、アラビア豆だるけん、うまかですと…」
> そういって、お玉が、ポットから注ぎわけた黒い液体は、南の国を想わせるような、強い香気を放った。お玉はこのコーヒーを、ハノイから取り寄せたと、語った。
> 「仏印に、こんなうまいコーヒーができるとは、知らなかった…」
> 六郎太は、本気で、感心した。
> 「シンガポールのジャワ豆より、よかとたい。なア、加世田さん…」
> お玉は、重助に、同意を求めた。
> 「いや、わしもこのコーヒーは、知っとるですよ。ハノイのリヴィエール街に、うまいのを飲ませるキャフェがありましたな」
> と、重助が、始めて、口らしい口を、きいた。

文六の小説は、六郎太のような、度量の大きさも愚かさも常人ならぬ人物が登場するときは、得難い魅力が加わり、作品の成功が約束される。また、鹿児島に関する描写力は、その方言を含めて圧倒的でさえある。

6. 『おじいさん』── 喫茶店探し （昭和22-24年、『主婦の友』）

戦後から戦中（昭和18年頃）を振り返る小説である。7月の日比谷。何か冷たいものを飲みたくても、公定価（昭和13年に諸物価・運賃・賃金などが公に統制された）で抑えられた喫茶店にろくなものはなかった。営業そのものをしていな

い店も多く、公園の木陰で話合うことも庶民の知恵であった。

「日劇の喫茶室は、たしか、まだ、やってると思うけど」という言及あり。

7. 『てんやわんや』―終戦直後のコーヒー（昭和23–24年、『毎日新聞』）

　昭和20年12月の銀座裏。無理やり開業したような喫茶店へ午後3時過ぎに行くと、お菓子はすでに売切れである。同僚に臆病さを罵られた犬丸は、ズルチン（人工甘味料の一つ）の渋さが舌に残るコーヒーを飲みこむ。

8. 『自由学校』― 新しき男（昭和25年、『朝日新聞』）

　五百助は『南の風』の六郎太の流れを汲む主人公である。「昼ネオン」とか「動かない置時計」と陰口をきかれる。妻の駒子の手が伸びて、五百助のパジャマの襟にかかると、猫がつままれたように、二十二貫の巨体の上半身が、スルスルともち上がる。「心理が物理を支配する例は、家庭では稀でない」という解説が入る。「心理」や「嫉妬」は文六の小説に欠かせないようである。

　新宿の「戦災前からある、古い喫茶店の軒」を先に潜った男は「ショート・ケーキ二つと、コーヒー…」と勝手に註文した。金のない五百助は勘定が心配になる。

　訳アリの人々が寄り添って生きる場所で、五百助は「大人物」と思われる。それを否定すると、西郷隆盛が自らを英雄と呼んだことは一度もない、と言われ、さらに尊敬される。

　五百助はある娘と、神田の学生を顧客とする駿河台通の近くの喫茶店で、「貧弱なハム・サラダ」を食べ、「薬品的に甘いコーヒー」を飲む。

　『娘と私』によると、（文六自身がモデルと思われる）父は、最初の妻（フランス人）が死んで1年後に娘と教会へ行く。その帰りに"patisserie"（菓子屋）とフランス語の看板を出した小さな店を神保町辺りで見つけた。自製の菓子もコーヒーもフランス風で美味で、娘は喜んでエクレールを食べた。その時、父は娘の、亡き母へ思いを確かめ、胸にこみ上げるものを感じ、感傷を隠すためにコーヒーを急いで飲んだと記している。

9. 『やっさもっさ』― 昭和の横浜小説（昭和27年、『毎日新聞』）

　亮子は、混血の子供を預かる「双葉園」の運営を任される。彼女が支援するプロ野球選手太助に横浜見物をさせてやり、東京よりウマいコーヒーでも味わせたいと思う。

　その太助は、自分の恋人に、「いつか来た店のコーヒーは、うまかったですね」

と言い、その喫茶店へ急ぐが空席は一つもない。近くのシルコ屋は大入り。当時の新繁華街、野毛の光景である。

　前半は亮子、後半は、それまで無気力であったその夫（六郎太や五百助の路線）が活躍する二弾ロケットのような小説である。

　横浜と言えば、獅子文六の父、茂穂が、横浜外人居留地の水町通りで、絹物貿易の岩田商店を営んでいた。『父の乳』によると、文六は、子供の時に、なじみの店員に連れられ、ユダヤ人の菓子屋でシュークリームやエクレアを食べた。それらが、「この世のものとは思われないほど、美味だった」と記す。

10. 『青春怪談』― 恋の形　（昭和29年、『読売新聞』）

　慎一は美男子であるが、恋愛による精神と時間のムダ使いを避けたい青年であり、千春は「湿潤ベタベタ」ではなく、「乾燥サラサラ」の娘である。その二人の間には、情熱の炎がメラメラと燃えるほどではないが、そうかと言って炎が消えることもない。新しい形の恋のようである。

　千春は舞踊研究所で、子供のレッスンや代稽古で収入を得るが、やたらに喫茶店に飛び込むので、いつも赤字になる。慎一の家には「ネス・キャフェの瓶」があり、インスタント・コーヒーを飲むことがわかる。

　千春に思いを寄せる後輩の新子は、慎一を敵視する。新橋駅で、慎一は「お茶飲む？」と千春に声をかけるが、小憎らしい新子がいるので、いつも千春と行くコーヒーのうまい店ではなく、駅構内の大衆的な喫茶店を選ぶ。コンクリートの天井が低く、実用向きのイスが並ぶ店だ。慎一と千春はコーヒーを註文するが、新子は千春から好きなものを選ぶように言われ、「そう？じゃア、あたし、ショート・ケーキに、クリーム・サンデー…」と高いものばかり註文して、慎一に「イマイマしい娘」だと思われる。

　新子は、千春が慎一に好意を持つことを、千春以上に直感する。新子の眼は嫉妬のために輝く。（慎一を誘惑する）船越トミ子の心の炎を「タキ火」とすれば、これは「酸素溶接の青い火」であり、「どっちが、熱度が高いだろうか」との解説が入る。「こういう風景を演ずるには、喫茶店なぞは不向きで、人の少い、離宮前の夕暮れに限る」とは、文六らしい舞台設定へのこだわりを示している。

11. 『バナナ』― バナナで小説　（昭和34年、『読売新聞』）

　龍馬とサキ子は宍倉が渋谷で経営する小さな喫茶店"キキ"をよく利用する。コーヒーが「五十円の店だけど、いささか高級」な雰囲気があり、店内は、ウナ

ギの寝床のように細長い。照明は暗めで、静かな洞穴のようだ。「若い人たちが、こういう店を好むのは、母親の胎内が恋しいからだろうか」との解説がある。

龍馬の母親が訪れた銀座のシャンソン喫茶は、実在した「銀巴里」がモデルか。コンサート代込みのコーヒー券を買って、西洋の寄席のような店内に入る。壁にかかる額はパリの写真ばかりで、舞台の歌手はシャンソンをフランス語で歌うのである。

神戸の場面では、「ユーハイム」の外に、元町通りの古風な洋菓子喫茶店が登場する。龍馬は、「ここのコーヒー、うまいんだ…」と言い、東京の老舗と同系統らしいと説明する。さらに、「コーヒーも、菓子も、アイス・クリームも優れた味」だと紹介する。文六が「案内本」のようにほめるのは珍しい。

サキ子の父、貞造は青果仲買人である。龍馬の父親の呉天童は台湾人であり、その弟は神戸で、バナナの輸入権をもつ貿易商社を経営する。龍馬と貞造、龍馬と叔父のやり取りで、バナナ業界の状況が効率よく読者に示される。作品の中心には、食い気と鷹揚な人柄で読者を魅了する天童がいるので、バランスの良い小説となっている。

『娘と私』によると、（文六自身がモデルだと思われる）父が娘と一緒にフランス映画鑑賞会に行き、帰りに、喫茶店に寄ったことがあった。彼は「ロクなコーヒーも飲ませない、その頃の喫茶店なぞに、興味はなかった」が、娘のことを考えて立ち寄ったのである――

　　私たちは、ソーダ水か何かを註文したが、麻里は、壁の貼紙を見て、声を立てた。
「あ、バナナがあるわよ、パパ」
　バナナ、八十円と、書いてあった。
「じゃア、食べたらいい」
　戦争この方、バナナが輸入されたのは、この頃が、最初だった。
「あア、おいしい！」
　彼女は、黒くなったようなバナナを、貪り食べた。
「ちっとも、ウマくない」
　私は、数年振りで食べても、何の魅力も感じられなかった。一つには、戦争に敗けて、金もないくせに、こんなものを輸入するのかと、反感も手伝った。
「あら、おいしいわ。あたし、もう一本、食べる！」

彼女は、まったく、渇望を医するという、食べ方をした。何がそんなに
　ウマいのかと、私は呆れた。

　バナナが好きで小説にするほどの文六だが、世代間のギャップを生む果物でも
あったようだ。

12.『可否道』── コーヒーだけの物語（昭和37–38年、『読売新聞』）

　1963（昭和38）年の新潮社版や、朝日新聞社刊行の『獅子文六全集』第9巻（1968）
では『可否道』という書名で刊行された。1969年の角川書店より出た文庫で『コー
ヒーと恋愛（可否道）』に改題され、2013年の筑摩書房の文庫版では『コーヒー
と恋愛』となっている。

　演劇に精通する文六が、テレビ草創期の業界を背景に、独自とも言える日本の
コーヒー文化について、余すことなく語り上げた小説である。

① テレビ・タレント

　主人公の坂井モエ子は、本来は舞台女優として活動したいのだが、テレビの
ホームドラマに出番が多い。「芸の巧さよりも、ナジミの深さ」、「自然の愛嬌」
が評価されている。女性ファンが多いのは、彼女の容貌や年齢（43歳）が、家庭
の道徳観の反感を買わないからである。

② モエ子のコーヒー抽出

　モエ子は、生まれながらのコーヒー抽出の名手である。寝不足で手つきが怪し
くとも、コーヒーをいれると、濃くて透明な液体が、綿ネルのコシ袋から滴り落
ちる。普段は、「ガッチリ屋」とも言われる彼女なのに、分量を計らずにたっぷ
りと粉を使う。それがうまいコーヒー抽出の秘訣のようである。作者は、「日本
の女がうまくコーヒーをいれるには、もういいと思った分量に、さらに一さじを
加えよ」という「格言」を作り上げている。

③ モエ子の同居人

　モエ子の夫は、塔之本勉という舞台美術家である。彼女より8歳若い。彼の生
活費は一切合切、モエ子が負担する。その割に彼は家で威張るが、モエ子にはそ
れが気にならない。彼女はテレビで稼いではいても、心は新劇にあるからだ。そ
のため、新劇に情熱を燃やす勉を尊敬し、いとおしささえ覚える──

　　勉君は、酒を飲まない代りに、無類のコーヒー好きで、乏しい小遣銭を、
　　どれだけ喫茶店に入れ揚げたか、知れないのだが、舌はなかなか肥えていて、

有名なコーヒー専門店へ行っても、そう感心する男ではないのである。

　それがモエ子のコーヒーを、一度飲んだら、飛び上がって、喜んでしまった。こんな、うまいコーヒーは、東京じゅう歩いたって、飲めるものではないと、感嘆してしまった。それから、日に一度は、彼女の家を訪れて、コーヒーのご馳走にならないと、生活気分が落ちつかない男になった。彼は、上品な生まれつきで、押しかけるとか、押しつけるという所業を、決して、好みはしないのだが、モエ子さんのコーヒーばかりは、抵抗の力を失った。

　そして、一夜の縁で、二人はわりない仲となったのだが、モエ子にコーヒーの特技がなかったら、そんな機会が生まれたか、どうか。ことによったら、勉君は、彼女のコーヒーにありつくために、結婚したのではないかと、憶測も生まれるのである。

　その勉が、ある日、コーヒー・カップに口をつけて、「まずい！」と言った。それは何よりも、「細君のコーヒーに対する最高の鑑賞家」としての厳正な判断であった。

④ 嫉妬心と抽出

　勉は今朝のコーヒーについて、「香気（アロマ）も風味（フレーバー）も乏しいばかりか、芋の焦げたような、悪臭さえある。色だって、濁りがある」と断じる。モエ子がいれたコーヒーが、人から、まずいと言われたことはない。「おかしいわね。もう一度、いれ直してくるわ」というモエ子に対し、勉は「待ち給え」と止めた——

　　コーヒーを入れる時には、その日の天候——つまり温度や湿度が、強く支配するばかりでなく、器具が陶器でなく、金属の場合は、そのカナ気だの、コシ袋の布臭だの、いちいち響いてくるほど、微妙なものである。しかも、そういうことに、最大の注意を払っても、まだ、思うような味が、でないこともある。

　心理！

　コーヒーのいれ手の気持まで、味を支配するのだから、かなわない。

　「君、ちょっと、聞くがね…」勉君の声が、急に詰問的になった。

　「君は丹野アンナのことを、考えていたな」

　すると、モエ子の顔が、朝日のように、赤くなった。

　丹野アンナは勉と同じ劇団の若い研究生である。いつもニコニコしながら、

甘ったれた関西ナマリで話し、喫茶店でも、ビヤホールでも誘われて、イヤといったことがない。新劇が好きでたまらず、自分を新劇の殉教者と見なしている。そこが勉の眼にとまった。彼女が大女優の卵ではないかと信ずるに至ったのである。

　⑤ コーヒー狂

　日本可否会設立に関し、菅貫一が会の名称の「コーヒー」を「可否」としたのは彼の創意ではなく、日本最初の喫茶店の「可否茶館」から拝借したものである。菅の人となりについては次の長い引用がすべてを物語る——

　　彼は、若い時から、コーヒーにコリはじめ、日に何度も、名ある店を飲み歩いていたが、フランス帰りの男から、一人前用の軽便なドリップ用器を貰ってから、自分でコーヒーをいれることを覚え、ほんとの病みつきとなった。まず、材料の豆の鑑別、炒り方といれ方の研究。そして、道具の蒐集と、一通りのことをやっているうちに、自分でいれるコーヒーが、最も、うまくなってきた。

　　これが危険信号であって、コーヒー狂という狂人が、最初に経験する症状である。水仙という花は、水に映った自分の立ち姿に、見惚れるというが、自分のいれたコーヒーの味が、シミジミと、おいしくて、市販のものなぞ、口にできないという気持ちになる。

　　それもそのはずであって、自分でコーヒーを入れる時には、コーヒーを飲みたいという要求があり、また、自宅という静かな環境がある。少しぐらい、ヘタにいれたって、うまく飲める条件が、そろってるのであるが、ご当人は、自分の腕だと、信じてしまう。

　　コーヒーは、それほど心境や環境に、影響されるせいか、コーヒー通、コーヒー狂には、とかく、精神主義者が多い。中でも、菅貫一は、教祖的傾向が強く、コーヒー豆を生き物として扱い、うまくコーヒーをいれるのは、愛情であり、奉仕であると考えてる。また、道具の扱い方、湯の注ぎ方、そして、口へ持っていく仕草にも、森厳な作法がなければならぬとまで、考えてる。

　　最後に、コーヒーを味わう目的は、俗念を洗うためであり、清澄な感情と思考を喚起して、自己の人生を高めるためと、信じてる。コーヒーをいれる方法が芸術だとするならば、飲む目的は、宗教に近いと考えてる。

　　「そこまで、コーヒーのことを考えてるのは、欧米人にはいないだろう。

彼等はコーヒーを飲むだけで、心で味わおうとする奴はいない。コーヒーのいれ方だって、今では、日本の方が、水準が高いんだ。アメリカ人なんか、東京のコーヒーを飲んで、腰を抜かしてるよ。もう、コーヒーの本場は、日本だね。そして、日本のコーヒーの宗家は…」

それは彼自身の他に、見当らなかった。

菅貫一が、そんな、教祖じみた性格になったのも、実をいうと、十年前に、細君に死なれてからのことである。

文六は本名で創作した二つの戯曲『東は東』（1931）と『朝日屋絹物店』（1932）において、自分とフランス人の妻が経験した、文化の差異がもたらす苦悩に真正面から向き合った。その成果が菅貫一の人物描写に深みを与えていると考えられる。

⑥ インスタント・コーヒーの流行

インスタント・コーヒーが出現して、消費はどこまで伸びるかしれないほどであった。飲む者にも誇りがあった。だからこそ、自称コーヒー通に、インスタントとは知らせずにコーヒーを飲ませ、「Bクラスの上」、「なかなか、結構じゃないですか」、「Aクラスの下」などと講評させて笑いを取る勢いがあったのかもしれない。

⑦ コーヒーを支えるもう一つの層

真にコーヒーを愛する日本のインテリは、「不眠を怖れず、胃酸過多を顧みず、率先して、果敢な飲み振り」を示していると解説される。コーヒー・マニアを多く出す層ではあることは間違いない。

⑧ コーヒー通のこだわり

可否会では、コーヒーとの相性は「上質のパンが一番」との共通認識がある。菅とモエ子が四谷の貧弱な喫茶店に入り、二人ともコーヒーは註文せず、紅茶を註文する。作者の冷静な観察力の成果である。

⑨ コーヒー道の流儀

いれ手にコーヒー豆の種類を尋ねるのは「礼儀」であり、「今日はキリマンジャイロを、主に致しました」などと応じるのが正しいとされる。コーヒーは「体の鬱気を散じる」だけでなく、「心の鬱気にも効く」ということで、菅がいれる「トルコ式コーヒー」は薬のように評価される。

⑩ 失恋の癒し方

男に裏切られた寂しさを癒すには、悲しみと憤りをこらえ、静かにコーヒーを

いれるのが一番だと、菅はモエ子に助言する。その場合、刺激が強いのはよくないので、「ほどよい苦み—これは、心理にも、一致しますからね」ということで、彼は「スマトラのマンデリン」を薦める。コーヒーとユーモアのうまいブレンドである。

⑪ 野立てコーヒー

武蔵野の寺で、茶道に倣い、戸外でコーヒーをいれることになる。菅とモエ子の結婚を推し進めたい者たちの発案である。

山場は、「山賊風」のコーヒーである。まずはコーヒー豆の粗挽きしたものを、鍋の中へ何杯も投入する。豆の種類は平凡で、モカ、コロンビア、ブラジルあたり。しかし、いれ方は型破りにする。鍋にいれられたコーヒー粉が火山の溶岩のような色と形状を示して、ムクムクと盛り上がる。すると、芳香が人々の鼻を打つ。そして、茶褐色の細かい泡が、まさに鍋の縁から、吹きこぼれようとする汐時を見て、菅は、サッと鍋を降す。次に、落ち着き払った手つきで、火を消す。1分間ほどそのままにして、鍋の中にコーヒーの皮屑が浮くのを、本来の山賊風ならばプーッと口で吹くのであるが、その日の菅はモエ子から扇子を借り、もったいぶった手つきで、鍋の中を静かに扇ぐ。シルバー・スキンというコーヒーの薄皮が多量に浮くのが「サザナミに乗って、鍋の一隅」に寄る。そして、中央の澄んだコーヒーを大きなスプーンでカップに注いで飲むのである。

⑫ 作品の魅力

『可否道』はコーヒーの知識がすべて焙煎釜の中に投入されたような小説である。文六の取材力、構成力、表現力は驚異的でさえある。作品の中のコーヒーの豊潤な香りを味わうのも良し、登場人物の魅力を探るのも良いだろう。たとえば、脇役であるはずの丹野アンナのように、おそらく作者の意図以上に、時を超えてその活力が魅力を放つ者もいる。作品を読み込めば、さらなる楽しみが発見できるはずである。

おわりに

獅子文六の二つの自伝的小説を含めた14編の小説から、「コーヒー」、「喫茶店」を取り上げた。「喫茶店」を巡る文章では、複数の小説から、舞台となる街とその時代が見事に映し出されていることに気づいた。文六の小説を読めば「その時代の日本人の生活がわかる」という小林信彦氏の指摘に肯くばかりであった。文六は、喫茶店は人が心を休めることができる、街の精神的な支柱になりうる場所であると考えていたのではないかと、私は想像した。

コーヒーについては『可否道』に情報が集中するが、作者が取材した材料を最大限に活かして、上質な物語を紡ぐ力に圧倒された。『娘と私』を読むと、文六が『悦ちゃん』を書くときに百貨店やレコード会社を詳しく調べて以来、執筆のたびに、担当記者と現場を歩いたり、関係者を集めて私的な座談会を催したり、職業的な暗語を採集したりしたようである。小説の会話の中に、そうして集めた情報を溶け込ませる腕は、特に文六の強みであろう。

　今回、私は二十数編の文六の小説を読んだ。紅茶は様々な小説に登場するが、コーヒーについての言及は『可否道』を除けば、多くはなかった。それでも、文六がコーヒーを愛し、コーヒーを楽しんだ作家であると感じることができた。少しばかりの文章からでも、伝わるものは伝わるのである。

　今回、全集（ちくま文庫も）を集中して読み、獅子文六が、これからも多くの読者によって熱心に読み続けられる作家であると確信できたのは喜びであった。

引用文献

『獅子文六全集』全 16 巻、別巻 1　朝日新聞社、1968-1970

参考文献

『岩田豊雄演劇評論集』新潮社、1963

『岩田豊雄創作翻訳戯曲集』新潮社、1963

『牡丹の花』　獅子文六追悼録編集委員会、獅子文六追悼録刊行会、1971

伊藤　博『コーヒー博物誌』八坂書房、1993

小林信彦『にっちもさっちも一人生は五十一から』文藝春秋、2003

牧村健一郎『獅子文六の二つの昭和』朝日新聞出版、2009

コーヒーの風味は複雑すぎて難しい
──70歳で大学院博士課程卒業の秘話──

堀口珈琲研究所代表（本会生産流通委員長）　堀 口 俊 英

1. コーヒーの風味は複雑すぎて難しい

　コーヒーの品質は、最終的には、SCA方式やSCAJ方式、その他各企業の独自の官能評価で判断しています。とりわけSCA方式は、生豆の鑑定及び10項目の評価項目による官能評価により、2004年から運用されてきました。この方式の普及のためSCAAカッピングジャッジの養成（現在はCQIによるQグレーダー）がなされ、世界的なコンセンサスが形成されてきました。しかし、この方式はWashedの精製豆を想定したものです。作成された当時はNaturalの精製豆には欠点豆の混入が多くみられました。2010年以降は優れたN aturalが登場していますが、それらに対応できるわけではありません。

　また、2000年代の黎明期を経たスペシャルティコーヒー（以下SP）は、多くの生産国で生産され、品質差が大きくなり、SCA方式を例にとれば80~84点、85点~89点、90点以上の豆に3極化されつつあります。そのため、SP黎明期からその変遷を体験してきた米国や日本のコーヒー関係者と新たな消費国である中国、東南アジア、中近東などのコーヒー関係者の間には、SPに対する価値観や評価技能に格差が生じています。

　さらに、世界中の多くのSPを取り扱う輸出会社、輸入会社、ロースター（焙煎会社）、マイクロロースター（自家焙煎店など）などは、自社のコーヒーに対し「おいしい」「品質が良い」「SPである」などさまざまに自己評価していますが、その基準は曖昧です。

　最終的には「コーヒーは嗜好品だから自分にあえばよい」とか「おいしさには個人差があり、自分がおいしいと思えればよい」のではないかと、「おいしさ」や「品質」に対して曖昧な着地点に落ち着いてしまいます。しかし、「おいしさ」は「優れた品質」からしか生まれないはずです。コーヒーの風味は、産地のテロワール、品種、精製、選別、流通、保管の影響を受け、極めて複雑です。しかし、「コーヒーの優れた品質とは何か？」については適切な議論や分析がされてきた形跡は少なく、長い間フラストレーションを感じてきました。

2．コーヒー研究への思い

2-1　あまりに忙しかった2000年代の10年間

「コーヒーは農業と科学」という考え方のもとコーヒー研究をしようと、2002年に堀口珈琲研究所を設立しましたが、SP黎明期であまりに忙しく、コーヒー研究は出来ませんでした。このころは、365日ほぼ休みなく働いていたような時期でした。海外のパートナーシップ農園の開拓で海外出張も多く、また10年間で100店の自家焙煎店の開業支援で日本中を飛び回り、月10回程度のセミナーもこなしていました。この2000年代の10年間で、SPに特化した専門性の高い堀口珈琲の土台が出来上がったと思います。

2-2　経営能力のある社員に事業継承していくのがベストな選択

ロースターは世襲の多い業界で、2代目、3代目が活躍しています。自家焙煎店も数十年の歴史を経て、2代目が家業を継ぐ事例がみられるようになりました。私の場合は、コーヒー研究を実現するために、60歳になった2010年から数年間かけ事業承継をし、65歳には実務からリタイアしたいと考えていました。そして、2015年には社長を交代し会長職にしりぞき、実務から離れ、「実務には一切かかわらない」と決めました。幸いなことに社内に適任者がいましたので、このような選択が可能となりました。

2000年代の初めから接してきたSPについて、「何故優れた風味が生まれるのか？」多面的に研究したいとの思いが強くなりました。しかし、コーヒー研究となると、日本の大学での研究実績はほとんど見られませんので、どうすべきか悩みました。

3．大学の研究室に入ったものの何もわからない

東京農業大学（以下農大）は、世田谷店及び自宅から徒歩15~20分のところにあります。世田谷店には、農大卒業生や関係者の方の来店も多く、そのつてで、2015年の2月に熱帯作物を研究されていた豊橋先生（現名誉教授）に相談に行きました。しかし、大学ではコーヒーに関する研究をしていませんし、社会人枠の大学院は博士課程からの「環境共生学」しかありませんでした。そこで、何名かの教授を紹介していただき話を聞いていただきましたが、「まずは何を研究したいのかを明確にして、その上で修士認定試験を受けるよう」指導されました。

また、環境共生学には20名の教授がいるのですが、ケミカル系の教授はいませんでしたので、指導教授がいないという問題も生じました。そこで、11月の

資格認定試験（修士認定）までの期間、栄養科学科（2015年現在）の古庄教授の研究室に研究生として在籍し、指導を受けることになりました。その後、古庄教授とは現在に至るまで、8年にわたる長いお付きあいに発展していくことになりました。

　教授からはとりあえず「コーヒーの生豆と焙煎豆の基本成分分析をしてみて」と教科書を渡されました。しかし、「タンパク質、脂質、水分、灰分、炭水化物」などの基本成分については全く知識がなく、またコーヒーに関しては適切な基本成分の文献（書籍、論文など）も少なく、使用する器具類、分析装置、有機溶媒などの知識もありませんでした。「これは大変なところに来てしまった」、」「先行き大丈夫なのか」と後悔60％と期待40％の気分で、全く出口の見えないトンネルに入ることになりました。

4．大学院の博士課程に入るための資格認定（修士修了）試験

4-1．大学院に入るための資格認定試験

　資格認定試験は、修士課程修了者としての資格があるかについて判断をされ、正式に2016年2月の入学試験を受けられるかの審査にもなります。教授たちの前で、主にはこれまでの「社会人としての実績」に対するプレゼンテーションが必要で、特に一般入学試験のような学科試験はありませんでした。学科試験があれば入学できなかったと思います。

　教授の前でのプレゼンテーションのためには、これまで作ったことにないエクセルのデータ処理や自力でのパワーポイントの作成も必要でした。

　先の見えない段階で、かなりのプレッシャーがありましたが、何とか2016年2月の博士課程（3年間）の受験資格が獲得できました。高齢でしたが、会社の運営をしてきた経験や、書籍の出版実績などが加点になったと考えます。それにしても、65歳からの挑戦でしたので、大学サイドとしても前代未聞の出来事で困惑があったと想像をめぐらします。

4-2．大学院博士課程の入学試験は環境共生学の教授20名による審査

　博士課程の入学試験は、環境共生学の様々な分野の教授20名の前で、主に「研究目的」についてプレゼンを行いました。「コーヒーに何故このような風味が生まれるのか？」「官能評価の風味を裏付ける分析をしてみたい」などと説明しましたが、各教授からは「研究内容はかなり難しそう？」「本当に3年で可能なのですか？」「査読論文が2編必要で間に合いますか？」など、質問や疑問点など

の十字砲火を浴びました。

　しかし、そういわれても３年の研究期間を予測できませんでしたので、『やるしかない』とトンネルに入ってみるしか選択肢はありませんでした。最終的には2016年４月に無事入学できました。しかし、そこでの体験から、「テーマを明確にし、準備をしておかないと難しそう」なことが推測されました。これまでの実務経験から、「SPとコマーシャルコーヒー（以下CO）では官能評価が異なるのでケミカルデータも異なるだろう、さらに成分も変化するだろう」と推測し、それを証明できればよいのではと考えました。基本的な方向性を「SPとCOのケミカルデータの違い」、「流通過程での風味とケミカルデータの変化」に絞ることにしました。実際に分析しうまくいくのか不安でしたが、そのためのサンプル準備にとりかかりました。

4-3. 研究のフィニッシュがなかなか見えない

　食環境研究室（新しい名称）では、学生にも研究テーマを与え実験を手伝ってもらいました。その代わり卒論の手伝いをしていきます。

　教授は、コーヒーのことがわかりませんので、「コーヒーには、アラビカ種とカネフォーラ種があり、2000年以降アラビカ種の高品質豆のSPが誕生していること」「従来の研究は生産履歴の明らかでないコマーシャルコーヒーの分析データしかなく信憑性がないこと」「SPの研究は、研究者の取り組みが少なく新規性があること」などを伝えつつ、どの様な方向で研究すればよいのか手さぐりで試行錯誤しながら、とにかく実験を行いました。

4-4. 何をどのような方法で分析すればよいのか参考になる文献がない

　コーヒーの風味には酸味が重要なことはわかっていましたので、有機酸の分析は必要だろうことは初めから考えました。有機酸は、PHと滴定酸度（総酸量）と有機酸の組成が酸味に影響を与えると考えました。また、脂質の分析過程で、抽出した脂質に香りが吸着していることに衝撃を受けましたので、脂質の分析も重要と考えました。総脂質量と酸価（脂質の酸化数値）がコクやクリーンさに影響を与えると考えました。

　主にこの２つの成分分析を行うにあたり、ケミカルの知識がなく、成分分析実験の未熟なスキルで出来ることを検討した結果、アナログ的な分析実験（大学の授業でも行う）をしてみることに落ち着きました。一部HPLC（高速クロマトグラフィー）などの分析機器も使用しましたが、LC/MS（高速クロマトグラフィー

質量分析機）などの極めて精密な分析機器の使用は次の段階と考えました。

このコーヒーのアナログ的な分析は、40年前に行われ、ケミカル本に記載されてはいますが、その後はほとんど行われていません。したがって、分析結果は極めて少なく、また文献により結果が異なっていることもわかりました。また、2016年時点で生産履歴のあるSPについての分析はほぼ皆無であり、文献もなく「SPとCOを比較する」ことには新規性があると考えました。多くの研究者もまだSPという概念を理解していなかったと思います。さらに、流通過程における梱包材やコンテナ、保管倉庫による成分変化についての論文はほとんどみられませんでしたので、やって見る価値があると考えました。

5. コーヒーの場合は試料の準備が重要になる

分析には試料が極めて重要です。研究者は、多くの場合資料収集が難しいのですが、私の場合はこれまで積み上げてきた産地との取引実績があり、試料収集で優位に立てました。

メインの実験は以下の2つしましたが、実験がうまくいかない場合も想定し、各生産国の2016-17 Crop，2017-18 Crop などの試料を多く集めました。

1は、コロンビア産とケニア産のSPとCOを真空パック（VP）、グレインプロ（GP・穀物用袋）、麻袋の3種に詰め、リーファーコンテナ（RC）とドライコンテナ（DC）に積み、定温と常温倉庫で保管し、それぞれの資料の1年間の成分変化を見てみようと考えました。

2016年時期、これらの豆を輸入できる生産国はコロンビアとケニアしかなく、日本の輸入会社、生産国の輸出会社の協力を得て可能となりました。難易度の高い試料調達になりますので、分析さえうまくいけば論文として成立すると考えました。RC、DC内の輸送期間中の温度を計測するために、データロガーをコンテナに入れました。

2の各生産国のSPとCOの試料収集は、1に比べると簡単でした。これらのコーヒーの官能評価を裏付けるケミカルデータの文献はありませんでしたので、SPとCOの有意差および官能評価との相関性を検証する研究にも新規性があると考えました。

5-1. 官能評価のパネルはテイスティングセミナー参加者としました

分析結果と官能評価の相関性を見ていきますので、パネルは私の主催するテイスティングセミナーの参加者から選びました。パネルは、コーヒーの基礎知識が

あり、SP の飲用歴が5年以上で、SCA 方式の官能評価ができる者および Q グレーダー資格者などから選びました。

5-2. コーヒーの分析には決まった方法や文献がない

　コーヒーの分析を始めてみると、わからないことだらけでした。例えば、生豆の鮮度状態の許容範囲は？　焙煎度、焙煎方法をどうすればよいのか？　メッシュ（粒度）をどうすればよいのか？　分析の方法をどうすればよいのか？　使用する有機溶媒をどうすればよいのか？　などについての適切な先行研究文献はなく、ほぼ自分で一から決めていくことになりました。

　例えば、コーヒーの品質という観点から見ると、酸味に影響する有機酸の組成に関する適切な文献はありませんし、テクスチャー（コク・ボディ）に影響を与える脂質量についても文献はありません。また、酸価（脂質の酸化）についても適切な分析もほぼみられません。現在、このような単純な分析は行われなくなっていますので、アナログ的な分析をしてきてよかったと考えています。さらに、味覚センサー（インテリジェントセンサーテクノロジー社）にもかけて、官能評価とケミカルデータと味覚センサー値の相関性から品質を見ることにもしました。

5-3. 大学院では3年間のスクーリングで思考方法が鍛えられる

　大学院では、必須授業として年2回のスクーリングがあり、そこで進捗状況の発表をしていきます。このスクーリングは、年1回は一泊二日で行われ、学科教授により内容および進捗が判断されます。様々な分野の教授がいますので、多様な角度から予期せぬ質問もあり、気を抜けませんでした。最終的

実験器具と機器

に、卒業まで5回のスクーリングがあり、6回目は2019年の1月の卒業発表でした。

　この場で教授からの内容の問題点などの指摘を受けながら、学術世界の作法や表現などを少しずつ身に着け、鍛えられていくことになります。進捗が伴わない場合は、留年する場合もありますし、退学する場合もあります。

　私の場合は、実験が伴いますので、大学に通わねばなりませんでした。幸い事業承継をしましたので、時間はとれましたが、それでも未知の領域があまりに多く効率的に実験を行う必要がありました。

分析実験は、必ず5回（n=5）行い、標準誤差や有意差（統計上明らかな差／$p<0.01$などと表記）を出し、最終的に平均値を出します。また、官能評価とケミカルデータおよび味覚センサー値との相関の統計処理をしました。

　実験を繰り返すごとに、実験には経験やスキルが必要なことが分かってきました。

　理系は実験がありデータを統計処理しますが、文系でもフィールドワークが必要で、結果を統計処理することになります。

　多くの院生は、社会人で仕事をしながらになりますので、土日、祝日は研究のフィールドワーク、夜間は論文作成などに充てることになり、3年での卒業は容易ではありません。

5-4．学会発表ではやってきたことの正当性を確認する

　「学会って何かよくわからない」まま、入学1年時から学会での発表にチャレンジしました。初めての発表は、「SPとCOの成分差について」日本食品保蔵学会で発表しました（2016年高地県立大学）が、まだ、パワーポイントの作成も未熟でしたし、内容に自信を持ちきれない時期でしたのでさすがに不安でした。

　学会の多くは発表12分その後質問3分で一人15分となります。発表終了の3分前、1分前には合図があり、時間厳守で運営されます。

　その後も積極的に年2回程度は学会発表しました。自分のやっていることがどのように受け止められているのかを少しは確認できます。しかし、日本では、大学でのコーヒー研究はほとんどないような状態で、また各企業の研究者もコーヒー関連で学会発表する方は極めて少なく、日本のコーヒー研究が閉鎖的であることを痛感しています。

　学会発表では、内容を複雑にすると理解してもらえませんので、結果を明確にし、簡潔に発表した方がよいと感じました。また、コーヒーについては、興味を示す研究者も比較的多いということもわかりました。

　加入学会は、日本食品保蔵科学会、日本食品科学工学会、日本官能評価学会などで、高知県立大学（高知）、東北大学（仙台）、山梨大学（山梨）、中村学園（福岡）などで発表しましたが、その土地の食を堪能するのも楽しみの一つでした。（尚、2022年8月の日本食品科学工学会でのオンライン発表中、突然心肺停止で倒れましたが、現在後遺症もなく回復しています。）

5-5．ASICは知の宝庫

　2年毎に開催される2016年のASIC（Association for Science and Information on

Coffee：国際コーヒー科学学会）は、中国の雲南で開催されました。初めての体験ですのでポスター発表をしました。A0（A4×12の大きさ）サイズの英文ポスターを作成し（大学にはこの大きさのプリンターがある）、決まった時間にその場に立ち、関心がある方の質問を受けたりします。（このようなポスター発表は、大学内では院生を対象に広く行われます）。この時には、コロンビアのCenicafe（セニカフェ：コロンビアの研究所）やCIRAD（フランス農業研究所）などの方が来てくれました。ASICは、世界中から様々な研究者が集いますが、研究分野が、農学、ケミカル、ゲノム、気候変動、健康、さび病などに細分化され、より専門性が高くなっています。

2018年は、アメリカのポートランドで開催されました。ポートランドは、米国内でもマイクロロースターが50以上あるコーヒーの中心地で、Stumptown Coffee（スタンプタウン）の本拠地でもあります。また、ピノノワール品種のオレゴンワインの産地、地ビールでも有名で、食文化の豊かなよい街です。

ここでは、口述発表（オーラル発表）をしましたので、かなり緊張しました。パワーポイントを英語で作成し、最終的に翻訳会社のチェックを受けました。また、知人にネイティブの発音レッスンなどを受け準備して発表しました。

ASICで日本の研究者の発表はほとんどないのが実情でしたので、チャレンジしました。2018年のポートランドでは、私とUCCとサントリーの研究者の発表がありました。その後はコロナ禍で中止、延期などが重なり2023年は世界2位の生産量のベトナムで開催されます。

中國（雲南）2016年

米国（ポートランド）2018年

6．最後の難関「査読論文」と「博士論文」
6-1．査読論文はいじめか？愛の鞭か？

卒業の条件として2報の査読論文があります。この論文が学会誌に掲載されなければなりません。学会に所属する教授2名の査読を受けますが、研究者と査読

者の関係は明かされません。「なんでここまで言われるの？」というくらいかなり厳しいチェックが入ります。

　論文そのものがリジェクト（却下）されることもあれば、継続審査としてA4で2ページ程度何らかの指摘がされます。査読者は、安易に論文を通すことをしませんので、多くの場合ストレスがかかります。但し、学会誌により査読の難易度は変わります。この査読論文で留年する事例は多くみられますので、博士課程は3年で卒業できれば早いといえるかもしれません。

　多くの場合、査読論文提出後1~2か月後に戻りますので、さらに教授と相談しながら論文を書き直し再提出します。2回目の提出でも多くの修正が入るとかなり落胆し、意欲をそがれます。「よく言えば愛の鞭、わるくいえばいじめ」のように感じます。博士課程の体験者にはこの時の体験や感情を理解していただけると思います。とにかく、査読論文2論をパスしないと卒業までたどり着けませんので、博士課程ではメンタルが強くないと厳しい世界です。理系では、修士の段階からの実験の積み重ねがあればよいのですが、私の場合は全くありませんので、3年では時間が足りないということを実感しました。

　入学前から、研究生期間と博士課程の3年間は、新たな挑戦の貴重な時間だったと感慨深い思いがあります。

2016年4月入学（67歳）　　2019年3月卒業（70歳）

6-2. 査読論文と博士論文は Google で検索すれば読める

　査読論文2編は、「有機酸と脂質の含有量および脂質の酸化はスペシャルティコーヒーの品質に影響を及ぼす」（日本食品保蔵科学会誌第45巻2号）と「コーヒー

生豆の流通過程における梱包、輸送、保管方法の違いによる品質変化に関する研究」（日本食品保蔵科学会誌第45号巻3号）です。

博士論文は、「スペシャルティコーヒーの品質基準を構築するための理化学的評価と官能評価の相関性に関する研究」です。これらは、「堀口俊英　論文」でグーグル検索していただければ読むことができます。

6-3．これまでの研究室での学生のコーヒー研究

2016年から7年間、以下の学生の卒論にも立ち会い、研究を継続してきました。

8年目に入った2023年は、SC/MSによるコーヒーのアミノ酸分析をおこない、新たな官能評価基準についての検証を行っています。

学生の研究　卒論

2016年	ＳＰとＣＯの品質差異の理化学的分析及び官能評価との相関に関する研究
2017年	精製方法の異なる SP 及び CO の化学的分析による品質差異と官能評価の相関に関する研究
2018年	ブラジルコーヒーの精製方法の違いによる成分の変化が風味に及ぼす影響
2019年	コーヒーのアミノ酸と官能評価および味覚センサーとの相関に関する研究
2020年	グァテマラ SP の品種間における品質および風味差についての研究
2021年	ブラジルの生産地域の違いがおよぼす風味特性に関する研究
2022年	アジア圏産スペシャルティコーヒーの品質、風味及び酸組成に関する研究
2023年	有機酸及びアミノ酸がＳＰコーヒーの風味に及ぼす影響

6-4．研究の最終目的は SCA 方式に変わる新しい官能評価基準を作ること

私の研究の最終目的は、SCA 方式に変わる、「Umami」と「Bitterness」の評価と取り入れた新しい官能評価表の作成と評価基準の作成です。そのため、従来からのテイスティングセミナーにおいて、パネルの養成をかね、アミノ酸については「グルタミン酸、アスパラギン酸、アラニン、グリシン」を、有機酸については「クエン酸、酢酸、リンゴ酸、乳酸」の水溶液での感知実験に取り組んでいます。

さらに、アミノ酸と有機酸の分析を通し、それらの風味が官能評価に及ぼす影響についての検証を行っています。

2023年の6月に『新しいコーヒーの基礎知識』（新星出版）を出版しました。研究のさわりを少し載せました。この本の後に、『コーヒーのテイスティング』を出版予定です。やや難しい本となりますが、官能評価と理化学的数値と味覚センサー値との相関を広く載せていますので、ご一読いただければ幸いです。

渋沢栄一の体験した
第二帝政のカフェとコーヒーを巡って

元辻静雄料理教育研究所所長（本会焙煎抽出委員長）　山 内 秀 文

1.　徳川パリ万博使節団と渋沢栄一のコーヒー体験

　大政奉還前夜1867年1月、将軍徳川慶喜の弟、昭武を代表とする第2回パリ万博への使節団が横浜港を出発した。その随行員の中に後の大実業家渋沢栄一が加わっていた。

　使節団一行が訪れた当時のフランスは皇帝ナポレオン三世の治世末期で、経済自由化と積極的なインフラへの投資によってフランス経済は繁栄の頂点にあり、その象徴的なイヴェントがパリ万博だった。渋沢栄一はこの渡仏体験を詳細に記した『航西日記』を残しているが、その記述からは渡仏体験が実業家としての渋沢栄一の形成に大きな影響を及ぼしたことが窺われる。

　1860年代はフランスのカフェの黄金時代でもあった。そして使節団が宿をとったカピュシーヌ通りからイタリア通りにかけてはパリのカフェ＝レストランの集積地で、「ここが世界の中心」と謳われたヨーロッパ中からブルジョワ、芸術家、美食家が集う繁華街だった。

　渋沢栄一が体験した1860年代フランスのコーヒーとカフェ・食文化はどのようなものだったのだろうか。まず『航西日記』のコーヒーとカフェについての記述からみてみよう。

2.　渋沢栄一のコーヒー体験──『航西日記』から

　まず、『航西日記』から徳川幕府のパリ万博使節団の行程をたどり、コーヒー・カフェ体験に関する記述をピックアップしてみよう。

　1867年2月15日（慶応3年1月11日。以下文中の日付は西暦）、使節団はフランス郵船アルフェ号で横浜港を出港。途中上海と香港で下船して視察した。『航西日記』の冒頭で、渋沢はアルフェ号での食事[*1]についてかなり詳細に記している。

　毎朝7時に出される「茶（朝食のこと。砂糖を添えた紅茶、パン菓子、ハム）」に触れた後、10時にふるまわれる朝食（実質的にはデジュネ＝昼食）とコーヒーについて述べている。

「10時ころになると朝食を食べさせる。…菓子、蜜柑、梨、枇杷などをテーブルに並べておき、好き好きにとって食べさせる。葡萄酒を水で割って飲み、魚、鳥、豚、牛、牝羊などの肉を煮たり焼いたりしたものを、パン2、3切れとともに各人の好みでとる。食後にコーヒー（カツフヘエー）という豆を煎じた湯を出す。砂糖、牛乳を入れて飲む。とても気分を爽やかにする」

　アルフェー号では食後にコーヒーが提供され、砂糖とミルク（牛乳かクリームかは不明）を入れて飲んだことがわかる。渋沢の初めてコーヒー体験はかなり好印象だったようだ。フランス滞在中もコーヒーを飲んでいたはずだが、『航西日記』にはこれ以降、航海中のコーヒーに関する記述はない。

　香港でアンペラトリス号に乗り換え、インド洋からアラビア半島のアデン（コーヒー飲用発祥の地）を経て紅海を通り、スエズから鉄道でアレキサンドリア（建設中のスエズ運河についての記述がある）へ。アレキサンドリアから地中海に入り、海路で4月3日フランスのマルセイユに到着。4月11日にパリに入った。

　パリで使節団一行が投宿したのは「カプシンヌ街なるガランドホテル（カピュシーヌ通りのグラン・トテル[2]）」である。「グラン・トテル」の地上階は「カフェ・ド・ラ・ペ」で、現在でもパリの観光スポットになっている。「グラン・トテル」と「カフェ・ド・ラ・ペ」については後に詳しく取り上げる。

　4月28日に徳川昭武はチュイルリー宮殿で皇帝ナポレオン三世に謁見、6月20日にパリ万博会場（現シャン・ド・マルス公園）を視察し、使節団に託されていた2つの主な目的を果たした。

　昭武一行は1年6カ月パリに滞在して留学をつづけたが、コーヒーとカフェについての記述は少ない。『航西日記』の記述では、ブルターニュ地方（シェルブール、ブレスト、ナント）を視察した際に「海岸でコーヒーを味わう」（たぶんホテルとカフェで）などの記述があるだけだ。ただ日記には書かれていないが、滞在中、日常当たり前にカフェを利用し、コーヒーを楽しんでいたことだろう。

　昭武一行は4、5年留学を続ける予定だったが、徳川幕府の崩壊により帰国命令がもたらされ、1868年（明治元年）10月帰国に途につき、12月16日に横浜港に戻った。帰国の途上、紅海で「3時頃、名高いモカの街が見えた。この辺りは優れたコーヒーを産するとのこと」（1868年11月1日）と『航西日記』に記されていて、渋沢栄一はコーヒーにかなりの関心を抱いていたかもしれない。

　後年、渋沢の朝食は「紅茶かカフェ・オ・レ」という欧風のスタイルだった。フランス体験によって渋沢の日常にコーヒーが深く入り込んでいたことがうかがわれる。

3. パリのカフェ事情1867

フランスで徳川昭武一行が投宿した「グラン・トテル」は、「オテル・リッツ」を頂点とする豪華ホテル時代の先駆けとなる当時パリ一の巨大ホテルであり、一方、ホテルの地上階の「カフェ・ド・ラ・ペ」は19世紀に繁栄を誇ったカフェ＝レストランの最後を飾るカフェである。

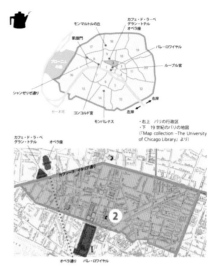

「ラ・ペ」のあるカプシーヌ通りから西に続くイタリア通りにはヨーロッパ中のブルジョワ、政治家、芸術家が美食をもとめて集うカフェ＝レストランが立ち並び、そして、ここで使節団一行は19世紀パリの繁栄ぶりを目にしたはずだ。

イタリア通り地図

渋沢が目にした1867年のパリ、そして当時のカフェの姿はどのようなものだったのだろうか。

カフェの変貌──カフェからカフェ＝レストランへ

イタリア通りのカフェ＝レストランがどのようにして美食の殿堂になったのだろうか、19世紀前半のカフェの変貌を辿ってみよう。

1789年のフランス革命から1830年ころまでのパリ最大の繁華街はパレ・ロワイヤル[*3]で、革命の発火点となった「カフェ・ド・フォワ」をはじめ、「ド・ラ・レジャンス」「ド・シャルトル」「コラザ」「カヴォー」「デ・ザヴーグル」「メカニック」「ミル・コロンヌ」「ロトンド」などのカフェが軒を連ねていた。

また、パレ・ロワイヤルは、革命直前に生まれた業種であるレストランの故郷ともいえる場所で、レストラン業の父と呼ばれたアントワーヌ・ボーヴィリエをはじめとして、革命によって貴族の館から離れたプロヴァンソー兄弟、メオ、ロベール、ヴェリーなどの名料理人が相次いでここパレ・ロワイヤルの回廊に店を構えた。

フランス革命はカフェにとって文字通り革命的な変化をもたらした。それまでフランス社会を縛っていたギルドの規制[*4]が撤廃され、ほとんど現在と同じような自由な取引ができる資本主義経済となった。そして飲食業も大きく姿を変えてゆく。

ギルドの規制がなくなったことで、カフェは革命以前には提供できなかった食

事とワインを、一方、レストランでも
コーヒーやアイスクリーム類をメニュー
に載せた。こうしてパレ・ロワイヤルを
はじめとして、次第にカフェとレストラ
ンの融合が始まっていく。

革命以前のカフェは、貴族や知識人の
通う知的な空間であり、レストランは旧
体制の王侯貴族の館の料理の伝統を受け
継いだ美食の場だった。高級カフェはレ

カフェ・ド・パリのテラス

ストランの美食を取り込んでカフェ＝レストランへと変貌し、新たに社会の主役
となったブルジョワジーの外食の欲望を満たす最高位の業態となった。

こうした中で、革命後から次第にイタリア通りが新しい繁華街として注目され
始め、次々とカフェが開業した。ギルドの規制が撤廃された革命後に開業したイ
タリア通りのカフェは、当初から厨房を備えて料理を提供していたようだが、「カ
フェ・アルディ」がデジュネ・ア・ラ・フールシェット（フォークの昼食）で評
判をとったことで、周辺のカフェは料理にいっそう力を入れ始めた。

また、革命後にはカフェは店前の路面にテラス席を備えることが認められたた
め、イタリア通りに店を構えたカフェの多くはテラスを設けた。中でも「トル
トーニ」は中庭とイタリア通りに面して広いテラス席をもうけ、名高いアイスク
リームとともにパリ一のシックなカフェと評判になった。

7月王政（1830年）のころになると、旧時代のいかめしさの漂うパレ・ロワイ
ヤルのレストランから新世代のブルジョワジーたちの足は遠のきがちになり、イ
タリア通りのカフェ＝レストランに移っていく。イタリア通りのカフェ＝レスト
ランの最盛期は1840〜70年頃で、「カフェ・アルディ」（1841から「メゾン・ド
レ」に）、「カフェ・リーシュ」、「カフェ・ド・パリ」、「トルトーニ」、「カフェ・
アングレ」などのカフェが軒を連ね、「ここが世界の中心」と謳われた繁華街で
あった。そして、これらのカフェはフランス料理史を彩る美食レストランでもあ
る。とくに19世紀最高のレストラン料理長アドルフ・デュグレレが君臨する「カ
フェ・アングレ」は第二帝政の美食の頂点といわれた。

イタリア通りのカフェ＝レストランはヨーロッパ中の貴族、ブルジョワジー、
芸術家たちが集う社交場となったが、美食だけでなく、金にあかせた馬鹿騒ぎも
おこなわれていた。このため後世からは一世を風靡したオッフェンバックのオペ
レッタとともに華麗さの中に軽佻浮薄さの漂う第二帝政の象徴とも見られている。

1862年にカピュシーヌ通りに開業した「カフェ・ド・ラ・ペ」は繁栄を極めたイタリア通りのカフェ＝レストラン群の中でも最大の規模を誇り、「グラン・トテル」とともにナポレオン三世の威信を内外に示す半ば国策カフェともいえる存在だった。徳川使節団が「グラン・トテル」に宿をとったのも、たぶんフランス側の手配だったのだろうが、東洋の賓客をもてなすにふさわしいと考えると同時に、フランスの繁栄と威信を示すためでもあったろう。

　『航西日記』にはこの豪華ホテルとカフェについての印象は記されていないが、すぐさま随行員用の宿舎を探していることから、会計を担当していた渋沢としてはとても耐えられるようなホテル代ではなかったことは確かである。

「カフェ・ド・ラ・ペ」を巡って

　「カフェ・ド・ラ・ペ」は19世紀のカピュシーヌ＝イタリア通りのカフェ群の最後に登場したカフェ＝レストランで、場所も規模もそれまでのカフェとは違った目論みを担っていた。それを理解するためには、ナポレオン三世とジョルジュ・オスマンによるパリ改造に触れておく必要がある。

　1853年、ナポレオン三世はセーヌ県知事にオスマンを任命し、かねてからの宿願だったパリの大改造に着手させた。オスマンのパ

グラン・トテル、カフェ・ド・ラ・ペとオペラ座

リ改造は、街路の拡張と新設、上下水道の整備、貧民街の撤去と住居の新設、公共施設の整備・新造、公園と緑地の新設など多岐に及び、パリを猥雑な中世的都市から整然とした近代都市に一変させた。その都市変革は極めて計画的かつ徹底したもので、現在の美しいパリの街並みのほとんどはこのオスマンの改造によって生み出された。

　ナポレオン三世とオスマンによるこのパリ改造の仕上げの目玉となる企画が、新たなオペラ座の建設とオペラ通りの開設で、また「新しいパリ」を内外に喧伝するための行事が1867年の第2回パリ万博である。シャルル・ガルニエに設計を依頼した新オペラ座は、万博の開催に合わせて杮落としが行われるはずだった。

　そして、パリ万博とオペラ座に訪れる内外の賓客をもてなすための施設が「グラン・トテル」であり、「カフェ・ド・ラ・ペ」だった。特に「グラン・トテル」の建設は、ロンドンに比べて大型の豪華ホテルが存在しないことに不満を持っていたナポレオン三世自身が指示したといわれる。ホテルはオペラ座の斜向かいに

建設され、落成式には皇妃ウジェニーが列席した。こうして国策ホテル「グラン・トテル」は1862年に開業した。

「グラン・トテル」は800室の客室を有する巨大なホテルで、付設のカフェ＝レストラン「ラ・ペ」も800席規模のサル（ホール）と65室のサロン（個室）とカビネ（小個室）を備え[*5]、未来のオペラ通り（1862年にはまだ工事中）とカピュシーヌ通りに面するテラスはパリ最長の規模だった。「ラ・ペ」は、その後デュグレレに顧問を依頼して料理でも評判をとり、ナポレオン三世の目論みどおり名実ともに19世紀後半のパリの美食を象徴する豪華なカフェとなった。

栄華を誇ったイタリア通りのカフェも、1870年の普仏戦争の敗北でナポレオン三世が失脚して以降は次第に顧客が離れ、20世紀はじめにはすべて店を閉じてしまった。ひとり「ラ・ペ」のみが、今もテラスからオペラ座を望むパリの観光スポットとして世界中から客を集めている。

カフェのもう一つの姿——貧民街のカフェ

イタリア通りの華やかなカフェ＝レストラン群のすぐ近くに、まったく違ったカフェの世界が広がっていた。

1867年、渋沢井栄一が「ラ・ペ」から南に目をやれば、カピュシーヌ通りの建物のかなたの高台（ビュット）に薄汚れた建物がひ

大衆的なカフェ

しめく光景が目に入ったはずだ。このビュット・デ・ムーラン、ビュット・ド・サン＝ロックの高台は最下層の労働者や物乞いの住む貧民街であり、また大衆相手のキャバレ、タヴェルヌ、ガンゲット、エスタミネ、アソモワールなどの居酒屋[*6]が立ち並ぶ歓楽街でもあった。

ギルドの規制が外れたことによって居酒屋もコーヒーや蒸留酒を提供できるようになり、大衆的なカフェは下層の居酒屋とも融合して新たな業種が生まれた。また歌、踊り、劇、コンサート、賭けなどを売り物した様々な看板を掲げる店が現れた。「カフェ」はこうした多様な店の総称ともなった。だから「ラ・ペ」から臨むビュットに立ち並ぶ居酒屋も、また「カフェ」と呼ばれる[7]。

この高台の貧民街は、革命のたびにバリケードが築かれて暴動が起こる政権にとっては極めてやっかいな地区だった。オスマンはかねてからパリ改造計画の一環として、ビュットを掘削し貧民街を一掃して、ルーヴルとカピュシーヌ通りを

結ぶ大規模な街路を開設すること計画していたが、新オペラ座の建設が決まったことを機に、1864年に街路の工事に着手した。当初は1867年万博に間に合わせる予定だったが、工事はなかなかはかどらず、結局完成したのはオペラ座の落成に遅れること1年、1876年のことだった。この街路がオペラ座からルーブルに続く現在のオペラ通りである。

　このオペラ通りの開設工事によって、パリ中央部に残った最後の貧民街は一掃され、住民も様々なカフェ（居酒屋）もパリの周辺部へと散っていった。

　渋沢がこうしたパリの影の部分について目にしなかったはずはないが、『航西日記』にはパリの民衆の生活やカフェでの外食の記述は残されていない。

カフェの変貌──モンマルトルの芸術カフェ（キャバレ）

　その後の19世紀のカフェの動きについて述べておこう。

　普仏戦争での屈辱的な敗北とその後のパリの混乱で、イタリア通りのカフェ＝レストランからは次第に客足は遠のいたが、代わって世紀末から20世紀初頭にかけてパリのカフェ文化の中心になったのはモンマルトルのカフェ群である。

　世紀末にモンマルトルの丘の周辺に住んだ、ルノワール、セザンヌ、ゴッホ、ロートレック、ユトリロ、ピカソなどの画家、そしてヴェルレーヌ、マラルメ、ランボーなどの象徴派の詩人が「ラパン・アジール」「ゲルボワ」「シャ・ノワール」「ヌーヴェル＝アテネ」などにたむろした。

　これらのカフェは、実質的には音楽（カフェーコンセール）や寸劇（「シャ・ノワール」の影絵の人形劇が名高い）と酒（特に当時流行したアブサント）を売り物にしたキャバレである。

　19世紀以降、カフェはアトラクションや食事、酒を楽しみながら人々が集う場所となり、コーヒーは片隅に追いやられてしまった。現在のフランスのカフェも同じようにコーヒーを味わう所ではない。一般的にフランスのカフェのコーヒーがまずいのは、こうしたカフェの変化に起因しているが、一方で、社会と客の求めに応じてカフェが変貌していったことによって、今も日常の営みの中でカフェが大きな役割を果たすことができている、そのようにいえるだろう。

4．フランスのコーヒー事情1867

　『航西日記』では使節団のパリでの日常の食生活についてはほとんど言及されていない。だた、渋沢ら随行員はパリ到着後すぐにグラン・トテルから借家に移っている。そこでの日常の食事は、家政婦を雇って作らせたにしろ、外食で済ませたにしろ、いずれにしてもフランス風だったろうから、コーヒーはふつうに

飲んでいた可能性が高い。

　渋沢らがどんなコーヒーを飲んでいたのか、推測するのは難しいが、1868年に刊行された『コーヒーの歴史 Histoire du café』（アンリ・ヴェルテル Henri Werter 著）をもとに1867年頃のフランスのコーヒー事情を紹介しよう。

19世紀フランスのコーヒー事情

　まず、19世紀のフランスのコーヒー事情を概観してみよう。

　フランス革命とそれにつづくナポレオン帝政時代にフランスのコーヒーを取り巻く状況は大きく変化した。

　まず、革命による混乱に乗じて当時の世界最大のコーヒー産地だった植民地ハイチ（フランス名でサン＝ドマング）で黒人の反乱が起こり1804年に独立。これによってフランスはコーヒー貿易の覇権を失い、一転して輸入国となった。ハイチは独立戦争時にコーヒー農園主のほとんどを殺害または追放したため、生産は次第に縮小して品質も悪化した。このためフランスは革命前の良質なコーヒーを手に入れることは困難となった。

　もう一つの要因は、ナポレオンによる大陸封鎖でコーヒーの輸入が途絶えたため、代用コーヒー、特にチコリ・コーヒーが横行したこと。チコリ・コーヒーは大陸封鎖が解けた後もフランスに定着し、チコリ入りのコーヒーが好まれるという状況は20世紀まで続いた。また、産地の偽装なども横行して、消費者が良質のコーヒーを手に入れるのはかなり難しかったようだ。読者に注意を喚起するためか参照した『コーヒーの歴史』の1/3は代用コーヒー関連の記述に充てているほどだ。

　19世紀初めには、貧富の差なくパリのほとんどの家庭で朝食にカフェ・オ・レを飲む習慣が定着したこともあって、コーヒーの消費は飛躍的に拡大したが、品質の面では問題を抱え続けたといえるだろう。

コーヒーをどこで手に入れるか

　当時フランスの中・上流階級では、家庭で家政婦に焙煎させていることもあったようだ。しかし、ふつうは焙煎したコーヒー（豆・粉）をエピスリ épicerie（食料品店）で購入した。コーヒー書では混ぜ物（チコリなど）をされたコーヒーが横行していたため、豆で購入することを勧めている。当時はまだフランスでは焙煎業は工業化されていないので、エピスリが自店で焙煎していることが多い。いわば自家焙煎店で挽き売りのコーヒーを購入していたということになる。

焙煎について

　焙煎に関して言及しているほとんどのコーヒー書は、艶が出始める栗色 marron か褐色 brun で焙煎を止めるように推奨していて、いわゆるフレンチ・ローストよりはかなり浅い焙煎度合である。器具は、家庭用にはフライパン型が普及していたようだが、『コーヒーの歴史』ではドラム型を勧めている。

フランスで開発された焙煎機の大きな特徴は、煙（というよりは香り）を外に逃さないためにほとんどが密閉型、ということ。浅煎りを推奨しているのも、深煎りの煙をかぶせてしまうとコゲ臭と鋭い苦味を呈するからとも考えられる。

豆に艶を出すためにバター、ラードなどを工程の最後に加えることもあったようだが、コーヒー書では推奨できないとしている。焙煎時に砂糖を添加したものをカフェ・ド・シャルトルといい、かなり普及していた。

抽出について

19世紀の前半、フランスではコーヒー消費の急速な拡大を背景に、ド・ベロワのドリップ・ポットを皮切りに多様な抽出器具が開発された。家庭ではド・ベロワのドリップ・ポット、サイフォン、パーコレーターなど様々な抽出器具が使用されている。

19世紀前半に開発された主な抽出器具（器具名、開発者名）をあげてみよう。

<u>ドリップ・ポット系</u>：ド・ベロワ（1800年頃）、アドロ（1806年）、ランフォード伯爵（1815年）、モイーズ（1819年、上下反転式。ポツダム、ロシア式の名称も）

<u>パーコレーター[8]系</u>：ローラン（1819年、循環式）、カンデ（1827年、非循環式）、デュラン（1827年、非循環式）、グランダン＆クレボー（1832年、非循環式）、

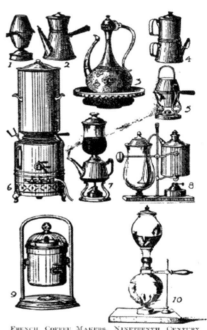

FRENCH COFFEE MAKERS, NINETEENTH CENTURY
1, 2—Improved French drip pots. 3—Persian design. 4—De Belloy pot. 5—Russian reversible pot. 6—New filter machine. 7—Glass filter pot. 8—Syphon machine. 9—Vienna Incomparable. 10—Double glass "balloon" device.

19世紀の抽出器具

ロワゼル・ド・サンテ（1843年、ハイドロスタティック・パーコレーター。1時間で2000杯の抽出能力を有するといわれた。1855年のパリ万博に出品）

<u>サイフォン系</u>：ダブル・グラス・バルーン（1842年、マダム・ヴァシュー開発、サイフォンの原型の一つ）、ダブル・グラス・グローブ（1867年、ルパルティエ開発。

現在のサイフォン）

<u>直台式エスプレッソ系</u>：ラボー（1822年）

　19世紀前半で抽出器具の開発は一段落して、第二帝政時代には多様な器具が販売されていた。ただ、依然としてボイル式の抽出を行なっている家庭も多く、またほとんどのカフェではボイル式か大型のパーコレーターで抽出している。

　『コーヒーの歴史』では、抽出する直前に粉にする、焙煎後8日以内にコーヒーの使用することを推奨している。当時のフランスも「煎りたて挽きたての新鮮なコーヒーを使う」という価値観を持っていたわけである。

　またこの本ではド・ベロワのコーヒーポットとサイフォン（ダブル・グラス・グローヴ）による抽出を推奨している。ただ、渋沢がパリの宿所で日常コーヒーを飲んでいたとしても、当時の家庭に最も普及していたボイル式で抽出していたと思われる。

生豆と産地

　1867、8年のコーヒー産地の状況とフランスのコーヒーの輸入先を『コーヒーの歴史』等をもとに紹介してみよう。なお1867年の世界のコーヒー輸出は、ブラジルが55％、続いてインドネシア（オランダ領）、セイロン（スリランカ）、ベネズエラ、インド（イギリス領）の順である[24]。

<u>ブラジル</u>：最大の生産地はリオデジャネイロ（フルミネンセ）でブラジルのコーヒー輸出の81％、次いでサントス、バイア。ル・アーブル（パリの外港、コーヒー取引所がある）での取引価格はリオの普及品が全コーヒー中最も安価。パリのコーヒー消費の70％はブラジルとの記事があるので、ふつうの家庭やカフェのコーヒーはブラジルがベースになっていたはず。リオとバイアの高級品はラヴェlavé（水洗式）と表記されていて、普及品の2倍に近い価格である。当時はブラジルで水洗式のコーヒーも生産されていたようだ。

<u>その他南米</u>：ベネズエラは第4位のコーヒー生産国で、輸出港のマラカイボ、カラカスなどの名称で取引されていた。水洗式とナチュラルがあり水洗式の評価が高い。コロンビアではアンデス山脈東側のククタ地域でコーヒー生産が始まっていたが、コーヒーはマラカイボに輸送され、マラカイボ名（ベネズエラ）で取引されている。

<u>カリブ海地域</u>：18世紀後半世界最大のコーヒー生産地だったハイチは、フランスからの独立（1804年）を果たして以降、コーヒーの生産は次第に減少し、品質も低下した。ル・アーヴル市場では中級品の評価。カリブ海地域でハイチに次ぐ生産地はプエルトリコで高級品として評価が高い。このほかル・アーヴルには入荷

していないが、ロンドン市場ではジャマイカが高評価で高級品はモカに次ぐ価格。フランスで評価が高いマルチニーク、グァドループは生産量が少なく取引市場には出ていない。

中米諸国：1840年代後半から商業的生産が始まり、まずコスタリカ（1848年に初めて輸出）、次いでグァテマラがヨーロッパ市場に輸出を開始。いずれもロンドン市場のみで取引され、中級品の価格で、輸出はごく少量。

インドネシア（オランダ領インド）：世界第2位の生産地でジャワが中心。品質面でもこの地域ではジャワが最も評価が高い。スマトラ産はパダン（スマトラ島中西部の港）がジャワに次ぐ評価。パダンはかつてのマンデリンの産地に近い。スマトラ島東南部産のコーヒーはスマトラ名で取引され、この地域で最も評価が低い。セレベス（スラウェシ）島のコーヒー（トラジャ名ではない）は、ジャワ、パダンに比べ品質は劣るとされている。

インド（イギリス領）とセイロン：当時セイロン（スリランカ）は世界第3位のコーヒー生産地。いち早く水洗式精製法を導入し、市場での評価も極めて高かった。インドは南部の高原地帯のマイソール、ニルギリでコーヒーを生産。セイロンに次ぐ高い評価を受ける。この1867年にセイロンにさび病が発生、翌年にはインドに飛び火し大きな被害をもたらすが、1875年頃までは生産は増加している。19世紀末にはセイロンと南インドではほとんど茶（紅茶）の生産にシフトしている。

モカとブルボン：イエメンのモカはこの時代も最高のコーヒーとの評価を受け、ル・アーヴル、ロンドン市場ともに別格の高値で取引されている。ただ、外見は小粒で貧弱と書かれている。生産量はごく少なくジャマイカと同程度。ブルボン（レ・ユニオン島）はフランスではモカと並ぶ評価を受けていたがさらに生産量が少なく、マルチニーク同様に取引市場には出ていない。

アフリカ：この時代にはコーヒーの商業的栽培は始まっていない。

　1867年は、指摘したようにセイロンでさび病パンデミックが始まり、コーヒー栽培史上の分岐点となった年である。もちろん参照した『コーヒーの歴史』ではさび病にはまだ触れていない。

　19世紀のフランスではバルザックが好んだモカ、ブルボン、マルチニークのブレンドが最上のコーヒーとされていた。19世紀後半になるとモカ以外はほとんど手に入らなかったようなので、まさに幻のブレンドといえるだろう。

　『航西日記』に「モカの町を見た」とわざわざ記したことから、渋沢はひょっとするとモカを飲んだ経験があったかもしれない。

5. まとめに代えて——渋沢栄一がフランスから持ち帰ったもの

　徳川幕府フランス使節の主要な目的は、フランス第二帝政の軍事、政治、経済、工業、インフラ開発を視察し、徳川幕府による日本の近代化のための知識を持ち帰ることだっただろう。しかし、徳川幕府の消滅によって、日本の近代化は明治政府の手に委ねられ、使節団の派遣は徒労に終わったといえるかもしれない。もし、渋沢栄一がフランスでの体験とそこで得た知識をもとに、日本の近代化と経済発展に大きな貢献を果たさなかったとすれば……。

　1年6カ月のフランス滞在中、渋沢が最も関心を持ったのはフランスの経済・金融システムで、ナポレオン三世の政策スタッフから受けたレクチャーは、実業家としての渋沢の活動の基盤となったといわれる。

　また、渋沢はオスマンのパリ改造を目の当たりにして、社会インフラへの投資にも目を向けた。1886年に帝国ホテルの設立に関与したのは、近代国家として海外の賓客を迎えるための大型のホテルの必要性を、パリの「グラン・トテル」で感じ取っていたからであろう。

　ただ、残念なことに、渋沢は第二帝政時代のフランスの繁栄を象徴するカフェ＝レストランなどの外食装置にまでは関心を払わず、日本にカフェ文化を導入することはなかった。

　日本にカフェ文化がが根付くのは、1911年の「カフェ・プランタン」と「カフェ・パウリスタ」の開業以降のこととなった。

脚注

注1　「朝より夜までに食は2度茶は3度」と記している。当時はフランスでは6時に朝食（プティ・デジュネ：1度目の茶）、10～12時昼食（デジュネ：ここでは朝食）、夕方5～7時夕食（ディネ）で、その後に夜食（スペ：茶か？）をとる場合もある。もう一回は午後3時に茶か。

注2　グラン・トテル Grand Hôtel。現在は「カフェ・ド・ラ・ペ Café de la Paix」と共にインターコンチネンタル・ホテル・グループが所有。

注3　パレ・ロワイヤル Palais Royale。オルレアン公の館で、第4代オルレアン公ルイ・フィリップ・ジョゼフが館を改装。1784年に完成し、1階をカフェやブティック、2～4階をアパルトマンとして賃貸。当時パリ最大の繁華街になる。

注4　1676年にカフェ業者、レモネード業者、蒸留酒業者がギルド（カフティエ＝リモナディエ＝ディスティラトゥール Cafetiers-Limonadiers-Distillateurs）を結成した。ワインとテーブルを設えての食事の提供は既にキャバレ＝タヴェルヌ業者のギルド（キャバルティエ　＝タヴェルニエ Cabaretiers-Taverniers）が排他特権を得ていたため提供できなかった。

注5　カフェ＝レストランの標準的な構成は、サル（ホール）、数室の個室（サロン、

またはキャビネ）、ビリヤード室（19世紀に流行）。さらにパリ改造により歩道が整備されたためにほとんどの店はテラスを備えた。

注6　タヴェルヌ（中世以来の業種。革命前は食事とワインなどの蒸留酒を提供する特権を得ていた）、キャバレ（タヴェルヌと同じ、より大型の店が多い）、ガンゲット（郊外型のキャバレ。庭があり踊りできる）、エスタミネ（北フランス、ベルギー起源の小居酒屋）、アソモワール（小居酒屋。ゾラの小説『居酒屋』はアソモワール）。

注7　カフェとしてキャバレ、タヴェルヌなど40種以上の業種を挙げている本もある。営業認可の公式呼称はデビ・ド・ボワソン débits de boissons（酒類飲料小売店）だが、一般的に総称としてカフェという場合が多い。

注8　循環式と非循環式。パーコレーターは器具の下部に入れた湯を、蒸気圧で管を通して上部にあげ、上部の金属の受けに入ったコーヒー粉かけて抽出する。非循環式は一回だけ。循環式は自動的に抽出操作を繰り返す。

コーヒーフェスティバルを読み解く

文部科学省元分析官（本会コーヒーサイエンス委員長）　後　藤　　　裕

金城大学教授（本会金沢支部支部長）　廣　瀬　　　元

　コーヒーフェスティバルは全国各地で開催が年々増えてきた。しかし、2020年から新型コロナウイルス感染症の影響でその多くが中止を余儀なくされた。コロナ禍を経て再開の兆しはあるが、自宅でコーヒーを飲む人が8割という調査結果もある今、各地の開催情報がお知らせ程度に限られるため、あらためてフェスティバル開催の理由や地域との関係や特徴などから、フェスティバルについて読み解いてみた。

1．コーヒーの味わいははどこで飲むかで違う!?

　まず、コーヒーのコンテンツとコンテクストの関係性の話をしよう。例えば、自宅でコーヒーを淹れて飲むのがコンテンツで、喫茶店でお気に入りのコーヒーを飲んだり、フェスティバルに行きいろいろなコーヒー体験を楽しむのがコンテクストにあたる（**図1**）。

図1　コーヒーのコンテンツとコンテクスト

物理学者の寺田寅彦は「コーヒー哲学序説」（1948）で自宅でなく喫茶店の環境でこそコーヒーに期待する効果が生まれるとしている。また後藤・廣瀬（2019）では、フェスティバルは喫茶店と異なり、コーヒーをいろいろと味わえるだけでなく、人とつながる効果がある（アメリカの社会学者マーク・グラノヴェッターが唱える弱い紐帯の強み（日常関係を持たない人こそ自分の知らない新情報をもたらす）の機会となることを記した。コロナ禍で私たちが取り巻く状況や、その中で

の考え・行動やできることが大きく制約を受け、自宅で飲む（コンテンツ）がフェスティバル（コンテクスト）よりも優勢だが、フェスティバルという場が再開される理由などを考えてみよう。

2. なぜ人はコーヒーフェスティバルに行くのか

　コーヒーフェスティバルがこれほどまでに大衆に受け入れられている理由には、コーヒーの需要が高まりコーヒー好きの人が増えただけでなく、コーヒー豆の種類での風味の違いを体験したいことや、出店者から直接に煎り方や淹れ方の情報、多様化している飲み方を得られることなどがあろう。また、サードウェーブコーヒーの新しいコーヒーを試したい、同時開催のマルシェやワークショップなどを楽しみたいこともあいまって盛り上がっているようだ。

　では、ここで一つ質問しよう。次の3枚はどれもフェスティバルの写真だが、コーヒーフェスティバルと思うものを選んでみてほしい。

図2　3つのフェスティバルでのシーン（正解は124ページ下）

　少し難しいかもしれないが、ヒントは嗜好品ということである。嗜好品とは主に飲食物を指し、栄養をとるためでなく摂取時の心身の高揚感など味覚・嗅覚などを楽しむため、その人の好みで味わうものである。フェスティバルでは、数多くの出店の中から自分が選んだものが自分の好みに合うかどうかを確かめる飲み比べがその機会になる。3写真は、コーヒー、お茶、日本酒いずれも嗜好品で、種類や産地、製法によって風味が異なるものを飲み比べして自分の好みに合うかを確かめるという共通のシーンである。そもそも嗜好品のおいしさを定義するのが大変難しいのは、おいしさの基準が個人の主観に基づくもので、科学的な理論に裏付けられた客観的な視点から論じることが困難なため、嗜好品には飲み比べが必要なのである。自分のお気に入りのコーヒーを知っていれば、香りを楽しんでリラックスできたり、眠気を抑えたりパフォーマンスを向上させるなどの効果を期待して摂取したい時に飲むことができる。では、コーヒーの飲み比べのニーズがどれくらいあるかがフェスティバル開催必要性の一つの目安になる

と思うので、参考となる調査結果「2021年版コーヒー事情に関する調査レポート（出典：「New Innovations 調べ」）からの概要を示そう（図3）。

　自分自身のコーヒーの好みを把握しているかという質問に対し「把握しているとの回答が約7割」カフェでコーヒーを飲んだ時に味が自分の好みに合わないと感じたことがあるかという質問に対し「好みに合わなかったことがあるとの回答が7割弱」ということから、自分好みのコーヒーを知っている人が多いように一見感じられる。しかし、自分の好みに合うコーヒー豆を知っているかという質問に対し「約4割の人が知らないと回答」している。豆の購入時や喫茶店での注文時に店のおすすめや本日のコーヒーなどで決めているとしたら、実は自分好みのコーヒーに自信がないのではなかろうか。さらに、コーヒーについて詳しくなりたいと思うかという質問に「自分自身の好みを楽しめる程度に詳しくなりたいという回答が約4割」を占め、コーヒーをオススメして注文までできるアプリがあったら使いたいかという質問に「使ってみたいとの回答が7割弱」ある。また、トム・ヴァンダービルト（2018）に「自分が何

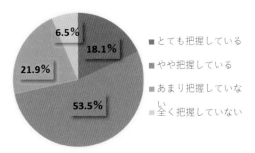

Q.自分自身のコーヒーの好みを把握しているか

- とても把握している
- やや把握している
- あまり把握していない
- 全く把握していない

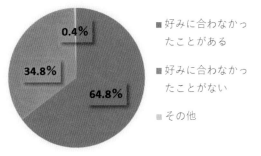

Q.カフェでコーヒーを飲んだ時に味が自分の好みに合わないと感じたことはあるか

- 好みに合わなかったことがある
- 好みに合わなかったことがない
- その他

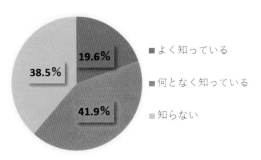

Q.自分の好みに合うコーヒー豆を知っているか

- よく知っている
- 何となく知っている
- 知らない

図3　コーヒーの好みの回答状況

を好きなのかわかっているつもりだが、わからないものが好きではないのははっきりわかる－好みは学習するものだ」とある。これらのことから、調査結果及び好みを学習するために、自分の好みのコーヒーを知る飲み比べの機会及び場としてのフェスティバルのニーズが高いことが判断でき、全国各地でコーヒーフェスティバルが開催されて多くの人が参加する理由の一端が判明した。

3. コーヒーフェスティバルでつくるものって何？

　筆者はこれまでいくつものコーヒーフェスティバルに出店[1]し、参加もしてきたので、出店者として行うことや参加者の体験などをイメージ図で示す。

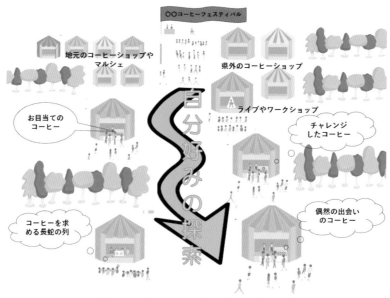

図4　コーヒーフェスティバルのイメージ

　地元と県外（地元外）のコーヒーショップの出店がいくつもあり、マルシェ、ライブやワークショップも開催され、数千人（多ければ数万人）もの参加者がある。出店者は、開催の場所や時期、天候などに配慮しつつ多くの人に自分たちのショップを知ってもらえるよう提供内容や展示方法を決め、こだわりのコーヒーを提供して顧客の感想や反応を得る機会になる。参加者の多くは、事前にお目当てのコーヒーを決めたり、当日長蛇の列の店に並んでみたり、飲んだことのない

コーヒーにチャレンジしたり、数多くの店のコーヒーから選択した飲み比べで、偶然の出会いの中で新たな発見を体験できることが醍醐味である。また、フェスティバルの賑わいや気に入った店の写真を SNS で発信したりしながら自分好みのコーヒーの探索やエンターテイメント性を楽しむ。そして、飲み比べ（見えるシーン）だけでなく、出店者と参加者間、参加者間で創り出されるもの（見えない価値）が、フェスティバル開催の成果や継続、開催地域のにぎわいなどの価値（共創 co-creation）につながる[2]。

　では、その共創をつくりだすイメージを、喫茶店・カフェの店主と顧客間の場合とフェスティバルの出店者と参加者間の場合で考察する。喫茶店・カフェと顧客の関係性は、顧客が主にコーヒーを飲むこと自体が目的でモノ消費と言われる。ただし、ビジネスパートナーとの関係構築や友人との情報交換などはコト消費にあたる。一方、フェスティバルでの出店者と参加者の関係性は、参加者がコーヒーを飲むことだけでなく、出店の背景やコーヒー情報などを得るために参加し、そこで得られる体験に目的があり、コト消費と言われる。また、フェスティバルの時にその場所でしか味わえない体験に重きを置けばトキ消費にあたるし、コーヒーの生産や造り手の情報に価値を置いたり、SNS で自分の体験を誰かと共有したり感動を誰かに伝えての共感に重きを置けばストーリー消費にあたるといった多様性がある。

　消費目的が異なる両者で創られるものの違いを想定してみると、フェスティバルの場合には、飲み比べという偶然の出会いの中に、選ばれた出店者と選んだ参加者間でコミュニケーションや笑顔が交わされ、参加者は自分の好みに合ったコーヒー発見の喜び、出店者はこだわった一杯で参加者との喜びの「共有」がある。また、出店者と参加者間で素材としてのいい豆と焙煎・抽出といった造り手の技からうまれたおいしさの「共感」につながる。その結果、参加者はショップをお気に入りに追加したり、出店者はショップやコーヒーのブランド化につながるなど、フェスティバル後の展開も期待できる。以上、喫茶・カフェとフェスティバルそれぞれの場合のイメージ図を図5、図6に示す。

　図6のフェスティバルでつくられる共創は、出店者と参加者間でおいしさを「伝えたい」と「知りたい」の会話からはじまり、感動や共感が深まることが共創のきっかけになる。例えば、参加者がコーヒー生産者から栽培の背景や生産過程での苦労を知ることで生産活動支援につなげられ（ストーリー消費）、発信された SNS で新しい客が呼び込まれれば売上アップやショップのビジネスチャンスにつながる（ネットワーク消費）。では、共創をより具体的に考察するために、

フェスティバルの開催状況を調べてみよう。

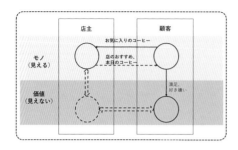

図5　喫茶店・カフェでの場合

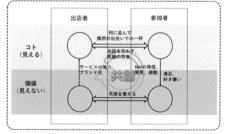

図6　フェスティバルの場合

4．全国のコーヒーフェスティバル調べ

　コーヒーフェスティバル情報はお知らせ程度に限られていて違いが分かりにくい。コーヒーのファンやマニアも開催の目的や地域、出店の特徴などが判らないと近場や同じものだけの参加にとどまって他に参加しようというモチベーションが働かないだろう。主催者もフェスティバルに「参加者の嗜好に合わせる」「独自性を持たせる」「ブランド力を高める工夫」などでコモディティ化を避ける必要があると考え、後藤・廣瀬（2019）でまとめたフェスティバルの調査を基に、以下に留意して再調査した。

　・2019年〜2023年8月に開催のもの中心にネットで調査した。

　・上記期間で同一のフェスティバル名での開催は最新のものを対象とした。

　・開催目的／テーマ、特徴（ユニークな点）が明らかなものに限り抽出した。

　表1（p128〜131）を眺めるとフェスティバルでは、人気のコーヒーショップが出店して試飲や販売、コーヒーに関する講演やワークショップの同時開催といった画一的に類型化されるものではないことがわかる。つまり、同じように見えても、地域に内在する文化、歴史、資源などを表出させることによって他との違いが表れてくる。フェスティバルでの出店者単位では自分の店の売れ筋や人気のコーヒーで競合と差別化を図り成果を得ようとするが、フェスティバル全体を考えると参加者をとりあうよりも、参加者の総数自体を大きくして人気を高められるのが成果と言える。また、参加者がコーヒーの味の違いがわかるようになれば、出店者もコーヒーのレベルを高めることが求められるので、参加者の味覚が経験で形成され満足度も高まるという好循環が起こる。そのスパイラルが店も参加者も繰り返し参加するモチベーションにつながることになろう。

5. ワードクラウドによる共創の分析

　日本コーヒー文化学会のホームページに、「全国各地で開催されているコーヒーフェスティバルは地域のコーヒー文化を映し出すひとつのムーブメントと言えましょう。コーヒーフェスティバルは、コーヒー愛好者が飲み比べで自分好みの風味の"コーヒーに出会う"、またコーヒーウェーブの流れの中でコーヒーショップが新しい"コーヒーと出会う"、つまり『コーヒーに出会う、コーヒーと出会う』共創イベント」とある。フェスティバルがつくるものをマクロ的に把握するために、可視化を試みた。可視化の方法としてワードクラウド（自然言語解析）[3] を用いる。この方法は、出現頻度が高いものやスコアが高いワードを複数選び出し、その値に応じた大きさでビジュアル化し全体像を把握するもので、データの可視化により、単なる数値や単語などでは伝わりづらいものが傾向や特徴を視覚的に伝えられる。表1の各フェスティバルの開催目的／テーマと特徴（ユニークな点）それぞれでスコアが高いワードが表示された分析結果を図7、図8に示す（単語の色は品詞の種類の違いで、青色が名詞、赤色が動詞、緑色が形容詞、灰色が感動詞を表す）。

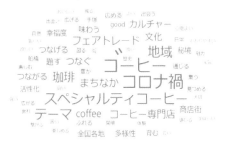

図7　開催目的／テーマのワーククラウド　　図8　特徴（ユニークな点）のワーククラウド

　ワードクラウド結果を眺めると、図7の大きな文字として「コロナ禍」「コーヒー」「スペシャルティコーヒー」「テーマ」が、図8では先の4つのワードに加え「ロースター」「焙煎」がスコアの高いワードに示される。これらのワードはフェスティバル開催に直接関わるワードとして理解でき、多くのフェスティバルがコロナ禍に注意を払いながら開催され、人が立ち寄れる（集客）、人気があるロースター（焙煎業者）の出店、特にスペシャルティコーヒーの提供が重視されていることがうかがわれる。次に大きな文字として図7では「地域」「文化（カルチャー）」「フェアトレード」が、図8では「SDGs」が、また両図に共通して「珈琲」「つながる・つなげる」がスコアの高いワードに示される。このうち、「フェアトレード」や「SDGs」は、参加者に伝えたい社会的なテーマや店が配慮する

表1 全国コーヒーフェスティバル一覧

	開催市町村	フェスティバル名	開催月日
1	北海道稚内市	WCF わっかないコーヒーフェスティバル	2023.6.17,18
2	青森県青森市	AOMORI COFFEE FESTIVAL	2022.10.22,23
3	青森県弘前市	珈琲の街ひろさき	通年
4	岩手県盛岡市	盛岡珈琲フェスティバル	2023.7.15~17
5	宮城県仙台市	SENDAI COFFEE FES	2023.6.10,11
6	福島県福島市	THE COFFEE's Chapter 1〜流伝〜	2023.5.27,28
7	福島県猪苗代町	AIZU COFFEE TIME！	2022.5.22
8	茨城県つくば市	つくばコーヒーフェスティバル	2020.11.14,15
9	栃木県栃木市	栃木コーヒーフェスティバル　in OYAMA	2020.10.25
10	栃木県大田原市	OHTAWARA COFFEE FESTIVAL	2019.1.26
11	埼玉県川越市	川越コーヒーフェスティバル	2022.12.10,11
12	埼玉県越谷市	珈琲の日 - こしがや珈琲街道	毎年 3.1
13	千葉県船橋市	船橋コーヒーフェスティバル	2019.11.21~26
14	東京都渋谷区	TOKYO COFFEE FESTIVAL	2019.10.19,20
15	東京都千代田区	coffeecollection nishiki-cho	2023.5.3,4
16	東京都墨田区	Sumida Coffee & Sweets Festival	2023.2.26
17	東京都台東区	COFFEE TRIP by hygge market	2023.4.5~10
18	東京都武蔵野市	中央線コーヒーフェスティバル	2023.4.22,23
19	東京都狛江市	珈琲参道	2023.5.5,6
20	神奈川県横浜市	YOKOHAMA COFFEE FESTIVAL	2022.10.23
21	神奈川県茅ヶ崎市	Takasuna Greenery Coffee Festival vol.2	2023.5.4
22	新潟県新潟市	NIIGATA COFFEE FESTIVAL	2020.5.16,17
23	石川県金沢市	金澤コーヒーフェスティバル	2023.5.27,28
24	福井県福井市	Fukui Coffee Festival	2022.10.1,2
25	長野県飯田市	IIDA COFFEE FESTIVAL &kawaraichi	2022.10.23
26	長野県大町市	Nagano Coffee Festival	2022.10.29,30

開催目的／テーマ	特徴（ユニークな点）
庶民が初めてコーヒーを口にした街、稚内のコーヒー文化を大切にする。地域の商店街、喫茶店を活性化。	独自の WCF ブレンドの提供。白夜映画祭とコラボしオールナイト開催。
「コーヒーで地域を元気にする」をテーマに若者の力で商店街を活性化し、地域でフェスを継続する。	コロナ禍救済策「AOMORI 未来チケット（事前購入で使用時はプラス）」。リユースアオモリカップ配付しゴミ削減配慮。
苦くて薫り高い「弘前珈琲」は地域のテロワール（その一杯にひろさきの歴史あり）を育む。	幕末に薬とされた「藩士の珈琲」を再現した珈琲が飲める喫茶店をコーヒーマップで探索できる。
珈琲をきっかけに人が集う街「盛岡」に。地域で出会いの輪が広がり互いがつながって欲しい。	営業実績が 5 年以上と 5 年未満との枠を設け、県内外から多様な自家焙煎コーヒー出店者を揃える。
東北のコーヒーを東北の人が楽しみ、地域の経済循環やコミュニティが生まれる「LOCAL FIRST」がテーマ。	自分の好みのコーヒーを見つけたり、コーヒー好きになってもらえる場にする。
多くの人に福島のコーヒーカルチャーやその地域で繋がるカルチャーを伝えたい。	ボランティア、出店者、顧客、ゲストら会場にいる全ての人でエンターテイメントをつくる。
コーヒーのある暮らしがより豊かになり、地域や人の出会いが広がること。	コロナ禍のため「おうちでコーヒータイム」に配慮し、従来より少し規模を縮小して開催。
「つくばとスペシャルティコーヒー」がテーマで地域のコーヒー文化を広げる。今回はオンラインで楽しめる内容にする。	つくばコーヒーマップや笠間焼カップなどをつくり、オンライン開催の一部をクラウドファンディング支援を受ける。
コーヒー文化を栃木で味わいマルシェと共同開催（コロナ禍のため別会場）。	コロナ禍のため店舗間の距離をとって大通り沿いに店舗を配置。
コーヒーで笑顔を届け、地域の人と人をつなぐ触媒や潤滑油になる。	市が移住・定住促進に力を入れ都心でコーヒーの街、大田原をアピール。県北、栃木県全体の魅力発信につなげる。
小江戸と呼ばれる川越の歴史的景観や独自の地域文化の中で「大切な人と飲む一杯」	フェスティバル時だけでなくコーヒー体験を身近にという目的で 2019 年からオープンスクール「川越コーヒー大学」開始。
宿場町のたたずまいが残る地域でゆったりとした時間を過ごす目的で開催。コロナ禍だが再開。	2021 はスタンプラリー継続で珈琲の日パスポートキャンペーンを、2022 は熊谷の talking place and coffee に参加。
「コーヒーで笑顔あふれる街」をスローガンに「船橋コーヒータウン化計画」として実施。	東武百貨店船橋店内で生演奏やコーヒーセミナーなども同時開催。
1 杯のコーヒーの裏側の生産者やロースター、バリスタの活動を広め、コーヒーと社会との関係やコーヒー文化を探求。	世界のコーヒー文化、注目のロースター紹介。リユースカップ、サトウキビストローの導入等サスティナビリティ配慮。
先人が築いた日本のコーヒー文化を進化させ未来へと繋ぐ。今回は「シングルオリジン × 世界基準」に加え「精製方法」がテーマ。	カップ一杯のコーヒーまでのすべての過程で「こだわりと情熱」をもって作られたコーヒーを審査し合格した店を揃えた。
そよかぜつながるフェス。一杯のコーヒーから「すみだ」の心地よい風景を旅するように感じる。	丁寧な自家焙煎技術やとことん追求したオリジナルフードなど、製造業で発展してきた「すみだ」らしく職人気質の店を揃えた。
全国各地のコーヒーを通じ、その地域の人と出会いつながる。hygge（居心地良い）旅気分を味わう。	会場内で各地の人気焙煎士と会話を楽しみながらコーヒーの魅力を感じられるようにする。
沿線のコーヒーショップと住民がコミュニケーションでつながり、地域の魅力を大切にする。	地元マーケットから JR と共催に展開し沿線密着型で開催。沖縄のコーヒー農園も出店し生産者との話ができる。
400 年以上の歴史ある泉龍寺の天然水で淹れたコーヒー。駅前 × 自然 × お寺 × 珈琲 の組合せで非日常体験。	泉龍寺の庭でのお茶会やコーヒーと音楽が楽しめる。
スペシャルティコーヒー文化の醸成のため、個性豊かなコーヒーを楽しみ、人と人をつなぎ、横浜のコーヒー文化を浸透。	「新しいコーヒー体験提供」「作り手と飲み手がつながる」「スペシャルティコーヒーで SDGs 貢献」。音楽フェス同時開催。
コロナ禍で人々の意識が「日常」や「地域」により強くなった今、本とコーヒーを片手に地域の日常にふれる。	茅ヶ崎の特徴の松林に囲まれた緑豊かな環境で、茅ヶ崎らしいつながりや、地域の日常にふれる。
農園から私達に届くコーヒーのストーリーに思いを馳せ、地域を大切に思い、活き活きと丁寧に暮らす人が増えること。	各出店者が入れ替わりで行うトークやワークショップ等を行う。
食の都といえる金沢がもっと多様性にあふれ、コーヒーでつながる「日本イチのコーヒーの街にしたい！」の思いで企画。	全国トップロースターのコーヒーを飲み「コーヒー 2050 年問題」を一緒に考える。クラウドファンディングで支援受ける。
幸福度ランキング 1 位の福井の人にコーヒーの魅力を通して、小さな幸福度を見なおす機会を作る。	県内循環型のこのイベントを通じ、集客や新たな観光価値、地域の産品販売といった産業振興につなげる。
つなぐ・つなげる・サスティナブル。地域のコーヒー文化を盛り上げる。	今年は コーヒー × カレー × アウトドアとして CCC JAMBOREE で開催。
コーヒーを通して、長野県の自然の豊かさや水の美味しさとその魅力を広める。	共通の豆と水を使って各店舗が焙煎や淹れ方で味の違いを提供する。今回は北アルプス山麓「大町市の水」。

27	岐阜県岐阜市	Yanagase COFFEE COUNTER	2023.3.4,5
28	岐阜県恵那市	enacoffeefestival	2022.10.29
29	静岡県静岡市	Good Coffee Fest@SHIZUOKA 2022	2022.10.8~10
30	静岡県浜松市	浜松ローカルコーヒーフェス	2022.11.27
31	愛知県名古屋市	コーヒー・サミット	2023.5.27
32	愛知県名古屋市	珈琲博覧日	2022.10.22
33	愛知県東三河	東三河モーニング街道	2022.11.1~ 2023.3.31
34	三重県鈴鹿市	Japan Coffee Festival 2019　in 鈴鹿青少年センター	2019.11.30~12.2
35	京都府京都市	ジャパンコーヒーフェスティバル　in 宇治市植物公園 2022・秋	2022.11.26,27
36	滋賀県長浜市	水のジャパンコーヒーフェスティバル 2022 in 木之本	2022.10.8,9
37	大阪府大阪市	GOOD COFFEE FEST @ HANSHIN	2023.6.14~19
38	大阪府大阪市	Today's coffee festival	2019.11.2,3
39	大阪府岸和田市	KISHIWADA COFFEE FESTIVAL	2022.11.20
40	大阪府貝塚市	貝塚の歴史的街並みでジャパンコーヒーフェスティバル	2023.5.26~28
41	兵庫県神戸市	ジャパンコーヒーフェスティバル 2020　in 神戸煉瓦倉庫	2020.1.27~2.2
42	兵庫県宝塚市	ジャパンコーヒーフェスティバル 2022　in 宝塚～手塚治虫と珈琲～	2022.11.3~6
43	和歌山県高野町	高野山とふもとジャパンコーヒーフェスティバル 2023・春	2023.4.15,16
44	鳥取県鳥取市	ジャパンコーヒーフェスティバル 2022　in 鳥取砂丘コナン空港	2022.9.17,18
45	山口県山口市	山口コーヒーフェスティバル	2023.4.22,23
46	徳島県万代町	ジャパンコーヒーフェスティバル 2022　in 徳島 アクア・チッタ	2022.10.21~23
47	福岡県福岡市	フクオカコーヒーフェスティバル	2023.4.22,23
48	福岡県福岡市	九州アジアコーヒーフェスティバル	2023.8.2~7
49	佐賀県佐賀市	SAGAN COFFEE FESTA	2023.3.12
50	鹿児島県鹿児島市	カゴシマコーヒーフェスティバル	2020.11.7,8
51	沖縄県宜野座村	OKINAWA COFFEE FESTIVAL 2019 feat.TAIWAN	2019.3.9,10
52	沖縄県那覇市	沖縄コーヒーサミット 2020	2020.2.16
53	沖縄県沖縄市	OKINAWA COFFEE NUMA DAY	2023.1.15

シングルオリジンが注目される中、変わらずにあるブレンドの魅力を昭和の雰囲気が変わらずにある柳ケ瀬商店街で味わう。	食のスペシャリストとして、出店者が主観的にそれぞれのブレンドの魅力を語る。
同時開催の恵那駅前商店街に元気を取り戻す「恵那まちなか市」では「まちなかハロウィン」と題し仮装参加で楽しむ。	初のコーヒーフェスティバルは恵那まちなか市のイベントの一環で同時開催し、地域のみなと楽しむイベントになっている。
スペシャルティコーヒー専門サイト Good Coffee がコーヒーの多様性やカルチャー等を広げるため全国各地で開催。	国内の著名なロースターを招致し、静岡を中心とした中部圏のコーヒー好きに高品質なコーヒーを提供する。
浜松中心の個性的なカフェが集合し、家族みんなで楽しめるイベント。持続可能な社会を子供と共にわかりやすく学ぶ。	浜松の養蜂家も集合。抽出後のコーヒー滓のゴミやペットボトル処理などエシカルなワークショップあり。
世界フェアトレード・デイなごやの一環で「フェアトレードを生活にブレンドしよう」をテーマにこだわりのコーヒーを味わう。	珈琲博覧日 2023 のプレイベントとして「手網焙煎体験＆コーヒーかすコンポストづくり」も当日実施。
「コーヒーの多様性」をテーマに消費者と自家焙煎店やカフェを結ぶ年 1 回のイベント。	好みのコーヒーを淹れたりコーヒーや人とつながる。スペシャルティコーヒーやコーヒーのアップサイクルを学ぶ。
東三河地元の味を生かした「モーニングサービス」を提供しての元気な地域づくり。	東三河 5 市加盟店舗をスタンプラリーで巡り、地域の喫茶店の活性化を図る。
鈴鹿青少年センターが今後活気溢れる場所となるための社会実験で「新しい発想を生む」がテーマ。	この建物を含む公園をどのように活用したらよいか検討されており、新たな発想を期待して開催。
「植物と珈琲の色と香りの共演」をテーマに、植物園でコーヒーが種からコーヒーの飲み物になるまでの過程を見つめ直す。	持続可能性と言われる現代で植物や土といった自然からの恵みについて植物園を歩きながら立ち止まって考えてみる。
水と共生してきた街、木之本と共に液体としての珈琲の味わいを通じ水の大切さに気づく。	きのもと北国街道・地蔵坂周辺には水を扱う酒蔵や醤油蔵も多く、古い日本の様式を数多く感じられる地域で開催。
「Good Neighbors, Good Coffee. 地域で愛されるおいしいコーヒー」がテーマ。	作成した「NEIGHBORHOOD MAP」を利用して会場だけでなく 1km 圏内にあるコーヒーショップも立ち寄れる。
コーヒーを通じ環境・生活をよくするを全員で考え、「coffee philosophy- 未来へ繋がるコーヒーとは -」がテーマ。	「国産コーヒーの今」「コーヒーと SDGs」「コーヒーと創造的革新～非酸化珈琲、プラセンプラス珈琲～」等トークも重視。
「コーヒーを楽しむ・コーヒーを体験する」がテーマ。	「コーヒーのある風景」がテーマのフォトコンテストを開催し、人と人がつながるよう企画。
歴史ある建物の長い「時」を感じながら、街並みの風景や地域の人の流れ、出会いを楽しむ。	江戸時代からの建物の「時」を重ねた街中に点在する珈琲屋のコーヒーを飲み比べる。
レトロモダンな空間の中で「歴史ある世界観について本と珈琲を通して味わう」。	珈琲と本を通じて、神戸煉瓦倉庫の大切さと 100 年以上の歴史ある出展者が 1 冊を選び渾身の一杯を提案。
異文化コミュニケーションや自然への眼差しを手塚作品から、珈琲を自然の恩恵から理解する。「手塚作品と珈琲」がテーマ。	手塚治虫記念館と宝塚市文化芸術センター内で手塚作品と珈琲の親和性を感じる。
「電車で巡る秘境の道」がテーマで、秘境をテーマにしたコーヒーで非日常を体験する。	沿線の各会場の個性と出店コーヒーの個性が混ざり合い、変わった趣を盛り上げる。
「飛行機と珈琲」がテーマ。空港での飲み比べで新しい珈琲と偶然の人と出会い、自然とコミュニケーションが起こることを期待。	おそらく世界初の空港内開催。設けたブースで店主とコミュニケーションしながらコーヒーの異なる味と香りを楽しむ。
県内各地のこだわりのコーヒー専門店をつなぎ、店同士のレベルアップを図り、地域の活性化につなげる。	山口県内、福岡・広島市の有名ロースター 10 店舗以上が出店。
「徳島県をイメージした珈琲」がテーマ。四国地方で初開催で、徳島のコーヒー文化に触れる。	コーヒーを通じてゆっくりと過ごし、開催地の今後の発展を感じる。
「心に残る 1 杯と出会う春の公園散歩」がテーマ。人気のコーヒー専門店が集結する九州最大のコーヒーの祭典。	市の水道事業が 100 周年を迎えて水に関するトークとのコラボ企画。
30 年前に九州のコーヒーレベルを高める活動を始め、九州のコーヒー文化をアジアにという想いを実現。	九州 7 県、韓国、台湾、タイの 3 国から選ばれたコーヒーショップ が出店する。
「ホッと一息、明日の元気」がテーマ。	みんなの「ホッと一息ストーリー」を写真アップしてつながりを作る。
県内の素敵な店を知ってもらい鹿児島を盛り上げたい。コーヒーの魅力でたくさんの人を繋ぎ幸せを感じられる社会を作る。	県内で湾を挟み薩摩と大隅と分かれているので、両方での開催を計画中。
沖縄県内のコーヒー文化を牽引している珈琲店が発起人となり、台湾のコーヒーシーンとのコラボ。	双方交流を目指し、沖縄県内と台湾の各店舗が 1 軒ずつペアになり一緒のブースでコーヒーを提供。
「沖縄コーヒーの可能性と魅力を発信！」をテーマに国産コーヒーの産業化への取り組みを産学官で意見を交わす。	近隣国の生産事情や珈琲植木市などコーヒー栽培地ならでのトークや実演などで沖縄コーヒー文化の発信。
県内外から出店のコーヒーを楽しめ、生産者の生の話も聞けて希望者には農園ツアーもある。	コーヒー好きからマニアまで楽しめるよう、コーヒー検定で知識を増やせたり抽出の競技会が開かれる。

事項に挙げられたと考える。これらの考察結果から、共創に大切なワードを「人（つながる・つなげる）」「地域」「文化」の3つに総括することとした。なお、ワードクラウドはあくまで単語レベルでの可視化で直感的に全体を印象付けられるが、その3つのワードがどういう文脈で使われているかは必ずしも明確でないことに留意しなければならないため、3つのワードを軸にして表1で共創の事例として重要と思われるものを次に抽出することとした。

6. コーヒーフェスティバルを共創から読み解く

　共創には2つのケースを考える必要がある。一つはフェスティバル開催時の短期的な共創が、もう一つはフェスティバル開催を契機としての中長期的な共創である。前者の共創では、コーヒーショップは顧客獲得や出店間で交わす新しいコーヒー情報、参加者は好みのコーヒーや新しいコーヒーに出会える。また主催者は店の混雑具合や参加者の人数や反応などから開催の成功度合いや課題などに気づける。また、後者の共創では、主催者がステークホルダー（共催／後援者、自治体、コーヒーショップ、同時開催関係者ら）間でフェスティバル開催後により連携が強まり次回開催や開催内容の充実、また周辺喫茶店や商店街店主らと結びつきが深められて、地域の活性化に寄与することが期待される。ここで2つの共創を表す図9について説明を加える。

　フェスティバルの共創は「人」「地域」「文化」の3軸で構成され、相互関係があるのでグレーの円でつないだ。フェスティバル開催時の短期的な共創（□）はグレーの円内側に、フェスティバル開催後の中長期的な共創（▨）はグレーの円外側に表記し、両者を矢印で結び付けた。表1から抜き出した特徴的な10事例について各事例が重視する内容を判断して、グローバル型、ローカル型、トポス型、コンステレーション型の4共創型にグルーピングした。

　また、類型ごとの共創内容の比較や各型をまとめるに際し、代表的なフェスティバル動画（QRコード）で雰囲気を感じてもらえれば理解しやすいと考えて表2（p134）に加えた。

　4共創型以外で周知されるべきユニークな事例も他にも存在するはずだが、ここではクラウドファンディングの支援を受け開催した事例について補足する。コーヒーフェスティバルに関してのクラウドファンディングは、フェスティバル実行委員会がインターネットを通じて自分たちのアイデアを発表して不特定多数に資金提供を呼びかけるもので、以下の例でも実行委員メンバーが読者の気持ちを揺り動かしたい想いをいろいろと書いている。

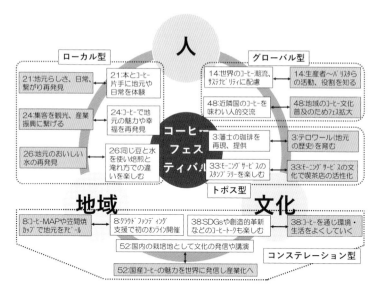

図9　共創のグルーピング

・8つくばコーヒーフェスティバルの初オンライン開催
・23金澤コーヒーフェスティバルの初開催
・24福井コーヒーフェスティバルの初開催

　特に、フェスティバル開催の目的や特徴などを知って参加できるので、開催時に店からコーヒーを提供されるだけの受動的な立場から、共にフェスティバル開催の主体的な立場になり、支援時点で共創がはじまっていると言える。

　次に、フェスティバルの特徴について触れる。人気の店やコンテスト優勝バリスタらを招くことだけに力点を置くのでは意味がないだろう。その地域の特色がなくどこでも味わうことが出来るからだ。地元の自然や特色が伝わる地域密着型のフェスティバルづくりが大切と考える。そのためには地域ならではのストーリーづくりが必要で、そのことを知って参加してもらうためにクラウドファンディング利用は有効な手段と言えよう。

　さらに、地域との関係で重要なフェスティバル開催場所に触れておきたい。毎年同じ場所での開催だけでなく、違う場所で開催される場合はフェスティバル開催後の共創は困難なように思われるかもしれない。ただ、Japan Coffee Festivalが主催するケースのように、開催場所ごとに地域とモノ・コト、コーヒーをつなげるストーリー性を持たせ計画しておけば、違う場所または初めての開催でも共創が期待できそうだ（35、36、40、41、42、43、44、46）。

表2 グループ別の共創内容例

類型【代表例のQR】	共創型に共通する事項	図9に挙げた各フェスティバルの概要	類似例番号
グローバル型【14の2019年動画】	フェスティバルが世界（国外）のコーヒーショップとも広域交流することからグローバル型とした。コーヒーは人が育て人が造るものと再認識できる場とすると同時に地域のコーヒー文化をアピールする。	14は、日本最大級のコーヒーイベントである。様々な土地のコーヒー文化を感じ比較することで、地元のコーヒーの新たな面白さに気づける場であると同時に広い視野からコーヒーを通しての環境問題にも配慮している。	15、23、29
		48は、地域独自のコーヒーのアピール、文化普及のため近隣国のロースターも出店するようにして双方交流を図っている。	51
ローカル型【24の2022年動画】	フェスティバルが地元のコーヒーショップが中心となり地元の活性化などに資することからローカル型とした。出店者が提供するコーヒーを介して、水や自然など地元にある資源に気づける場であると同時に地元のその魅力をアピールする。	21は、コロナ禍を逆手にとって普段気づかない地元の日常や環境にあらためて気づくフェスティバルとするため、本とコーヒーを片手にまち歩きしながら非日常より日常を体感する。	16
		24は、フェスティバルを同時開催のイベントで盛り上げ楽しめる場とし、その気づきから地元やまちなかの活性化を目指す。	1、28
		26は、コーヒーに不可欠な水を地元の資源として見直し、その水で淹れておいしさを味わう体験は自然の恩恵を再意識する機会となる。	19、36
トポス型【3コーヒー再現動画】	フェスティバルが地域のコーヒーの歴史や食文化を反映していることからトポス型とした。地域のコーヒー文化を映し出す場であると同時に歴史的背景を活かし地域の喫茶店に還元する。	3は、歴史上コーヒーのトピック的な事柄を大切にして地域のコーヒー文化の特徴としたり、独自のコーヒーで当時を味わう体験をする。	1
		33は、今でも引き継がれる食文化を行政単位でなく歴史・文化単位のモーニング街道として喫茶店が協力し、業界やまちづくりを盛り上げる。	
コンステレーション型【38の2019年動画】	フェスティバルがコーヒーを介して人と様々なつながりをつくることをめざすとしてコンステレーション型とした。コーヒーによる人と人のつながりを通して課題をともに感じ考える場であると同時に人や社会と現在と未来などに関わっていこうとする。	8は、コロナ禍で元気出そうとクラウドファンディング支援で初オンライン開催。作成したコーヒーマップを使いショップ巡りで新たな店とに出会う。	23、24、37
		38は、コーヒーの提供だけでなく、コーヒーを介して環境や生活が良くなるようフェアトレード、SDGsや全く新しいコーヒーのトークで社会的関心を高める。	14、30、31、32
		52は、国産コーヒーの生産・加工・販売までの6次産業化を目指し、コーヒーのステークホルダーがそれぞれの立場から交流を行う。	53

　トム・ヴァンダービルト（2018）に「趣味は人とは違っていたいと強く思うときに変わり、また人と同じになろうとするときにも変わる。集団は趣味をほかの集団に『伝播』させるが、趣味そのものが集団を形成させもする。」とある。「趣味嗜好」という四字熟語があるが、個人的に心惹かれ好ましいと思えるものごと

の意味で、趣味と嗜好とは同じような意味合いで使われることが多い。そこで、先の一節で、「趣味」を「嗜好」に変えると「嗜好は人とは違っていたいと強く思うときに変わり、また人と同じになろうとするときにも変わる。集団は嗜好をほかの集団に『伝播』させるが、嗜好そのものが集団を形成させもする」というフレーズに変わるがどうだろうか？　いろいろと分析・考察を試みてきたが、このフレーズとの偶然の出会いによってコーヒーフェスティバルのもう一面が読み解けたように感じた。また、山極壽一（2021）に「コロナ後の社会に必要なことは、地域の個性ある文化をしっかりと支え、それらの文化をつなぐプラットフォームを共通の倫理の下に立ち上げることだ。そこで不可欠なのは社交の復活と嗜好品の新たな役割である。嗜好品は個人の苦悩を軽減させるとともに、集団への帰属意識を高める作用がある。その機能をコミュニケーションとしてさらに高め、社交の場を作ることが必要になる。」とある。この一節での文化にはコーヒー文化も含まれるし、コーヒーフェスティバルはプラットフォームとしての側面も有している。この2著書からの示唆は、コロナ禍での分断からの再生のために、コーヒーフェスティバルによる「人」「地域」「文化」をつなぐ役割が大切なことと同義と受けとめられる。

　最後に、フェスティバルはコンテクストと図1で説明したが、18中央線コーヒーフェスティバル出店での実例を紹介する。ほとんどの店が豆の種類や煎り方などを謳い文句にする中で、Vital Coffee は「世界初の非酸化コーヒー」のアイキャッチで勝負した。水素焙煎した豆は酸化しにくく通常より鮮度が長持ちし、冷めてもおいしいとアピールしたのである。いざ、フェスティバルが始まると、2日間とも長蛇の列ができた。順番待ちの間に焙煎方式や風味などを説明できたので、それを頭に入れ試飲した客たちは納得して味わえただろうし、何人も

図10　コンテクストでの成功事例

再度並ばれるの見つけた時には造り手の価値に共感していただけたと嬉しく感じた（図10）。フェスティバルでは、好奇心をくすぐる見せ方や一度は試してみたいというコンテクストが共創につながり得ることを示した。そんな事例や偶然の

出会いを楽しもうと、読後に「そうだフェスティバル、行こう」という気になられたら本当に幸いである。

註

1) 国内のみならず韓国釜山市で開催された田浦コーヒーフェスティバル 2018 に㈱ビタルコーヒーが出店し「非酸化コーヒー」などを提供し人気を博した。この概要は「コーヒーのサイエンスとカルチャーでの日韓交流」『珈琲と文化』No.112、pp50-56 にまとめている。

2) 小林哲（2021）に「嗜好品的世界において、嗜好品および嗜好品的製品と上手く付き合いながら、皆が嗜好品的消費を享受するには、自らの嗜好のみならず他者の嗜好も促す「学習」「自制」「寛容」が、ますます重要になると言えよう。」とある。

3) User Local テキストマイニング（ https://textmining.userlocal.jp/ ）で分析した。

参考文献・参考情報

オチャ ニューウェイヴ フェス 2023　https://jinnan.house/blogs/event-exhibition/onwf-at-jinnan-house-2023

金澤コーヒーフェスティバルのクラウドファンディング　https://camp-fire.jp/projects/view/649616

㈱ New Innovations「2021 年版　コーヒー事情に関する調査レポート」https://newinov.com/news/1682/

小林哲（2021）「嗜好品の拡張世界」『嗜好品文化研究』第 6 号、特集 1 嗜好品のビジネス、pp3-15

後藤裕・廣瀬元（2019）「コーヒーフェスティバルに関する一考察」『コーヒー文化研究』No.26, pp52-62

諏訪正樹（2019）「二人称的（共感的）関わり - 共創現象を解く鍵」『共創学』Vol.1、pp39-43

つくばコーヒーフェスティバルのクラウドファンディング　https://readyfor.jp/projects/tcf2020

寺田寅彦（1948）「コーヒー哲学序説」https://www.aozora.gr.jp/cards/000042/files/2479_9658.html

デロンギ・ジャパン㈱「コロナ禍でのコーヒーの飲用調査 2021 年度版」https://dime.jp/genre/1249214/

トム・ヴァンダービルト（2018）『好き嫌い—行動科学最大の謎—』早川書房

ビタル企画　https://vitalcoffee.net/

福井コーヒーフェスティバル https://camp-fire.jp/projects/view/596209

平安日本酒フェスティバル 2019　https://chiko919610.blogspot.com/2019/09/2019.html

山際壽一（2021）「未来の嗜好品とは何か」『嗜好品文化研究』第 6 号、特集 2 嗜好品（文化研究）の未来、pp120-125

世界の希少豆を求めて

アタカ通商㈱取締役（本会社会人文科学委員長） 上　吉　原　和　典

　ブラジル、ベトナム、コロンビア、グアテマラ、エチオピア、インドネシアは、日本に輸入されているコーヒー生豆上位国で、誰もが知っている産地であるが、今日はあまり知られていない産地の希少豆について書いてみることにする。

　現在、世界中からコーヒー生豆を輸入しているが、あまり知られていない産地に目を向けてみると面白い。アメリカのコーヒー産地といえばハワイコナが有名だが、カリフォルニアでも近年コーヒー栽培が行われている。イギリス、フランス、スペインでもコーヒー栽培が行われている。イギリスはセントヘレナ島、フランスはニューカレドニア、スペインはカナリア諸島がある。

1. イギリス領セントヘレナ島

　イギリス領セントヘレナ島は、アフリカ大陸から1840キロ離れた南大西洋に浮かぶ絶海の孤島であり、ナポレオンが幽閉された地として有名だ。現在は、南アフリカのヨハネスブルクから旅客定期便が週二で運行されているが、2006年に買付けを始めた頃は、ケープタウンからの定期便貨客船しかなく、片道に5日かかっていた。セントヘレナ島へ農園視察に行こうものなら、最低でも3週間は必要だった。当然ながら現地へ行ったことはない。

バンブーヘッジ農園

こんな絶海の孤島だが、その昔、日本人が訪れていた。1584年、ローマへ向かう途中の天正遣欧少年使節である。コーヒーがセントヘレナ島に持ち込まれる150年も前の話だ。

かつてコーヒー農園を所有していた東インド会社の記録によれば、1733年にイエメンのモカ港からこの島にコーヒーが持ち込まれ、バンブーヘッジ地区でコーヒー栽培が始まったとある。現在、セントヘレナ島では、2ヶ所でコーヒー栽培が行われている。セントポール地区にあるローズマリーゲート農園と、サンディーベイ地区にあるバンブーヘッジ農園とランガムス農園である。

ここで、セントヘレナ島とコーヒーの関わりについてみてみよう。

1733年2月10日、イエメンのモカ港から出港したイギリス東インド会社の所有船「ホートン号」が、セントヘレナ島に大量のコーヒーチェリーを運んできた。苦労して持ち込んできた記録はあるが、それから80年間近く姿を消してしまう。

オランダやフランスは植民地コーヒー栽培に成功したが、イギリス東インド会社は、換金作物としての価値を

セントヘレナコーヒー　タイムライン	
1502年	セントヘレナ島発見
1584年	天正遣欧少年使節寄港
1588年	ポルトガル領有権主張
1633年	オランダ領有権主張
1659年	イギリス東インド会社が植民地とする
1673年	オランダ占領後、イギリス奪還
1733年	2月10日コーヒー伝播
1815年	10月16日ナポレオン到着
1821年	5月5日ナポレオン没
1839年	GWアレクサンダーがロンドンへ送ったコーヒーが大絶賛
1845年	セントヘレナコーヒー、ロンドン市場で最高値つく
1851年	ロンドン万博でプレミア賞受賞
1871年	セントヘレナ島財政破綻危機
1874年	コーヒー栽培から亜麻栽培へ転換
1930年代	島内需要に応えるためコーヒー輸入
1962年	セントヘレナコーヒーに未来はない、と植民地総督報告書に記載
1989年	初めて3トンを輸出
1991年	ジル＆ビル・ボルトン夫妻入植
1994年	デヴィッド・ヘンリー入植
2000年	18エーカーでコーヒー栽培
2005/2006年	農園労働者の賃金上昇
2008年	デビッド・ヘンリー離島
2009年	ソロモン＆カンパニーが農園継承
2010年	セントヘレナトレーディング参画
2011年	バンブーヘッジ農園初ロット
2019年	干ばつのため収量激減
2021年	クロップは回復し、日本、ドイツ、ベルギー、ルーマニア、フランス、アメリカ、イギリスへ輸出
2023年7月	380キロが空輸

見出さなかったのだろう。記録に再び登場するのは、1814年サンディーベイ地区のバンブーグローブで発見された、花や実を付けた野生化したコーヒーノキだった。その翌年1815年に、ナポレオンがセントヘレナ島に到着する。

幽閉されたナポレオンは、1815年10月から1821年5月に亡くなるまでの6年間を、セントヘレナ島のロングウッドハウスで過ごした。コーヒー好きであった

といわれる元皇帝は、セントヘレナコーヒーをたいそう気に入り、「セントヘレナ島でいいものはコーヒーだけだ」と言ったとか、言わなかったとか。

　ナポレオンの死後、ロングウッドハウスは、イギリス東インド会社に戻され、王室財産になったが、1858年に有償でフランス政府に引き渡された。現在は、フランス政府が所有する博物館となっている。

　1839年、バンブーヘッジ農園の所有者だったジョージ・ウィリアム・アレクサンダーが、ロンドンのコーヒー仲買業者であるウィリアム・バーニー＆カンパニーにサンプルを送った。この業者はこのサンプルを「素晴らしいフレーバーとクオリティーのコーヒーである」と大絶賛。その品質の高さから、1851年に開催された第一回ロンドン万国博覧会のクリスタルパレスで、プレミア賞を受賞した。

　1860年代になると、イギリス東インド会社は、コーヒー栽培からリネン栽培へとシフトしていった。船舶艤装用ロープとしての需要と利益率が高いリネンは、主要輸出産業として、1950年代まで島の経済を支えたのである。コーヒー栽培は規模を縮小しながら続けられたが、地元需要に応えるためには生産量が足らず、輸入して対応していた。

　1960年代になると、リネン栽培は減少し始め、1989年にはコーヒー栽培が上回り、数十年ぶりに3トンの輸出を記録した。

　1990年、セントヘレナコーヒー復活のきっかけとなるボルトン夫妻が、セントヘレナ島に移住してきた。ジルとビルは、7年かけてローズマリーゲート農園を整備し、現在2ヘクタールで栽培、年間2トンのチェリーを収穫している。生豆にすると約500キロ。セントヘレナ島の首都ジェームスタウンで自ら経営している「セントヘレナ・コーヒーショップ」で焙煎し、提供している。また年間30キロの焼き豆を、ロンドンにある老舗百貨店ハロッズへ販売している。その価格は、125gパックで80ポンド（2023年7月の為替レートで14680円）である。

　1994年、セントヘレナ島生まれの青年デビッド・ヘンリーが、セントヘレナコーヒー産業を復活させる大志をいだき、英国本土から戻ってきた。デビッドは、セントヘレナ政府から、現存する古い農園ブルーマンズ・フィールドとバンブーペッジを借り受け、コーヒー栽培を再開し拡大していった。

　1998〜99年、セントヘレナコーヒー史上最高の生産量を記録。その後、順調に栽培エリアを増やし、ブルーマンズ、バンブーヘッジに加え、コーヒーグラウンズ、マウントアクタイオン、ナポレオンズバレーの5つの農園を持つまでになった。

ナポレオンズバレー農園は、ジェラニウム渓谷のナポレオンの墓石近くにあり、平和と静寂を見出したナポレオンが最後の安息の地として、この場所をよく訪れたと言われている。彼の侍従武官だったマレシャル・ベルトランドとその妻の居住地でもあった。

　この土地を開拓し、コーヒー栽培を始めた当初は、数ヶ所の石段が土に埋もれていたり、当時使用されていたウェッジウッドの陶器やワインボトルが発見された。シダに覆われた石の階段は、ナポレオンの墓石へと続いていた。

　順調に農園事業を拡大していたが、2005年になると労働賃金の上昇と労働力不足に直面し、事業継続を断念したデビッドは、2008年にコーヒー農園を放棄し、島から出て行ってしまった。

　2010年、放棄された農園のひとつを引き受けたのは、セントヘレナ島最古の会社であるソロモン＆カンパニー。1790年にソール・ソロモンが創業。現在セントヘレナ島において、観光・ホテル・海運・卸売・小売・保険・サービス・不動産など様々な分野に手を広げ、地元では「ザ・カンパニー」と呼ばれている。

ソロモン社 CEO
マンディー・ピータース

　ソロモン社は、引き継いだバンブーヘッジ農園を整備し、2011年から輸出を再開した。バンブーヘッジ農園の経営に目途が立つと、2014年新たにランガムス農園を購入した。1856年建造のコロニアルハウスがあり、1ヘクタールの農地で、コーヒー栽培を行っている。

　コロニアルハウスは、17〜18世紀にイギリス・スペイン・オランダなどの植民地で発達した建築様式で、本国の様式に植民地向けの実用性を加味した造りとなっていて、イギリス東インド会社全盛期の総督や著名な家族向けに建設された。ランガムスをはじめ、オークバンク、オークランド、プロスペクトハウス、ファームロッジ、バンブーロッジ、バンブーヘッジなどのコロニアルハウスが現存している。ジョージ王朝時代の邸宅は、セントヘレナエリート

20キロ麻袋

の美学や生活スタイルが反映されており、島の歴史遺産であり、英国植民地時代の歴史でもある。

2023年7月現在、ソロモン社はバンブーヘッジとランガムスのふたつの農園を運営し、年間2000キロを生産している。

セントヘレナ島のアラビカコーヒーは、絶海の孤島という地理的要因もあり、1733年にイエメンのモカ港から持ち込まれてから、他の品種と交配することがない、希少な品種と言える。通常「グリーンチップブルボン」と言われている品種だが、フランスでDNA鑑定してもらったところ、SL28とモカの遺伝子を持つ、他に類を見ない品種という結果が出た。希少性の高いコーヒーであることに違いはない。

セントヘレナコーヒー概要

農園	バンブーヘッジ農園、ランガムス農園
農園主	ソロモン＆カンパニー
場所	サンディーベイ地区
農園標高	700〜800メートル
年間降水量	3000ミリ
品種	グリーンチップブルボン
精製	水洗式
乾燥	天日乾燥4ヶ月
開花時期	12月〜4月
収穫時期	10月〜2月
肥料	グアノ（海鳥の糞が堆積したもので肥料となる）を使用、有機肥料ではないかもしれない家畜糞は使わない
カッププロファイル	ブルーティー、ジューシー、ハニー、シロップ、チョコレート、カカオ、オレンジ

2. フランス領ニューカレドニア

ニューカレドニアのコーヒーを買い始めたのは2004年。ニューカレドニアに面白いコーヒーがあるというので、コンタクトを取り、買付が始まった。日本にスペシャルティーコーヒーが上陸して数年、当時はまだ業界でもコーヒーの品種への拘りというものはあまりなかった。送ってもらったコーヒー豆のサンプルは、これまで見たことのない小

左 パナマゲイシャ　右 ラウリナ

さく尖ったものだった。品種は「ラウリナ」。英語やフランス語によって呼び名が違い、「ローリナ」「ルロワ」「リロイ」「ブルボンポワントゥ」などいろいろある。通常のアラビカコーヒーに比べ、カフェイン含有率が半分しかない品種である。実際に検査機関に出して検査したところ、確かに半分だった。天然のカフェインハーフコーヒーである。

最初のニューカレドニアコーヒーの取引は、ピエール・コシャールのクアンジ農園から始まった。彼のコーヒーは、フランスのシラク大統領が定期的に購入し、大統領府であるエリーゼ宮にて、世界中のVIPが訪仏した際に提供されていた。

2007年までの4年間はピエールから買付けていたが、コーヒー栽培を止めてトマト栽培に切り替えてしまったため、2008年から取引が途絶えてしまった。コーヒー栽培は天候に左右され易く、安定した収入が見込めないこと、コーヒーを収穫するピッカーたちの多くが賃金の高いニッケル産業へ流れてしまい、慢性的なピッカー不足が転換理由だった。

　2010年、ニューカレドニアから、「クアンジ農園のピエールから紹介してもらいました。ブルボンポワントゥ買いませんか？」というメールが突然届いた。メールの差出人は、ジャンポール・ベロム。今ではニューカレドニアで唯一のコーヒー農家である。

　農園名は「イダマーク」。妻アクセルの祖母イダと祖父マークの名前を農園名にしている。フランスからニューカレドニアに移住してきたマークは1933年、ファリノ村で土地を買い、亡くなる1945年までコーヒー農園をやっていた。11人もいた子供たちは誰もコーヒー農園を継がず、途絶えてしまったが、1996年、孫娘アクセルが地所を相続し、夫ジャンポールと共にコーヒー農園を復活させた。

ニューカレドニアコーヒー概要

農園	イダマーク農園
農園主	ジャンポール・ベロム
場所	グランドテール島ファリノ村
農園標高	300〜400メートル
年間降水量	1058ミリ
品種	ラウリナ、イエローブルボン、ティピカ
精製	水洗式
乾燥	天日乾燥
開花時期	8月
収穫時期	4月〜10月
カッピングノート	チョコレート、シトラス、フラワリー、シルキー

ニューカレドニアコーヒー　タイムライン

1856〜1866年	コーヒー伝来から栽培へ マリスト修道士がレユニオン島からラウリナを持ち込む
1874〜1894年	コーヒー栽培のパイオニア 数名の移住者がコーヒー農園を所有し、焙煎・販売をし始めた
1895〜1903年	フェイエ総督の時代 自由植民地化によるニューカレドニアコーヒー栽培の拡大
1903〜1931年	コーヒー生産の停滞 さび病の流行とロブスタ種の導入
1931〜1970年	コーヒー生産の全盛期 政府が公式にコーヒー栽培に乗り出し、最盛期の1965年には生産量2600トンへ
1970〜1998年	コーヒー生産の衰退期 ロブスタ種の普及による品質の低下と生産者の意識の低下
1999〜2022年	農園経営、量から質へ 単一農園によるラウリナ（ブルボンポワントゥ）の栽培復活

　栽培品種は、祖父が栽培していたラウリナとイエローブルボンだった。アクセルとジャンポールは共に元薬剤師という経歴を持つ。リタイアしたジャンポールは、コーヒー栽培と剣道に励んでいる。剣道は6段の腕前で、7段に向けて日夜修練中だ。

　ニューカレドニアにコーヒーが伝播したのは1856年。福音伝道のためレユニ

オン島から移住してきたカトリック系マリスト修道士が持ち込んだ。品種はアラビカ種のティピカとラウリナ。後年、マダガスカルから、ロブスタ種が持ち込まれることになる。

　ニューカレドニアコーヒーの歴史は、ジャンポールが2017年に出版した『ニューカレドニアのブルボンポワントゥ　格別なコーヒーの歴史』に詳しく書かれている。

　ここでイダマーク農園の歴史を紐解いてみよう。

　ジャンポールの妻アクセルの祖父マーク・ブーシェは、1863年フランス中央部のブサックで生まれる。1900年、自由植民地となったニューカレドニアに開拓者として移住。1908年、イダ・ヴィンセントと結婚。1933年、現在のイダマーク農園がある場所に土地を購入し、レユニオン島産のラウリナをメインとしたコーヒー農園を始める。11人の子供に恵まれたイダとマークだが、生活は厳しいものだった。1945年、マークはヌーメアの病院で亡くなるが、イダは1987年まで長生きした。

ニューカレドニアの
ブルボンポワントウ

　マークの長女オデットは1915年に生まれ、1950年に公共事業エンジニアのアンドレ・フォンボンヌと結婚。オデットを含む11人の子供たちは誰もコーヒー農園を引き継がなかったが、オデットが土地を相続し、趣味の範囲でコーヒーを栽培した。

　1974年、一人娘のアクセルがジャンポール・ベロムと結婚。二人とも薬剤師としてキャリアを積んでいた。1996年アンドレが亡くなると、娘のアクセルが土地を相続し、ジャンポールと共に、祖父マークが栽培していた品種ラウリナで、コーヒー農園を再開させた。2000年、農園名を祖父母の名前から取って、イダマーク農園と命名した。70年の時を経て、同じ場所、同じ品種でコーヒー農園を復活させたのだった。

　イダマーク農園は、グランドテール島ファリノ村にあり、栽培標高350〜400メートル、農園面積は14ヘクタール、東京ドーム3個分の広さである。現在の栽培品種は、ラウリナ、ティピカ、イエローブルボンの3品種。

　農園を復活させてから初めての収穫が2001年、50キロのチェリーだった。2002年、600キロのチェリーを収穫。2003年、サイクロン・エリカの打撃を受けたが、ラウリナ900キロ、イエローブルボン900キロのチェリーを収穫した。

2004年、6000キロのラウリナと300キロのイエローブルボンのチェリーを収穫。2005年、8100キロのラウリナと2300キロのチェリーを収穫。2006年、フランス本土へ700キロのラウリナ生豆を出荷し、最高級コーヒーとしての評価を得た。

イダマーク農園の
アクセルとジャンポール

2007年、ラウリナ生豆900キロという過去最大の輸出を記録した。2008年、50年に一度の大雨により、栽培に打撃を受けたが、生豆800キロをフランス本土へ出荷した。2009年、大雨とコーヒーノキの老朽化により、生産量が大幅に減少した。2010年、アタカ通商と取引が始まり、ラウリナを日本へ輸出。2011年、サイクロン・ヴァニアの被害により生産量が大幅減となる。2012年、コーヒーコンテスト参加最後の年となったが、2002年から2012年までに14以上の賞を獲得できた。

2013年以降はラウリナ、イエローブルボン、ティピカの植替え作業をしながら収穫作業を行っているため、生産量は生豆100キロ前後に落ち込んでいる。これはコーヒーノキの老朽化、サビ病、バッタの大量発生、大雨、サイクロン等による被害が重なり、生産量が激減してしまったためだ。

現在、ニューカレ・ドニアで唯一のコーヒー農園イダマークだが、ジャンポールとアクセルには子供がなく後継者がいないため、農園の後継者となる売却先を探している。

3. スペイン領カナリア諸島

スペイン領カナリア諸島のコーヒーを買い始めたのは2006年。グランカナリア島のコルコバーダ農園から始まった。元々は島内で消費されていたコーヒーだったが、生豆で販売してくれることになった。品種はティピカである。

毎年、10キロ程度を郵便で送ってくれている。農園主の名前は、ファン・アントニオ・ゴドイ。コーヒーだけでなく、オレンジ、マンゴー、パパイヤ、ブドウも栽培している。買い始めて17年経つが、

コルコバーダ農園
フアン・アントニオ・ゴドイ

まだ会ったことはない。写真で見る限り、真面目で実直な生産者ということが感じられる。

2012年、テネリフェ島のサンスーシ農園からも買付が始まった。農園主ピーターは、ドイツの大学を定年退職して、テネリフェ島に移住したドイツ人の植物学者。奥さんはアレクサンドラ。農園では、コーヒーだげでなく、ワインづくり用のブドウ、砂糖キビ、パッションフルーツ、カカオ他さまざまな作物が栽培されている。

サンスーシ農園
アレクサンドラとピーター

栽培しているコーヒーの品種は、ピーターが各地から集めたもの。ベネズエラ、キューバ、コスタリカ、イエメン、カーボベルデのフォゴ島、メキシコ、パナマのボケテ地区、ハワイ島コナ、カナリア島とミュンヘンの植物園にある古いコーヒーノキなどである。農園名はサンスーシ。フランス語で「憂いなし」とか「気楽な」という意味である。隠居した夫婦がのんびりやっている「お気楽農園」といった感じだろうか。

毎年20キロ程度を刺繍入りのお洒落な5キロ袋に入れて、さらに指人形付きで送ってくれる。これはアレクサンドラの趣味なのだろう。丁寧に手選別された生豆の仕上がりは素晴らしい。ところが、2020年2月にサハラ砂漠から運ばれてきた大規模な砂嵐に見舞われ、空港は閉鎖、農作物にもかなりな被害が出た。サンスーシ農園もかなり被害に遭ったようだが、2022年11月には25キロの生豆を送ってくれた。

指人形付きの
サンスーシ農園5キロ袋

2021年3月、新しい農園と取引が始まった。グランカナリア島のロスグリモネス農園である。これまで地元の観光客相手にコーヒーを販売していたが、コロナの影響で観先客が激減したため、生豆で買付けることが出来た。品種はティピカである。

グリモネス農園
フアン・アントニオ・アラモ

ロスグリモネス農園は、フアン・ソーサ・ガルシアと妻のホセファ・アラモ・ソーサが1975年に創業した。2004年に息子のフアン・ソーサ・アラモが農園を引き継ぎ、現在二代目となっている。それまで彼はスーパーマーケットを経営していたが、余生を楽しむために事業を売却した。ところが、数ヶ月で退屈なセカンドライフに飽きてしまい、父親の農園を引き継ぎ、コーヒー栽培を始めたのである。現在、二人の娘たちもコーヒー栽培を手伝い始め、三世代目に引き継がれ始めている。

農園名の「ロスグリモネス」は、1400年代後半、現在のベルギーにあたる地から富豪グリモン家がグランカナリア島に渡来し、コミュニティーを作り上げた場所。その後、数百年に亘り、グリモン家が土地を所有し、現在は地名として残っている。

グランカナリア島のアガエテ渓谷でコーヒー栽培が始まったのは1788年。キューバからティピカが持ち込まれ、以来、ヨーロッパで唯一のコーヒー栽培地となっている。栽培地の北緯28度は、日本だと奄美・徳之島・小笠原諸島の位置にあり、コーヒー以外に、マンゴ・パパイヤ・アボガド・オレンジ・グレープブルーツなどのトロピカルフルーツを栽培されている。

カナリア諸島コーヒー概要

農園名	コルコバーダ農園
農園主	フアン・アントニオ・ゴドイ
所在地	スペイン領カナリア諸島州グランカナリア島アガエテ地区
標高	250メートル
降水量	220ミリ
品種	ティピカ
精製	ナチュラル
乾燥	天日乾燥
開花時期	8月
収穫時期	5月〜6月

農園名	サンスーシ農園
農園主	アレクサンドラ＆ピーター・ディットリッヒ
所在地	スペイン領カナリア諸島州テネリフェ島ラマタンザデアセンテホ
農園標高	375メートル
年間降水量	450ミリ
品種	ベネズエラ、キューバ、コスタリカ、イエメン、カーボベルデ、メキシコ、パナマ、ハワイコナ、ジャマイカ
精製	フルウォッシュド
乾燥	天日乾燥
開花時期	9月〜12月
収穫時期	4月〜7月

農園名	ロスグリモネス農園
農園主	フアン・アントニオ・アラモ
所在地	スペイン領カナリア諸島州グランカナリア島アガエテ地区
農園標高	245メートル
年間降水量	220ミリ
品種	ティピカ
精製	ナチュラル
乾燥	天日乾燥
開花時期	8月
収穫時期	5月〜6月

紀元前	古代ローマ時代にカナリア諸島にローマ人が上陸
1312 年	ジェノバ人ランサローテが再発見
1399 年	ランサローテ島がカスティーリャ王国の支配化になる
1483 年	グランカナリア島がスペイン王国支配下になる
1496 年	テネリフェ島がスペイン支配王国下になり、カナリア諸島全域がスペイン帝国最初の植民地となる
1788 年	キューバからグランカナリア島にティピカ種が持ち込まれる
1975 年	ロスグリモネス農園創業
1992 年	コルコバーダ農園創業
2002 年	サンスーシ農園創業
2006 年	コルコバーダ農園から買付始まる
2012 年	サンスーシ農園から買付始まる
2021 年	ロスグリモネス農園から買付始まる

　ここまで、イギリス、フランス、スペインと三ヶ国で生産されている希少豆を紹介してきたが、いずれも各国の植民地政策に深く関わっている。

　ポルトガル、スペインを皮切りに、植民地争奪競争が始まり、イギリス、オランダ、フランス、ドイツ、イタリア、ベルギーが争って植民地を広げていった。ヨーロッパ植民地政策の歴史とコーヒーの伝播を調べると興味深く、あれもこれもと書きたいことがいろいろと出てくるが、それは専門家に任せることにして、このへんで筆をおきたいと思う。

世界のコーヒー品種の流れ
──イエメンコーヒーのルーツからアラビカ種の新母体品種発見まで──

岐阜・待夢珈琲店主宰（本会常任理事）**今 井 利 夫**

1. コーヒーの樹と3大品種

　コーヒーの樹は、アカネ科の常緑樹コフィア属、学術名「コーヒーノキ」といいます。

　コーヒーの原料となるコーヒー豆（種）は、3〜3.5mほどの常緑低木でジャスミンに似た香りの白い花を咲かせるコーヒーの樹の果実から得られ、コーヒーチェリーと呼ばれる果実（フルーツ）は、赤、オレンジ、黄色などの硬い実で、成熟に9ヶ月ほどかかる。果肉部分にも若干のカフェインが含まれています。

　コーヒーの3大品種といえば、

① **エチオピア原産の「アラビカ種」**

　エチオピア原産の母体品種（ティピカ）が、アラビアのイエメンに植樹され、イエメンの紅海沿いにあるモカ港などから世界に広まったので、「アラビカ種」と呼ばれています。今では世界60か国以上で栽培されています。しかし、エチオピアのコーヒー関係の方たちは、エチオピア原産なのにアラビカ種と呼ばれていることに不満を持っていて、独自に「アビシニカ」と呼んでいます。

　モカ（エチオピア産とイエメン産の2種類がある）や、コロンビア、ブラジル、マンデリン、グァテマラ、コスタリカなどのアラビカ種は、とてもデリケートなコーヒーで、気温が30度を超えるような地域ではできません。香味が良く、世界で最も飲まれているコーヒーで、我々がレギュラーコーヒーとして愛飲しているコーヒーのほとんどは、このアラビカ種のコーヒーです。

　香味は良いのですが生産性が悪く、この先温暖化が進むと、アラビカ種のコーヒー生産量は半減するとまで言われています。

② **コンゴ原産の「カネフォラ（ロブスタ）種」**

　カネフォラ種はカフェイン含有量も多いコーヒーです。香味はアラビカ種には及びませんが、暑さや病害虫に強く生産性が高いので、近年急速に生産を伸ばしていて、アラビカ種のコーヒー生産量を抜くのも時間の問題とされています。

③リベリア原産の「リベリカ種」

　大木で収穫が難しく、完熟するまでの期間が長いことなど生産性が悪く、さび病には弱いです。

　暑さに強く低地でも栽培されるが、香味は決して良いとは言えません。現在ではフィリピンやマレーシアで一部生産されています。

　5年前までは世界総生産量は、アラビカ種74％、カネフォラ種25％、リベリカ種1％の割合でしたが、昨年ではアラビカ種55％、カネフォラ種44％、リベリカ種1％と劇的に変化してきました。その一番の要因としては「味わい」ではなく、温暖化などの環境変化などによる「生産性」の問題です。

　この3大品種が原種と言われていましたが、最近は少し様相が変わってきました。また、世界で飲まれているコーヒーは、コーヒーの樹の葉、果肉（ギシル・カスカラ）、種（豆）を使って抽出する3種類のコーヒーがあります。過去には、コーヒーの実を水につけて発酵させたコーヒー酒（カーファ）もあったといわれています。世界のコーヒーの本や資料を調べると、コーヒーの始まりの記録は15世紀以前には無く、ほとんどが想像や憶測によって語られたものばかりです。中には植物学者、民俗学者の非常に信憑性のある理論も多くみられますが、何一つ真実とされるものではありません。

2.　コーヒー飲用の歴史

　コーヒー発見には諸説ありますが、1587年アブダル・カディールの「コーヒー由来書」によると、イエメンの「シャークオマールのコーヒー発見伝説」があり、紅海を挟んだエチオピアには、1671年にファウスト・ナイロニが記した「眠りを知らない修道院」の「カルディーの羊飼いのコーヒー発見伝説」があります。いずれも逸話ですが、コーヒーの歴史は、エチオピアとイエメンの紅海を挟んだこの両国を抜きにしては語れません。

　アラビカ種の原産地といわれているエチオピアでは、最初はコーヒーの実の果肉（カフェインを有している）を食べて、コーヒーの薬用効用（覚醒作用）を発見したと逸話ではつづられています。その後対岸のイエメンに渡り、初めて飲用コーヒーとなりました。

　初めはイエメンでも実のまま食べていましたが、摘むと実はすぐにカビてしまう為、保存ができるように天日で乾燥させて、その都度実ごと水と一緒に煮込んで飲むようになりました。

　ある時、何かの拍子で焦がしてしまったのでしょう！　それがなんと！　とて

もいい香りがしたのです。

それに水を足して飲んでみると、実を食したときよりも体が元気になったのです。解明すると、種にその香りがあり、また、成分も多くあることを発見したのです。

コーヒー発見伝説に出てくる僧侶アル・シャジリーのモスク（左の白いモスク）イエメンモカ港にて

私が考えた「逸話」ですが……。

♬昔アラブの偉いお坊さんが……（コーヒールンバ♪）

初めは王様や権力者（サルタン）、僧侶が、夜の祈祷の「秘薬」として飲んでいました。

日本ではコーヒーに王辺が二つも付いた「珈琲」という当て字が使われていますが、王様の飲み物としてとらえられていたのでしょう。

1454年イエメンで、僧侶ザブハーニーがコーヒーを一般の人にも飲むことを許可しました……。それから約600年ほどの時が流れ世界に広まり、時代の流れと共に淹れ方や飲み方、楽しみ方が変化し現在に至っています。今や世界で一番飲まれている飲料（水以外で）となり、名実ともに飲み物の王様となりました。

3. アラビカ種コーヒー栽培の歴史

世界のアラビカ種コーヒー栽培も、エチオピアで生まれた母体品種（ティピカ）がイエメンに伝わり、1600年代に、イエメンから持ち出されたコーヒーの種が、インドの地で花咲きました。

その後、オランダ東インド会社が自国の植民地のインドネシアに植樹して、コーヒープランテーションが始まりました。

さらに、苗木と種が、中南米、南米など、世界のさまざまな地域にモノカルチャー（特定商品）のコーヒーとして広まっていきました。

今私たちが飲んでいるコロンビアやブラジル、グァテマラなどのアラビカ種のコーヒーは、すべて同じ種、アラビカ種のティピカ母体品種から生まれた、同じコーヒーだといわれています。

私はコーヒー栽培の歴史の中で、オランダ東インド会社がインドネシアでプランテーションを始めた事が、コーヒーの一大転換期と考えています。

皆さまは、自分で飲むためにコーヒーを栽培するなら、どんなコーヒーを作りますか？　当然、香味の良い美味しいコーヒーを作りますよね？

では、商売の為に、儲けるためにコーヒーを作るとしたら、どんなコーヒーを作りますか？　たくさんの実が毎年安定して収穫できる、生産効率の良いコーヒーを作りますよね。

　生産効率を上げるためには、農薬も化学肥料も使用しますし、量を確保するための品種改良もしますよね。

　そうです！　ここからコーヒーの栽培は変わったのです。

　私の、イエメン4回、エチオピア3回の旅で観て感じた実践からの結論として、現在、私たちが飲んでいるコーヒーのほとんどは、人間の都合の良いように、もともと無かった地域に植樹してプランテーション化し、それぞれの国で収穫量が最大限得られるように、農薬、化学肥料を使い、品種改良を繰り返して生産されたモノカルチャー（特定商品）のコーヒーだと言えます。

　確かに、プランテーションコーヒーは安定して、ある程度良質なコーヒーを最大限栽培できます。そのおかげで、世界で一番飲まれている飲料となったのですから、本来はありがたい話ですが……、「量」を求めると当然のごとく「味」が低下します。

　この何十年間でコーヒー生産量は大幅に増えましたが、特別に香味の良い豆はだんだんと少なくなり、全体の味わいは低下したように思います。

　近年、量を求めた反省からか、スペシャルティコーヒーやサスティナブルコーヒーなどの認証コーヒーが現れてきて、「昔ながらの香味の良いコーヒーを作るには、生産者の生活の確保なくしては継続出来ない」を主旨として活動をしています。最近はスペシャルティコーヒーの最高峰といわれるCOE（カップオブエキセレンス）コーヒーなどの上質なコーヒーも現れてきて盛況を極めているように見えますが、未だに全体の数％程度にしかすぎません。

　けれどもプランテーションが一切ないイエメンでは、600年も前から農法も製法も変えずに栽培し続けています。

　確かに量は多くできませんし、精製もきれいではありませんし安定していませんが、コーヒーの香味を全て持っています。

　素朴でありながら独特のテロワールがあり、スパイシーでふくよかな香味を有したその深い味わいは

　古典的ですが、現代のモノカルチャーコーヒーにはない素晴らしい香味を多く持っています。

　イエメンから伝わったコーヒー栽培が、プランテーションコーヒーとして世界に広まると、列国の利益至上主義によって、高価で生産効率が悪いイエメン・モ

カコーヒーは時代に取り残され、段々と需要が少なくなり、今では世界の最貧国となってしまいました。

味わいの良さを求める珈琲屋としては、昔から何も変わらない貴重なイエメン・モカコーヒーに、今でも携われる事はとてもありがたく喜ばしい事ですが……、イエメンの人々にとってそれが良かったのか？　悪かったのか？　答えは見つかりません。

4. イエメンでアラビカ種新母体品種発見

モカコーヒーの第一人者と言ったら、博多珈琲美美の森光宗男氏を除いてはいません。残念ながら2016年にお亡くなりになられましたが、モカコーヒーの原点に目を向けていた方で、「アラビカ種の原種はどこなのか？」「原種は今でも存在しているのか？」などを、自らの足で徹底的に調べ上げることに人生をかけた方でした。

『モカに始まり』森光宗男著
（手の間文庫）

森光氏は、ルーツ国といわれていながら、コーヒー商社や珈琲関係の方がほとんど出向かなかったイエメンやエチオピアの奥地に何回も足を運び、コーヒーの原点を解明した日本でも唯一の方です。

森光さんの集大成のモカの記録本『モカに始まり』は、イエメン・モカコーヒーの世界の指標（教科書）となる一冊として、歴史に残る本だと私は思っています。

森光氏が何回か渡航したうちの一回に、1996年に全国の自家焙煎珈琲屋の仲間と共に行った、「イエメンコーヒーの旅」があります。私も参加し、10日間の短期間ながら、ほとんどの主要産地を巡りとても充実した旅でした。

帰国後、コーヒー商社ワタル株式会社から、「イエメンの地域指定の豆が輸入できますよ」というありがたいお話を頂き、早速サンプル豆を4種類ほど取り寄せました。

今はイエメンの各地域の豆が単独で輸入されていますが、当時としてはとても画期的な事で、たぶん日本では初めての試みだったように思います。そのサンプルの中から一つ選んで、全国の仲間と共同購入をすることになりました。

サンプリングに加わったほとんどの方は、その中からバニーマタル地方のハイジャルダルクの豆を支持しましたが、唯一森光氏だけは、バニー・イスマイル村

の豆を推奨しました。その豆は小粒で、明らかに他の3種類の豆とはまったく違った豆面、香り、味をしていました。

珈琲屋は基本小粒の豆を嫌う傾向にありますので、多くの疑問の声がありましたが、モカコーヒーの第一人者の森光氏の「鶴の一声！」で、それに決定しました。

商品名はその地に連れて行ってくれた、イエメンコーヒー商社アル・カブース社の次男「イブラヒム・カブース」から名前を貰い「イブラヒム・モカ」と命名し、全国45店舗の自家焙煎珈琲屋の仲間と共同購入する「イブラヒム・モカの会」を発足しました。

バニーイスマイル村のコーヒー畑

イブラヒム・モカの産地バニーイスマイルは、標高2300メートルの高地にあり、山の頂上で栽培されています。、栽培に最適条件である霧が常に発生していて、コーヒーにとってはまさに「天空の楽園」です。

また、バニー・イスマイル村にまともな道が出来たのが1960年代で、それまで他の地域との交流はほとんどなかったそうで、昔の品種（当時はモカ種と呼んでいました）がそのまま栽培されていました。

標高が高いのも相まってイブラヒム・モカは小粒で丸く、香味はスパイシーで甘味が強く、それまで日本に輸入されていたイエメン・モカコーヒーとは明らかに違っていました。

イブラヒム・モカの生豆と袋

森光氏はエチオピアにも何回か行っていて、アラビカ種の「マザーツリー（母体品種）」を探す旅を続けていたのですが、イブラヒム・モカに出会った時に、「イエメンに元来存在していた原種ではないのか⁉」と、ふっと！　つぶやいたのを私は記憶しています。

生前の森光氏は、「エチオピアは、紀元前10世紀頃栄えたイエメンのシバの女王の子メネリクが起こした国ともいわれていますし、もともとこの両国は陸続きであって、それが大地溝帯によって紅海を境にしてアフリカとアジアに二分されたので、エチオピアとイエメンの地理的連続性を考えると、どちらにもコーヒーの樹があったと考えてもおかしくはない！」と話されていました。

2021年に、イギリスのロンドンに本社を置くコーヒー商社キマコーヒーが、「イエメンで独自の母体品種（イエメニアと命名）発見」というビッグニュースを発表しました。

　この発見は、「エチオピアの母体品種ティピカがイエメンに植樹され、イエメンから世界に広まった」という、

　今日まで何百年も語り継がれてきた定説「アラビカ種ティピカ母体品種説」を根底から覆す大事件でした。

　という事は…、イエメンから世界に広まったコーヒーは、「ティピカ」ではなく「イエメニア」だったのでは？とも考えられますよね。

　もしそうだったなら？　世界のコーヒーの歴史が根底から覆り塗り替えられる出来事なのです。

　今はまだはっきりしていませんが、そのうちDNA鑑定が進めば、いずれ解明されてくるのではないでしょうか⁉

『BEST of YEMEN 2023』

　イエメンは今、内戦が勃発していて、日本では渡航危険レベル4で、「退避してください。渡航は止めてください（退避勧告）」の注意勧告が出ている国です。

　そんな中で、2022年、23年と、キマコーヒーがイエメン各地の農家の豆を集めて、コーヒーオークション「ベスト・オブ・イエメン」を行ったのです。「平和と繁栄の触媒」をテーマに多くの農家が参加しました。

　DNA鑑定によってそれぞれの品種を解明して、カッピングによる点数も順位

もつけられています。

　あの政情不安の中、ほとんどが山岳地帯の部族民族のイエメンでオークションを行っていること自体、その地に何度も訪れた私にとっては、イエメニア母体品種発見と同じくらいの驚きでした。

　オークションはどのように行われていて、どのようなカッピングで、どのように順位が付けられたかは分かりませんが、それぞれの農園の豆が事細かく記されているので、トレーサビリティはしっかりしています。

　私はワタル株式会社の協力で、2022年と2023年の「ベスト・オブ・イエメン」のサンプル生豆を手に入れました。超貴重な豆で、イエメン各地の農家からいろいろな豆が選ばれています。

　上位の大半は新母体品種のイエメニアなのですが、中には SL や BURBON、KENIA などの品種も存在していました。

　イエメニアの生豆をよく観察してみると、豆の大きさや形状が他の品種と微妙に違います。また、サンプルロースト（試し焙煎）をすると、それぞれ香味が違う事にも気が付きます。

　イエメニアの豆は小粒で、独特なスパイシーな香りがありコクと甘味が秀逸でした。

　驚くことに、1996年に、森光氏が中心で立ち上げたイブラヒムモカの会が単独で輸入している「イブラヒム・モカ」が、「イエメニア」に極似しているのです。

　私はワタル株式会社に頼んで DNA 鑑定を依頼していますが、いまだに返事が来ていません。

　私個人の見解でいうと、たぶんイエメニアで間違いがないとは思っていますが、まだ結果は分かりません。しかし、もしそうだったとしたら！　四半世紀も前からイエメニアを単独で輸入して、日本全国の方々にお飲みいただいていたという事になりますよね。

　あらためて、森光氏の学習力、観察力、洞察力と先見性には驚かされました。

　「昔から何も変わらないイエメンの優良コーヒーを多くの方にお飲みいただき、現地の方々に継続して栽培していただく活動を支援する」を趣旨としているイブラヒム・モカの会にとっては、品種の解明自体は必要無いのかもしれませんが、「もしイエメニアだったなら？」と夢は膨らみますし、森光氏が生きていたなら跳んでお喜びになると思います。

　これから先も、イエメンのいろいろな農園のイエメニアが市場に出回ることになるでしょう！　その古典的な母体品種の味わいを是非味わっていただきたいと

思います。

　ビッグニュースがもう一つあります。

4．新品種ユーゲニオイデス種発見！

　ユーゲニオイデス種は、アラビカ種の祖先にあたる品種で、遺伝子解析研究により発見されました。

　また、今まで原種と言われていたアラビカ種は、「カネフォラ種＋ユーゲニオイデス種」の交配でできた「自然種」だという事も解明されました。

　アラビカ種がカネフォラ種の子供？

　一方の親がユーゲスオイデス種であるという事は納得できても、もう一方の親が三大品種の一つと言われているカネフォラ種であることに、すごく衝撃を受け驚きました。

　ユーゲスオイデス種は、コロンビアの有名生産者カミーロ・メリサルデ氏の、「インマクラーダ・プロジェクト」の一環として、コロンビアで主に栽培されているそうです。

　もともとは、ブルンジ、ルワンダ、コンゴ、ケニア、タンザニア、などアフリカのコーヒー生産地域や雨の多い常緑樹林帯、乾季がある落葉樹林地帯、サバンナなどにも自生していて、カフェイン含有量がほかの品種と比べてとても少なく、1本の木から「150ｇ」程度しか収穫できず、樹高も5ｍに成長するため収穫が困難であり、病害虫に弱く栽培が難しい、とてもデリケートなコーヒー品種です。

　しかし、2021年のワールドバリスタチャンピオンシップや、ワールドブリューワーズカップで「ユーゲニオイデス品種」のコーヒーを使用したバリスタが両大会で優勝を飾り、また上位を独占したように、香味は素晴らしいのです。その味わいは甘味が際立ち、「今まで飲んだことが無いくらい甘さのあるコーヒーで、シロップが混入してるんじゃないかと思うほど」と飲まれた方は評価しています。

　ユーゲニオイデス種でもわかるように、「原種のコーヒーほど香味が良い！」、「香味の良いものは多収穫できない！」「生産量と味わいは比例しない！」を改めて再確認しました。

　イエメニアと同じように、量は少なく高価格になると予想されますが、これからの最注目品種になるでしょう！今後市場に出回りましたら、こちらも是非一度お飲みいただきたいコーヒーです。

　他には、原種に近いといわれている「スーダンルメ」、「ラウリーニャ（ブルボ

ン・ポワントゥ）」などの珍しい品種も栽培されるようになりました。

　今後、遺伝子解析研究により昔の品種が新たに見つかることが予想されます。どんなコーヒーと出会えるのかとても楽しみですね。

5. 私たちの生活に欠かせないコーヒー

　今我々が直面している大きな課題は、「2050年地球温暖化問題」です。

　文明の発展によって、一部の人々にとっては豊かさを手に入れましたが、それと引き換えに、地球の環境や資源が大きく変化してきました。

　特に温暖化によって、いろいろな農作物が、品種改良や減産を余儀なくされています。

　我々珈琲屋にとっても、地球温暖化はアラビカ種のコーヒー生産量の大幅な減産という大問題に直面しています。

　確かに、コーヒーは飲まなくても生きられますが、生活をしていくうえでは、「食べる」と同じくらいに必要な飲み物です。

　香味の良いアラビカ種のコーヒーは暑さに弱く、生産量は2050年には半減するという試算まで出ています。アラビカ種の減産は、我々日本人にとって一番の問題です。

　我々日本人のコーヒー愛飲者の多くは、砂糖もミルクも入れないブラックコーヒーを好んで飲んでいます。砂糖など何も混ぜ物をしなくても、コーヒーの中にある酸味や甘味や旨味などを、あの苦味の奥に感じ取って「美味い！」と飲んでいる素晴らしい味覚を持った世界でも珍しい人種です。よって、味も香りも良いアラビカ種を特に好んで飲んでいます。

　アラビカ種の品種改良は目まぐるしく行われていて、母体品種から始まったとされる品種改良は、すでに第三世代、四世代まで進んでいます。

　今世界の販売目的で実際に生産されているコーヒー品種は、アラビカ種だけでも30種類以上ありますが、これからはさらに進むことが予測されます。

　今、この温暖化による減産問題を少しでも解消しようと、アラビカ種に変わり高温でも収穫できるカネフォラ種のコーヒーが増産を加速しています。

　また近年、カネフォラ種をアラビカ種のように香味の良い豆にする取り組みが、多くのコーヒー生産地で試されています。

　一例を挙げると、カネフォラ種にコーヒーの実の皮と種の間にあるミューシレージの甘味を豆に付着させるパルプドナチュラル製法や、ハニープロセス製法などと呼ばれている精製方法を取り入れたり、アナエロビックファーメーション

（嫌気性発酵）という新たな製法なども行ったりと、多くの国でいろいろと試されています。

　また、新しい製法と並行するように、「品種改良」も盛んにおこなわれるようになりました。

　品種改良！品種改良！といわれますが、実はそれによって何が「改良」されるかが問題なのです。

　品種改良を歴史的に見ていくと、味を落とす代わりに量を増やす、いわば味と量をトレードしているのです。

　「改良」ではなくて「改量」と言った方が当てはまると思います。

　生産者の暮らしが良くなるように、「品種改量」で収穫を増やすと、一時的にはそれで収入が増えますが、味が落ち、それが続くと豆の価格が下がります。また増産によって国際相場が下落しますので、かえって減収となり生活が苦しくなる、という事が実際に起きています。

　今コーヒーの世界は、二極化の時代を迎えています。

　私は、そろそろ大量生産、大量消費の時代は終わりにしなければ…と思っていますが…⁉

　生産者と消費者が互いに「良」となる改良が望ましく、本来はそれがサスティナブルコーヒーとなるのですが、

　現実的にはなかなか難しく、コーヒーに携わるすべての人々が、これまでの意識を改革して、一丸となって真剣に継続して取り組んでいかなければ現実とはなりません。

　「コーヒーの品種改良」よりも「人の意識改良」が必要な時代なのかもしれませんね⁉

愛知県の喫茶店のモーニングサービス考察

㈱旭屋出版 常務取締役 編集部長（本会理事）　井 上 久 尚

1．実は特異な愛知県の喫茶店事情

　愛知県の喫茶店には、他府県にはない特徴がいくつかあります。

・朝、飲み物を注文すると、その飲み物の値段だけでモーニングサービスが付けられる。

・コーヒーを注文すると、ピーナッツなどが付いてくる。

・あんこがのった小倉トーストというメニューがある。

・鉄板にのったナポリタンがあり、ナポリタンの下には溶き卵が流してある。

・鉄板にのせた焼きそばがメニューにある。

・エビフライをはさんだエビカツサンドがある。

・コーヒーチケット（コーヒー回数券）があり、その券で他のメニューの会計もできる。

　これらは、愛知県、そして岐阜県を含めた東海地区以外の喫茶店では、ほとんど見受けられません。

　上記の中でも、無料のモーニングサービスは独特の商習慣と言えます。そのモーニングサービスの内容も充実しています。昭和45年（1970）くらいまでは、ゆで卵とトーストが定番のモーニングサービスでしたが、昭和50年（1975）を過ぎる頃には、ヨーグルトやサラダも付ける店が出たり、パンはサンドイッチにする店、フレンチトーストにする店も登場してきました。バイキングで食べ放題のモーニングサービスを出す店もありました。

　隣接する岐阜市では、昭和63年（1988）頃に茶碗蒸しを付けるモーニングサービスがヒットし、それを模倣する喫茶店が増えました。茶碗蒸しを付けるモーニングサービスを「岐阜モーニング」と呼ぶ名称も生まれました。いろいろ多彩になると同時に過剰サービスとも受け止められる内容になり、「モーニング戦争」などと昭和の終わりころは呼ばれました。

　近年は、飲み物の値段プラス100円、プラス200円でモーニングサービスを出す喫茶店もありますが、その内容はプラス100円以上の原価がかかっているのが明白な店がほとんどです。また、モーニングサービスを午後まで出す店もあります

し、1日中出す店もあり、愛知県の喫茶店では、モーニングサービスの内容と売り方が喫茶店経営の重要なポイントになり続けています。

2. モーニング発祥は、一宮市? 豊橋市?

喫茶店のモーニングサービスは、愛知県民にとって当たり前の、普通のことですが、その発祥はどこかとなると、議論が白熱します。

今は、一宮市か豊橋市かで発祥が2つに絞られていますが、それは、一宮市が2007（平成19）年からモーニング博覧会を始め、また、2010（平成22）年から豊橋市が中心になって東三河モーニング街道スタンプラリーを始めたことによるようで、尾西市（現在は合併して一宮市に）が発祥だと言う人もいます。ただ、いずれも証拠はなく、「1960（昭和35）年には、あの店でモーニングを食べた記憶がある」といった証言が一宮市にも豊橋市にもあるのみです。

1955（昭和30）年代前半に繊維産業で栄えた一宮市では、機屋さんが、工場ではうるさいので、近所の喫茶店を仕事の打ち合わせ場所として頻繁に利用し、そのサービスとして朝はコーヒーにゆで卵やパンを付けたことがモーニングサービスの始まりだとか、当時、中学を卒業して九州から繊維工場に働きに来て寮生活をしていた多くの若者のために、喫茶店のおばさんが「朝ごはん、まだやろ」とパンやゆで玉子をサービスで付けたのがモーニングサービスの始まりだとか言われています。工場の多い豊橋市にも同じような背景があったので、ほぼ同時期に一宮市、豊橋市の喫茶店でモーニングサービスは広がったのでしょう。

なお、モーニングサービスの最古の記録は、広島市中区の『ルーエぶらじる』とされ、1946（昭和21）年の創業で、1955年からモーニングサービスを始め、1957（昭和32）年に撮影した「モーニングサービス」と書かれた看板が映っている写真が残っています。蛇足ですが、「モーニングサービス」は、英語では教会での日曜日の礼拝の意味で、朝食の意味はありません。

3. なぜ、愛知県の喫茶店のモーニングサービスは多彩なのか?

愛知県の喫茶店でモーニングサービスが広がったのは、そもそも喫茶店が増えたからです。1965（昭和40）年代では、都市では道しるべにタバコ屋がよく使われました。「この先のタバコ屋を右に曲がって3軒目」というようにです。それが1975（昭和50）年代には喫茶店が道しるべに代わりました。目印になる喫茶店ができたのです。ただ、名古屋市は例外だったと言われます。喫茶店ができ過ぎて、目印に決め難かったからです。

1970（昭和45）年、当時の通産省の商業統計では、全国の喫茶店の店舗数は約5万店。1981（昭和56）年には、約16万2,000店になりました。1970年から1981年の11年間に3.2倍に喫茶店は増加しました。小資本で開業でき、経験がなくても、調理ができなくても開業でき、イメージもよいのが新規開業の喫茶店を急増させた要因です（今は経験も調理技術も資本もないと、喫茶店の開業は難しいですが、開業希望者は他の飲食業に比べると今も多い）。

　この1981年は、日本の喫茶店の店数がピークの時。この年に私は現在の旭屋出版に入社し、喫茶店業界の専門誌『月刊喫茶＆スナック』（現在は季刊カフェレスと改題）の編集部に配属されました。ちょうど、その創刊号（1981年8月発売）の編集作業の追い込みのときでした。

　月刊誌としての創刊号のメイン企画は「東京 VS. 大阪のモーニングセット」。喫茶店の店数が増えてきたことで喫茶店対象の専門誌発行に勝算を見出し、さらに、ほとんどの喫茶店にとって大きな関心事である「モーニングセット」をメイン企画に当てたのでした。その創刊号の1981年8月号はたいへんよく売れました。

　「東京 VS. 大阪のモーニングセット」のメイン企画とともに目玉企画だったのが、「喫茶店の店名・全国ベスト1000」です。1981年当時、全国に約16万2,000店あった喫茶店のうち、個人経営の店は86％でした。それだからこそ、「店名ベスト1000」という企画も立てることができました。そのうちのベスト100を163ページで紹介します。

　また、個人経営の喫茶店が86％の時代だったからこそ、愛知県の喫茶店のモーニングサービスも多彩になったのでしょう。店主のアイデアでどんどんモーニングサービスの内容を変えたり、工夫できる喫茶店が86％もあったのですから。

　令和5年の時点での「喫茶店・カフェの店名ランキング」を集計すると、

1	スターバックス	6	プロント
2	ドトールコーヒーショップ	7	星乃珈琲
3	コメダ珈琲店	8	珈琲館
4	タリーズコーヒー	9	カフェドクリエ
5	サンマルクカフェ	10	カフェベローチェ

の順となり、上位はすべてチェーン店となります。163ページの店名と比べると字数が多いのと、「コーヒー」「珈琲」の文字が入っている店名が多いこともうかがえます。

　昭和55年当時の喫茶店の店名について戻ります。ほとんど2音、3音の店名で、覚えやすいように考えられたことが伝わってきます。また、「コーヒー」に関連

した店名は店名ベスト100の中には、「ブラジル」、「サントス」、「ブルボン」し
かありません。喫茶店＝コーヒーというより、喫茶店＝軽食のイメージが昭和
55年頃は強かったこともうかがえます。それゆえ、モーニングサービスに工夫
をして差別化を図ろうとした店が多かったという説明もできます。その流れが愛
知県では現在まで続いていると言えるでしょう。

　なお、昭和55年当時、データも何もない時代です。全国の電話帳132冊の全
ページをコピーし、五十音別に切って「店名ベスト1000」は集計したものです（気
の遠くなる作業だったと、当時、先輩から聞きました）。

4. モーニングサービスが多彩なのは、喫茶店だから！

　さて、月刊喫茶＆スナックを1981年8月に創刊して2、3年後、問題が起きま
した。それは、取材対象となる喫茶店のことです。喫茶店業界の専門誌なのです
から、取材対象は喫茶店ですが、その「喫茶店とは何か？」という問題です。

　喫茶店とは、コーヒーが飲めるところ――いや、ファミリーレストラン、ハン
バーガーショップでもコーヒーは飲める。

　喫茶店はモーニングサービスを出すところ――いや、1982（昭和57）年から牛
丼チェーンも朝食を始めたし、ハンバーガーショップも1985（昭和60）年に朝食
セットを始めた。

　保健所で喫茶店営業許可をもらって営業しているのが喫茶店――いや、喫茶店
営業許可の店は、酒類以外の飲み物と茶菓、軽食を出す店。軽食はトースト程度
の見解なので、ほとんどの喫茶店は飲食店営業許可を取って、スパゲティやハン
バーグも出している。（現在は、喫茶店営業許可はなくなりました）

　当時、いろいろ議論し、編集部では、「取材対象の喫茶店とは、気軽にコーヒー
1杯で入れる店のこと」としました。コーヒーだけを飲める喫茶店は日本独自の
飲食業態です。スターバックスが広がる前は、コーヒーだけで入れる店はアメリ
カにありませんでした。

　「喫茶店とは何か？」は、今も定義は難しいですが、それは「喫茶店は何でも
出せる飲食店」という言い方ができるからだ思います。寿司を出すのが寿司店、
トンカツを出すのがトンカツ屋ですが、喫茶店は何でも出すことができます。そ
の自由さが、愛知県ではモーニングサービスでの創意工夫のもとにもなったこと
は確かです。茶碗蒸しをコーヒーに付ける岐阜モーニングの発想は、他の飲食業
からは生まれません。喫茶店だからこそ、そのモーニングサービスは多彩になっ
たのです。

昭和 55 年（1980）当時の、喫茶店の店名・全国ベスト 100

昭和 55 年発行の全国 132 冊の電話帳、全国喫茶業環境衛生同業組合・組合員名簿、月刊近代食堂、別冊喫茶＆スナック（旭屋出版刊）の取材名簿を集計した 183,478 店から作成。「ボン」と「ぼん」、「富士」と「ふじ」と「フジ」などの、読み方は同じでも表記め違うものは、別々にして集計しています。

順位	店名	店数		順位	店名	店数
1 位	ボン	435 店		52 位	サントス	190 店
2 位	ポニー	429 店		53 位	バロン	189 店
3 位	ジュン	398 店		54 位	バンビ	186 店
4 位	モカ	378 店		55 位	憩（いこい）	184 店
5 位	フレンド	348 店		56 位	パール	183 店
6 位	サン	323 店		57 位	キャビン	180 店
7 位	チェリー	322 店		57 位	再会（さいかい）	180 店
8 位	愛（あい）	316 店		59 位	マミー	178 店
8 位	エンゼル	316 店		60 位	コロラド	176 店
10 位	田園（でんえん）	309 店		60 位	レモン	176 店
11 位	ベル	294 店		60 位	ロイヤル	176 店
11 位	蘭（らん）	294 店		63 位	クラウン	173 店
13 位	道（みち）	292 店		63 位	シャルマン	173 店
14 位	ひまわり	289 店		65 位	葵（あおい）	170 店
15 位	セブン	284 店		66 位	オリーブ	168 店
16 位	グリーン	277 店		66 位	マロン	168 店
16 位	藤（ふじ）	277 店		68 位	フェニックス	166 店
18 位	ふじ	267 店		68 位	k（けい）	166 店
19 位	ヒロ	260 店		70 位	園（その）	164 店
19 位	モア	260 店		71 位	エコー	162 店
21 位	ラブ	255 店		71 位	プリンス	162 店
22 位	純（じゅん）	253 店		73 位	峰（みね）	161 店
23 位	ブラジル	249 店		74 位	オアシス	160 店
24 位	和（かず）	244 店		75 位	シャレード	158 店
25 位	たんぽぽ	241 店		75 位	白鳥（はくちょう）	158 店
26 位	エイト	239 店		77 位	イーグル	157 店
27 位	泉（いずみ）	238 店		77 位	くるみ	157 店
27 位	リーベ	238 店		79 位	琥珀（こはく）	155 店
29 位	白樺（しらかば）	237 店		80 位	いこい	153 店
30 位	ロン	236 店		80 位	京（きょう）	153 店
31 位	エル	234 店		82 位	タイム	152 店
32 位	ロマン	233 店		82 位	ポエム	152 店
33 位	富士（ふじ）	226 店		84 位	アポロ	151 店
34 位	あい	218 店		84 位	チロル	151 店
35 位	カトレア	215 店		86 位	ルナ	150 店
36 位	エリート	211 店		87 位	ポケット	147 店
36 位	ドン	211 店		88 位	紫苑（しおん）	146 店
38 位	リオ	204 店		88 位	レオ	146 店
39 位	メルヘン	207 店		90 位	ピノキオ	145 店
40 位	エデン	205 店		91 位	アップル	144 店
41 位	珈琲館（こーひーかん）	204 店		91 位	みどり	144 店
41 位	ジョイ	204 店		93 位	フジ	142 店
43 位	モンブラン	203 店		93 位	マリモ	142 店
44 位	じゅん	200 店		95 位	ブルボン	141 店
45 位	幸（さち）	199 店		96 位	カトレヤ	140 店
46 位	あすなろ	198 店		96 位	ポプラ	140 店
47 位	サニー	193 店		98 位	桂（かつら）	139 店
48 位	スワン	192 店		98 位	ホワイト	139 店
48 位	ポピー	192 店		100 位	エリカ	138 店
50 位	プランタン	191 店		100 位	潤（じゅん）	138 店
50 位	ゆき	191 店			（月刊喫茶＆スナック 1981 年 8 月号（旭屋出版刊）より）	

※月刊喫茶＆スナック 1981 年 8 月号でベスト 1000 を掲載し、以降、1982 年 5 月号まで、テーマ別（長い店名や難解店名など）にまとめて、連載した。

5. モーニングサービスが見直される時代が来る?!

　2020（令和2）年からのコロナ禍で、飲食店は大打撃を受けました。営業時間の短縮、アルコール類提供の自粛、また、席数を減らしたり。居酒屋だけでなく、多くの飲食店が苦境に立たされました。

　その中でも、喫茶店、それもセルフサービスではない、フルサービスの喫茶店は、ビジネス的に見直される傾向がありました。特に、『コメダ珈琲店』（昭和51年開業）に代表される郊外型喫茶店は、客席がゆったりしていてソーシャルディスタンスを確保した空間であること、お酒の販売に頼らず売上げをあげられ、夜9時までの営業時間で稼げること、テイクアウトしやすいメニューがそろっていること、3〜4人組のお客さんが中心であることなどから、コロナ禍でも影響を受けにくい営業ができることで見直されました。

　また、令和になってから「昭和の喫茶店」を特集する雑誌、書籍が増えてきています。昭和の喫茶店は、年配の人には懐かしく、若い世代には新しく感じるとよく解説されます。このことを、「昭和の喫茶店＝86％が個人経営の喫茶店」に視点を当てて解説すると、より明確に説明ができます。年配の人には昭和の喫茶店は、かつて通った喫茶店の店主、その店の個性、あの店のメニューが思い出されて「懐かしく」感じるのです。また、若い世代には昭和の喫茶店は、現代のカフェチェーンにない店ごとの特徴や店主の工夫が感じられるから「新しい」と感じるのです。

　昭和の喫茶店が見直されているということは、個人経営の喫茶店のモーニングサービスの魅力も見直されてくるのではないでしょうか。

6.「お値打ち」と「モーニングサービス」

　愛知県のモーニングサービスはすごいけれど、あれがなければ、経営は楽だし、モーニングサービスが喫茶店の経営を苦しくしている——と指摘する経営コンサルタントがいました。その方は、東京出身です。確かに、無料で提供するゆで卵、サラダの仕込みも大変です。ですが、モーニングサービスが経営を苦しめる要因なら、なぜ65年以上も愛知県では地域に根付いて守られ続けてきたのでしょう。

　そこには、「お値打ち」という考え方があるように私は思います。10年ほど前、『お値打ち案内』（狩野近雄著、文藝春秋新社刊）という1961（昭和36）年発行の書籍に出会い、「お値打ち」という言葉に、愛知県特有の意味合いがあることを知りました。名古屋支社に転勤した毎日新聞の記者だった狩野氏（東京生まれ）が、名古屋で出会った「お値打ちな店」を、大阪限定で発行していた『あまカラ』

という雑誌に連載していた記事をまとめた書籍です。

　名古屋の「お値打ち」には、単に値引きするとか、他より量を多くするといった意味ではない、深い内容があることが書かれていました。お客さんが求めるサービスとは、物理的なものではなく、気持ちの部分のほうが圧倒的に大きいということが「お値打ち」の真の意味だと、この本から教えられました。

　毎日朝からせっせと働く機屋さんを励ますために、また、親元を離れて寮に住みながら働く若者への思いやりから始まったとされる愛知県のモーニングサービス。まさに、そこに「お値打ち」の気持ちがあるように思います。そういう「お値打ち」を大切にする温かい心があるからこそ、モーニングサービスは地域に根付き、また、みんなに愛され続けてきたのは確かです。愛知県の喫茶店のモーニングサービスに、「経営戦略」とか「差別化」という用語は似つかわしくありません。

　2007年のベストセラーに「ご飯を大盛りにするオバチャンの店は必ず繁盛する」（島田紳助著）という本がありますが、これをもじるなら、「温かい気持ちが込められたモーニングサービスを出す喫茶店は愛され続ける」と愛知県では言えるのではないでしょうか。

焙煎について知ったこと・失敗したこと

㈲菊地珈琲代表取締役（本会地域文化研究委員長）　**菊 地 博 樹**

はじめに

　普段私は、コーヒー豆の製造販売・喫茶店・挽売り店の営業・全国業務店の起業支援・コーヒー教室の開催などを生業としている。

　弊社は1986年に札幌市に先代が創業した。創業当時は、札幌市中央区内の現在弊社本店が所在する地に、喫茶・挽売り店舗と、店舗内にラッキーコーヒーマシン製半熱風15kg焙煎機を設置した。当時はこの場所で、月間約1tを焙煎し直営喫茶・挽売り販売・業務用需要対応をしていた。その後2003年、札幌市西区に焙煎工場を併設した店舗を新築し、現在札幌市内に直営の喫茶・挽売り店5店舗、全国約100店の業務店様に、月間約3tのコーヒー豆をお届けしている。

　文化的もしくは産地寄りの内容は他の著者にお任せするとして、私は業務用焙煎機を日常使用する立場から「焙煎」について経験上知り得たことや、知っていれば避けられたのにやっちゃった、というようなことを中心に語ろうと思う。今の私の有様がベストとはちっとも思っていない。これからコーヒーの道に入り焙煎機を導入しようとしている方や、既に焙煎機はお持ちだが日夜悩みながら焙煎している方向けに、私のリアルな焙煎経験や失敗がお役に立つことができるのなら幸いである。

1. まずは安全に焼く

　弊社に焙煎機の設置や自家焙煎店開業のコンサルを依頼されるお客様の話しを伺うと、生豆の風味をいかに引き出すかの「焙煎」に話題が終始しがちだ。夢と希望・実現したい風味があってこその話しなので当然ではあるのだが、「焙煎の安全」に関しては経験上必要だからと私の方から切り出さないと話題になることがほとんどない。中古の釜を購入して焙煎機製造メーカーとコンタクトのない方や、長く焙煎業務に携わっておられるという方でも、この方面の意識が乏しい方が多いと思う。「おいしく焼く」の前にまずは「安全に焼く」ということを話題にしたい。

　普段通りの焙煎作業をしているのに五感で普段とは何か違う、おかしいと感じ

るとき、もしかしたらどこか燃えてはいないだろうか。それは「焙煎機火災」や「ダクト火災」の予兆ではなかろうか。可燃物があって温度が発火点に達しているところにフレッシュエアーを送れば、燃えるのは当然である。しかし豆を焼くためには温度は上げなければいけないし、強制排気すれば、フレッシュエアーもどうしても入って行ってしまう。そうなるとあとは火災を防ぐ為には燃えるものを置かなければよいということになる。

　火災を起こさない方法は発火する前に掃除すること、これに尽きる。焙煎機メーカーから機種ごとに清掃が必要な個所と清掃方法を確認し、推奨のタイミングで行う必要がある。弊社の場合は、ロースティングサイクロン系ダクトで150バッチ毎、クーリングサイクロン系ダクトで年に1回、ロースティングサイクロン内は焙煎日の作業開始前毎回と決めている。

2．不幸にして火が付いたら

　どんなに気を付けていても焙煎に火災は付きもので、予期せずして必ず起きてしまうと私は思う。その備えとイメージトレーニングを事前にしておくことをお勧める。できれば釜を壊さず対応するイメージを。

　私自身焙煎作業中は、風味創りの作業の中でもいつもと違う「音」「臭い」「煙」を意識している。これらのどれかが普段と違うとき、必ず普段と違うことがどこかで起きている。もし強制排気が通過する部位に着火していたら小さな火種は瞬く間に大きくなり排気の先へと延焼していく。まずは「どこに火が入ったのか」を見極める。

　ドラム内の場合。品温が異常な高温になった場合や火力が大きすぎた場合に起こる。ドラム内の豆に着火してのぞき窓から炎が見えていたり、煤煙が着火寸前で黄色い煙が漏れてくると、それはもう既に火災事故が起きている。不用意にドラム内のコーヒー豆を排出すれば、クーリングサイクロン系ダクトに火が燃え移ったり、排出扉を開けた瞬間にフレッシュエアーが入って、バックドラフトのように爆発的に燃えるので、できれば釜から豆を排出せずにドラム内で鎮静化したい。至急温度を下げたいので、方法としてはサンプラーがある釜ならそこから注水するのが有効である。

　大きくない釜であれば、水を入れたペットボトルを何本かいつも傍に置いておくだけでも有効な手段だ。他に、次に焙煎する予定の生豆をホッパーに早めに用意しておいて、異常高温の際は生豆を投入するのも有効である。釜温度を下げるための緊急投入であれば、例えば弊社の焙煎機ならフルバッチ30kgの生豆が既

に入っている釜にもう30kg入れてもちゃんと回るし、焙煎機全体の温度が下がって危機を脱することができる。

　なお、焙煎機の異常対応においては、特に釜の温度が高い場合は、特にドラムの回転を止めないで対応するのが鉄則である。不運にもドラム内にコーヒー豆が残って、かつ高温のまま電気の供給が停止するなどして回転が止まってしまった場合は、停電ハンドルなどでドラムを人力で回し、ドラム内のコーヒー豆を排出することが先決である。

　ロースティングサイクロン系ダクトの場合。高温に長時間晒されるため、着火の確率が高い。対応としてはダンパーやダクト管に延焼防止シャッターが装備されているなら、閉じるのが有効。サイクロンに掃除用の開口部があるのなら、そこから火元に向けて直接放水するのも有効。

　クーリングサイクロン系ダクトの場合。掃除が行き届きづらい箇所なので、一度着火すると大きな火災事故になりがちである。冷却層の下が最も着火しやすい。冷却ファンを停止してエアーの供給を遮断し、開口部から放水するのが有効である。

　制御盤の場合。制御盤内の部品劣化や結線の緩みなどが原因。放水すると復旧困難なダメージを与える場合があるので、二酸化炭素消火器による消火が有効。

　なお、いずれの火災においても、ABC消火器の使用はお勧めしない。消火剤の粉末が復旧の妨げになる。強化液消火器や、二酸化炭素消火器を有効に利用していただきたい。

3.　現在使用している焙煎機

　さて、安全を担保したうえで、日常私が使用している焙煎機を説明しておきたい。細々した説明になってしまうが、それらには意味があり、合わせていちいち説明させていただくのでご容赦いただきたい。

　フライパンでも焼けてしまうコーヒーだが、安定した商品加工を継続的に行うためには、業務用焙煎機を使用するのが有効と思う。連続して大量の製品を製造するのに適した熱風焙煎機も世の中にはあるが、バッチ式焙煎機が多く使われている。直火・半熱風、釜の大小、サイクロンの有無、排気ダンパーの有無、熱源の違いなど求める風味や焙煎量に応じていろいろであるが、基本的な焙煎の考え方は一緒である。

　現在の弊社の主機焙煎機は、2003年に新品購入した東京産機製半熱風30kgバッチ式焙煎機である。月間3tのすべてをフルバッチで焼く訳ではないので、平均

20kg／1バッチとすると、月間で150バッチ焼くことになる。そのうちダブルローストの商品を焼く際には、純粋にバッチ数が倍になる事などを考慮すると、月間250バッチ程の焙煎が必要となる。これを営業日数で割ると、30kgくらいのサイズが必要ということなる。国産機の導入に拘ったのは、細部に至るまで自分の使い勝手による要求を叶えてもらい、かつ何十年も使うにあたっての部品交換やメンテナンスを考えると、ほかの選択肢が無かったからである。

　熱源はLPG。これは設置エリアに都市ガスの供給がなかっただけのことだが、最近のガスは都市ガスもLPGもカロリーに大差ないので、都合でいずれでも良いと考える。ただ、アフターバーナーのようなガス熱源の消煙装置を設置するなら、ピークのガス使用量が多いので、LPGならベーパライザーのようなガスを強制気化する装置がないと火が全部消えてしまうということが起こるので注意が必要。

　サイクロンについて。弊社は、クーリングサイクロンと水冷式ロースティングサイクロンのダブルサイクロン。小型焙煎機の中には、ノーサイクロン仕様や、シングルサイクロンで切り替え導入するタイプなど見受けられるが、それぞれの焙煎機メーカーで、排気内の異物をきちんと除去できるように形もサイズも設計されている。ロースティングサイクロンが水冷というのは、サイクロン内の最上部に水がシャワーのように噴出する管が設置してあって、サイクロンの下には水を含んだチャフが落ちてくる仕組みとなっている。これはサイクロンに何回か火が入った経験を持つ先代が必要と判断した設備だが、これには功罪があると考える。功は焙煎中常に高温に晒される部分に水を通すことで、物理的に発火しづらくなること。罪はチャフが水を含むことでサイクロン内に粘着して残り、かえって燃えやすくなることと、水を含んだチャフがドライチャフより扱いにくいこと。

　排気ダクトに関しては、他にも設置の際に留意すべき点がある。焙煎機と排気系の配置を考える際に、サイクロンよりも焙煎機寄りの排気管になるべくアールをつけないこと。曲げるとそこには必ず可燃物が溜まることとなり、火災の要因となりうる。また、排気系はそもそも分解しやすい構造にし、できれば開口部を設けて掃除をしやすくしておくことが必須である。逆に言えば開口部が付いていたり、分解できる構造になっている部分には必ず意味があり、それは開口なり分解なりが必要な場所だということである。焙煎機メーカーがサイクロンやダクトを設計する場合は、それらには最初から配慮がなされているが、そうでない場合には注意する必要がある。

　アフターバーナーについて。弊社のアフターバーナーへの排気導入には、ロー

スティングサイクロンからの排気を常時導入するルートとは別に、クーリングサイクロンからダンパーで開閉しながら導入するルートを設けている。これは焙煎サイクルの中で最も煙が出るのは、焼きあがった豆を釜出しした瞬間だからである。これを消煙しないで排出すると、釜出しの瞬間を建物の外から見ていると、まるでバフっと火山が噴火したような煙が出るが、かといって常に導入してしまうと、無駄に炉内温度が下がってしまう。したがって、冷却層内の煎り豆から多量の煙が出ている間だけ、クーリング系から排気導入するためにこの様な仕様となっている。

アフターバーナーの火力制御はすることが決まっているので、オペレーターの負担を軽減するよう作業工程からタイミングトリガーを入力するシーケンサーで制御している。

焙煎バーナーの火力制御は手動で行っている。ここを自動にすると作業が楽になるが、自分のものではない一定の安全係数を掛けられて焙煎自由度が奪われる。

温度計は、デジタル品温計を煎り豆排出扉の上に、アナログ排気温度計をホッパーとダンパーの間に設置している。品温計は、焙煎豆が直接当たる位置に熱電対が配置されており、焙煎中のコーヒー豆の温度をリアルタイムで知ることができ、焙煎深度の目安として利用することができる。排気温度計は、焙煎時に余った熱量の温度の目安である。

ドラム回転制御インバーター。制御盤内に設置しており、ドラムの回転スピードを変えることができる。これにより焙煎効率を変えて、風味や焙煎時間を調整する。1バッチの投入量を普段と変えなければならない時の調整にも有効である。また煎り上がり排出の際に回転数を下げると、煎り豆の排出を速めることができる。

ディストーナ。風力選別の一種で、冷却後の豆を導入し、石などコーヒー豆よりも重いものを除去することができる。

バケットエレベーター。生豆を床の高さからバケットで上にあげて、ホッパーへフリーフォールで投入する。エアーで吹き上げることも可能だが、弱ければ詰まり強ければ割れ豆の原因となる。

以上が弊社主機焙煎機の仕様である。ご自身の業務に照らして、要不要の判断材料としていただきたい。

4. 焙煎による風味のバリエーション

最後に、焙煎による風味創りについて少し触れたい。

例えば全く同じ生豆を同じ量で2回焙煎したとき、最終焙煎深度を同じものに仕上げたとしても、もし仮に焙煎時間を15分で仕上げるのと、20分で仕上げるのには、風味に有意な差が生じる。ポジティブに表現するなら前者は輪郭のハッキリしたメリハリのある風味となり、後者は穏やかな丸みを帯びた風味となる。ネガティブに表現するなら、前者は自己主張が強すぎる飲みにくいコーヒーとなり、後者は本来の風味をマスクしたようなボケた風味となる。

　生豆を購入したときについてくるテイスティングノート通りの味がしないということは、普通に起こることで、逆を言えばここら辺を知っていれば、自分の出したい風味に仕上げを近づけることが可能となる。

　このように、焙煎による風味に関しては焙煎深度の浅深の他にも、時間の長短、火力の上げ下げ、ダンパーの解放具合、投入量の多少、ドラムの回転数に応じた焙煎効率の違いなど、変化を与える要素がたくさんある。焙煎による風味創りの参考にしていただければ幸いである

　皆様のコーヒーライフがより豊かになることを願う。

コーヒーと健康生活

茨城大学大学院教授（本会常任理事）**高 妻 孝 光**

1. 知っておきたい身体の化学的仕組み

　コーヒーを飲んで健康生活をおくる上で、科学的に確かなことを理解していると、食生活や運動との関連も考えることができる。そのため、まずここでは、ごく簡単な身体の化学的仕組みについて紹介する。

身体の化学的仕組みに関する重要基礎因子

核酸：核酸は遺伝物質としての DNA や RNA の基本的成分である。旨味成分のイノシン酸も核酸の入った化合物である。核酸はメチル化を受けることで働きが制御されている。また、DNA をまきつけて細胞の中にしまいこんでいるヒストンタンパク質は酢酸が結合するアセチル化によって、DNA の働きを制御している。

タンパク質：タンパク質は筋肉を形成するだけでなく、血液中で酸素を運ぶヘモグロビン、からだの中の様々な物質変換を担う酵素、シグナルを伝達するサイトカイン、遺伝子発現の調整に関係する転写因子等、様々な働きをしている。血糖値を下げるインシュリン、逆に上げるグルカゴンもタンパク質である。食事から摂取したタンパク質は、アミノ酸へと分解される。このアミノ酸を使って、遺伝子の設計図をもとに必要となるそれぞれのタンパク質が作られる。タンパク質機能や量が不調をきたすと様々な病気がおこる。

糖質：糖質は、化学的には、3つ以上の炭素原子を有するポリヒドロキシアルデヒド、およびポリヒドロキシケトンと定義される。6つの炭素原子からなるグルコース（ブドウ糖）やフルクトース（果糖）はエネルギー源として重要である。糖質の代謝においては、コーヒーにも含まれているナイアシンを骨格としてもつ NAD^+ や $NADP^+$ が重要である。

脂質：脂質とは、エネルギー源として蓄えられる脂肪、コレステロール、脂溶性ビタミンなどを総称したものである。脂質のうち、いくつかの脂肪酸は、シグナル伝達において重要な役割をもっている。脂質の代謝においても NAD^+、$NADP^+$ は重要である。

ビタミン：酵素はタンパク質であり、この酵素の働きが発揮される上で必要な因

子を補因子とよんでいる。補因子には、有機化合物もあれば金属イオンもある。有機化合物でできている補因子の多くは、からだの中で作ることができないか、あるいは極めて少ない量であるため、外から補う必要がある。補因子となり酵素機能を発揮させるために必要なものがビタミンである。コーヒーには、補因子である NAD^+ や $NADP^+$ の骨格成分となるナイアシンが含まれている。

受容体タンパク質：細胞には細胞間や組織・臓器間の情報を受け取る受容体タンパク質が存在している。受容体タンパク質はレセプターとよばれるもので、細胞において DNA を有している核にも存在している（核内受容体）。このように細胞や組織・臓器における情報交換は、受容体を介して行われ、その仕組みをシグナル伝達とよんでいる。このシグナル伝達が制御不能になると様々な病気を発症することになる。受容体の機能阻害するものはアンタゴニストとよばれ、反対に受容体機能を作動させるものはアゴニストとよばれる。カフェインはアデノシン受容体のアンタゴニストとして機能する。アデノシンとカフェインの骨格構造はプリン塩基からできていて、そっくりであるため、アデノシン受容体はアデノシンと間違えてカフェインを結合するが、本来の作用が起こらなくなる。

シグナル伝達物質：シグナル伝達において、受容体に結合し、シグナルを受け渡していく物質はシグナル伝達物質とよばれ、ホルモン、サイトカイン、神経伝達物質等がある。ホルモンにはインシュリンやグルカゴンのようなタンパク質もあれば、ステロイド、アドレナリンのような低分子もある。ホルモンは、血流にのって全身で作用する。

神経伝達物質：神経伝達物質としては、ノルアドレナリンが交感神経系において、アセチルコリンが副交感神経系において働く。これ以外にも、神経伝達物質としては、ドパミン、セロトニン、GABA（γ-アミノ酪酸）、グルタミン酸がある。ドパミンはカテコールという化学構造をもつアミンであるため、カテコールアミン（カテコラミン）ともいわれ、チロシンというアミノ酸から作られる。ちなみに、ヒトでは、チロシンはフェニルアラニンというアミノ酸から作られる。また、セロトニンはトリプトファンというアミノ酸から作られる。

セカンドメッセンジャー：細胞へ最初のシグナル伝達が行われたのち、シグナルを受け取った細胞が2番目のシグナル伝達物質を放出することがある。この2番目のシグナル伝達物質をセカンドメッセンジャーとよんでいる。セカンドメッセンジャーには、Ca^{2+}（カルシウムイオン）、サイクリック AMP、1,4,5-イノシトールトリスリン酸、ジアシルグリセロール等がある。がんでは、細胞内でのシグナル伝達に乱れが生じ、過剰に炎症性の応答が起こったりしている。

多くの制がん剤は、細胞内でシグナル伝達に関係しているタンパク質を標的としてがんを抑制するが、正常細胞についても働くため、副作用が起こる原因となっている[1]。

2. コーヒーに含まれる化学成分

カフェイン：カフェインはコーヒーに含まれる化学成分のうち最もポピュラーなものであり、アデノシン受容体におけるアンタゴニストして働く。脳内においては、2型アデノシン受容体（A2A）の機能を抑制することになり、覚醒させる。カフェインは、1型アデノシン受容体（A1R）に対しても抑制的に働く。愛情ホルモンとも呼ばれるオキシトシンは、ストレス解

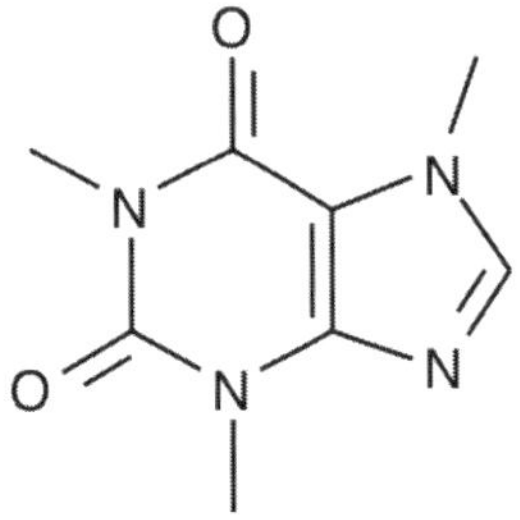

図1　カフェインの構造

消の効果を示す。食べ過ぎで肥満になったマウスでは、視床下部に1型アデノシン受容体（A1R）が増えていて、それが過食と肥満の原因になっている。カフェインを使って A1R を抑制すると、オキシトシン分泌量が増えて、食欲が抑えられ、体重が減る。カフェインは、シトクローム P450 というヘム酵素 CYP1A2 によって代謝を受ける。この酵素はアルコール代謝の酵素と同じように人によって、代謝に強弱の出る遺伝子変異に個人差があることが知られている。通常のコーヒーが合わない人はデカフェのコーヒーが勧められる由縁である。カフェインの半数致死量 LD50 は、ネズミの実験で、体重1kg あたり、200mg/kg なので、これを人間に換算すると（動物の違いや代謝の個人差もあるので、一概には言えないのだが）、体重50kg の人では10gとなる。10g のカフェインはコーヒーにすると約100杯くらいとなる。カフェインのほどよい量は、LD_{50} の50~100分の一を目安とすると、100mg~200mg となる。これはコーヒーに換算すると1日に2～3杯が目安ということになる。

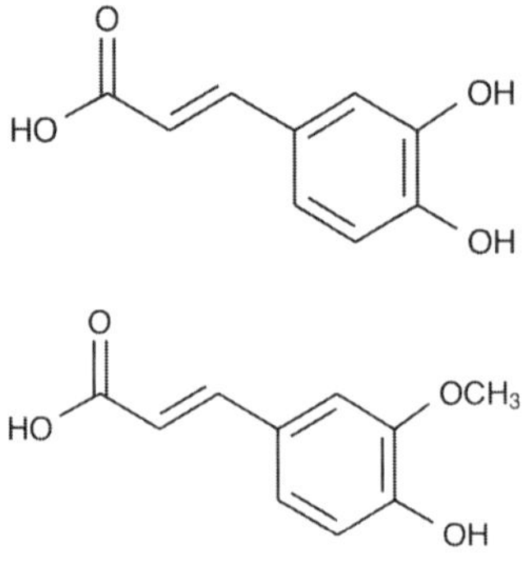

フェノール酸：コーヒーには多くのポリフェノール類が含まれているが、代表的なものとして、フェノール酸としてのクロロゲン酸、カフェ酸がある。カフェ酸は肝臓でフェ

図2　カフェ酸（上）、フェルラ酸（下）の構造

ルラ酸に変えられるが、この過程で起こるメチル化という反応とそこに関係するメチル基転移酵素は、後述のニコチン酸の代謝とも関係している。クロロゲン酸が示す、抗酸化、抗炎症作用は、カフェ酸とフェルラ酸によるものであり、活性酸素を除去し、AMPK（AMP依存性キナーゼ）という酵素を介して、糖質と脂質の代謝を調節、炎症性サイトカインの産生を抑制、抗炎症性の転写因子を活性化し、炎症性転写因子を抑制する。

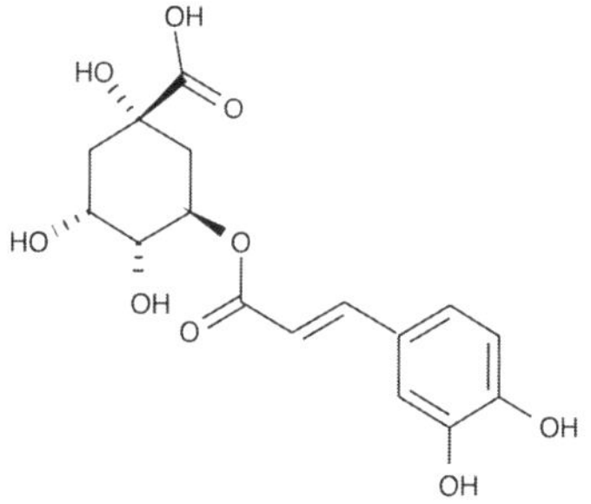

クロロゲン酸：クロロゲン酸とは、クロロゲン酸は、野菜や果物にも入っていて、お茶にも入っている。クロロゲン酸は、いくつかあるカフェオイルキナ酸の総称で、コーヒー生豆には、3-カフェオイルキナ酸、5-カフェオイルキナ酸が入っている。

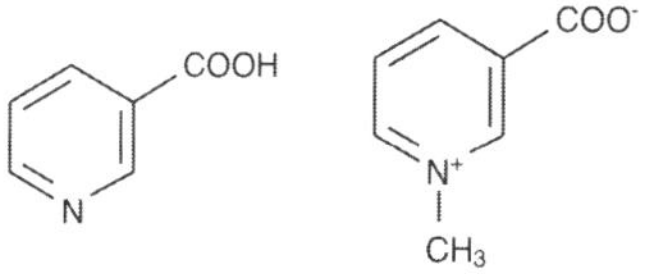

カフェ酸：クロロゲン酸は腸内細菌によって、カフェ酸とキナ酸に分解される。カフェ酸の吸収率はとても高い[2]。

ニコチン酸（ナイアシン）：ニコチン酸は体の中のいろいろなところで機能する NAD^+（ニコチンアミドアデニンジヌクレオチド）の主要部分となる。NAD^+ が欠乏すると、やがては死にいたるペラグラという病気になる。コーヒーの生豆にはトリゴネリンという化合物が存在するが、焙煎を行うことにより、トリゴネリンは、ニコチン酸へと変換される。マウスの実験ではあるが、トリゴネリンには、脳の神経炎症の予防、神経伝達物質レベルの回復により、認知機能の改善効果があることがわかった。焙煎によってニコチン酸が増えてくるが、一方、ポリフェノールであるクロロゲン酸は減少してくる。からだの代謝に重要な NAD^+ や $NADP^+$ のもとになるニコチン

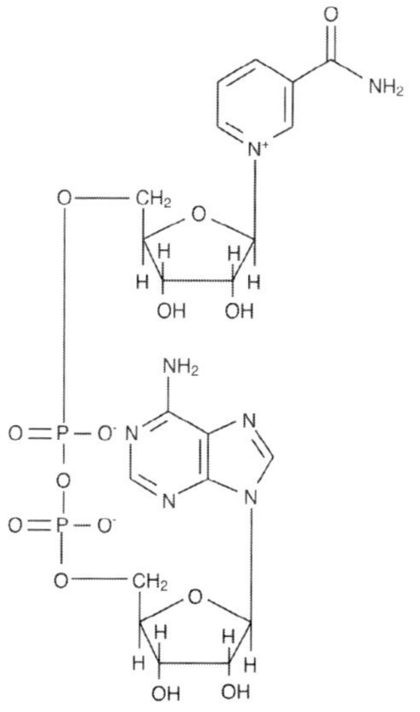

図3　クロロゲン酸（5-カフェオイルキナ酸）の構造

図4　ニコチン酸（左）とトリゴネリン（右）の構造

図5　NAD^+（ニコチンアミドアデニンジヌクレオチド）の構造

酸やニコチナミドの量を増やしながら、有効なクロロゲン酸の量をキープするのは、どうやらシティあるいはフルシティーローストがよさそうである。しかし、ニコチナミドは、長寿遺伝子ともよばれる Sirts を阻害するので、ニコチナミドを NAD^+ へと再生する経路の活発な若い人と、そうでない高齢者では飲み方を変える方がいいかもしれない。

香気成分：コーヒーの香りの中には、硫黄原子を含むものがあり、独特の香りを与える。近年、みつかったコーヒーの香り成分に、なんとネコと同じような匂いをする成分がある（お宅のネコちゃん、コーヒーに寄って来ませんか？）。

3．コーヒーと健康生活

コロナウィルスとコーヒー：コロナウィルスができあがるためには、コロナウィルスのタンパク質を作っていく必要がある。コロナウィルスのタンパク質は、RNA 情報をもとに、ヒトの細胞でひとつながりのタンパク質として作られていく。そこで、ある特殊な位置でそのひとつながりのタンパク質を切ることにより、例えばスパイクタンパク質ができてくる。このひとつながりのタンパク質を切断する酵素がメインプロテアーゼというものであり、コロナウィルス治療薬の標的となる。面白いことにコーヒーに入っているポリフェノール類であるクロロゲン酸は、このメインプロテアーゼを阻害する。つまり、コロナウィルスは完成しなくなってしまう。

がんとコーヒー：がんという病気では、細胞内のシグナル伝達が大きく乱れ、暴走している状況になってしまっている。その中でもいくら食べても体重が減少してしまう悪液質というものがある。この悪液質では、がん細胞の産生する TGF-β（形質転換増殖因子 β）が筋肉の受容体に結合すると、Smad2/3 という転写因子が活性化を受け、核内に移行する。核内に移行した転写因子 Smad2/3 によって、ヒストン脱アセチル化酵素である HDAC4 が発現し、筋肉の萎縮につながると考えられている。また、TGF-β の調節異常で、炎症、自己免疫疾患、線維症、がん、白内障等が起こる。ところが、これらのがんに関する TGF-β や Smad2/3 はカフェインによって阻害されるという報告があり、コーヒーを飲んでいるとがんの悪液質を予防できる可能性がある。コーヒーを飲んでいる人の場合、肝臓がん、胆嚢がんの予防効果があるとの報告もある。

血圧とコーヒー：肝臓から出てくるレニンという酵素は、腎臓のアンギオテンシノーゲンというペプチドを切断して、アンギオテンシン1を作る。アンギオテンシン1はアンギオテンシン1変換酵素（ACE1）によって、アンギオテンシン

2になる。このアンギオテンシン2は、腎臓におけるアルドステロン分泌を高め、血圧が上昇する。腎臓や肝臓に障害があるために起こる高血圧を原発性高血圧とよんでいる。しかし、多くの高血圧は原因が不明であり、こちらは本態性高血圧とよばれている。本態性高血圧だからと安心せずに、塩分を控えめにし、運動をすることは大切である。さて、ACE1が多いと、血圧が高くなり血管壁が弱くなるため、心血管系疾患のリスクが高くなる。コーヒーに含まれるクロロゲン酸がこのACE1を下げてくれるということがみつかっている。つまり、血管の保護に役立つというわけである。また、コーヒーを焙煎するとメイラード反応が起こり、メラノイジンが生成するが、このメラノイジンは腸内細菌によって馬尿酸となり、ACE1を阻害することにより血圧が降下するかまたは上がらないらしい。しかし、重い心臓病にはカフェインはよくないので、重い心臓病の方は、コーヒーはデカフェで飲んだ方がいい。

肝臓・腎臓とコーヒー：新型コロナウィルス感染症では、急性腎障害を起こすことがあることが知られている。これには、前述のTGF-β/Smad3が関与している。Smad3が活性化されると、腎線維症が発症する[3]。コーヒーとがんのところでも述べたように、コーヒーはSmad3を抑制するため、腎臓の繊維化も予防できる可能性がある。さて、腎臓の機能を評価するものにeGFRという指標があり、これは腎臓の老廃物除去、つまりろ過機能を示している。このろ過機能が落ち、低くなると慢性腎臓病（CKD）になるが、水分をよく摂って、コーヒーを飲むとCKDを発症するリスクが減り、コーヒーを1日3杯飲むことで発症リスクは9%減るといわれている。コーヒーに含まれるクロロゲン酸は、AMPKを活性化し、肝臓における脂肪酸合成を抑える。また、カスパーゼという酵素を抑制し、肝臓の細胞が死んでしまうことを抑える。さらに受容体TLR4に結合し、炎症性のシグナル伝達を抑制し、抗酸化に関係するNrf2転写因子の発現を促すことで炎症が抑えられ、肝臓が保護される。

糖尿病とコーヒー：医薬経済社のブログで、岡希太郎博士がまとめられているが、いわゆる生活習慣が原因となって発症している2型糖尿病において、コーヒーを飲んでいる場合、全死亡リスク、心臓病リスク、脳卒中罹患リスク、網膜症罹患リスク、腎機能低下リスクが低下するとのこと。また、糖尿病予防効果は、デカフェのコーヒーでも認められることから、カフェイン以外の成分が関係しており、その中でもクロロゲン酸が抗酸化・抗炎症として最も期待される。前出のようにコーヒーのクロロゲン酸は、腸内細菌によって、カフェ酸に分解され、カフェ酸は、肝臓で抗酸化・抗炎症作用のあるフェルラ酸となる。

美容とコーヒー：AMP 依存キナーゼ（AMPK）は、からだの燃料計として働く酵素である。AMPK が機能することが健康にも美容に重要である。AMPK の活性化は酸化ストレスや慢性炎症を抑え、老化防止につながる。この AMPK を活性するのがポリフェノールであり、まさにコーヒーに含まれるポリフェノールが活性を促す。ストレスがかかると、抗酸化ストレス応答因子である Nrf2 というタンパク質が発現される。この抗酸化ストレス応答因子である Nrf2 は、ブロッコリーに含まれるスルフォロファン、コーヒーに含まれるクロロゲン酸、カフェ酸、カフェオイルキナ酸でも活性化される。

ストレスとコーヒー：ストレスがかかると、視床下部─下垂体─副腎を通して、ストレス物質であるコルチゾールが分泌される。コルチゾールは、一般的にステロイドとよばれる抗炎症性作用をもつものである。コルチゾールは、ストレス対応に備えて筋肉にエネルギー源を送る。長期にわたってストレスがかかり、コルチゾールが常に高いレベルに維持されると、神経細胞の萎縮がおこることが知られている。コルチゾールは身体の中で、ストレス作用をもたないコルチゾンへと変換されるが、コルチゾンはコルチゾールへも逆変換される。しかし、コーヒーに含まれるカフェインは、この逆変換を行う酵素を阻害し、コルチゾールのレベルが高くならないようにする。また、カフェ酸には弱い抗うつ効果があるらしい。

運動とコーヒー：AMP 依存キナーゼ（AMPK）は運動によっても活性を受けることが知られている[4]。つまり、コーヒーを飲んで運動をすることは、まさに身体の若返り、健康維持につながると言える。運動によって脂肪組織からアディポネクチンというタンパク質も分泌されるようになる。このアディポネクチンは脂肪代謝を高め、インシュリンが効くようになったり、肝臓の繊維化を防いでくれる。アディポネクチンは血管拡張作用もあり、動脈硬化の予防にもつながる。このアディポネクチンを高めるもののひとつにコーヒーがある。

加齢とコーヒー：運動機能が加齢とともに低下し、要介護状態の手前の状態をフレイルとよんでいる。若い時から、コーヒーを常飲している人達は、フレイルになる確率が低くなるということが知られている。お茶にも同じような作用がある。加齢に伴い、高い音がよく聞こえなくなる加齢性難聴になるが、コーヒーを飲んでいる人達は4000Hz の高い音が聞こえない加齢難聴の人は少なかったそうだ。BDNF（脳由来神経栄養因子）は、大脳皮質、海馬で作られ、神経細胞の生存、維持、分化に関与し、シナプス機能調節を介して神経可塑性に関与している。アルツハイマーやうつでは、海馬での BDNF が減少してい

るという報告がある。また、最近の研究から、BDNF はミトコンドリアが豊富な筋肉にも多く発現し、筋肉そのものから BDNF が分泌され、骨格筋ミトコンドリア機能を制御している。運動は、海馬、骨格筋での BDNF とその受容体である TrKB（Tropomyosin-related kinase B 受容体）の発現を高める[5]。カフェインによって BDNF の分泌量が増えるとの報告がある。萎縮した筋肉から出るヘモペキシンタンパク質が骨格筋、血中、海馬で増えると、ヘモペキシンによって記憶障害が発症し、認知症の発症を早めるという報告がある[6]。コーヒーに含まれるカフェインは前出のように、筋肉の萎縮を防ぐので、結果として認知症予防にも効果があるかもしれない。赤ワインにはレスベラトロールというポリフェノールがあり、長寿遺伝子とよばれる Sirt1（サーチュイン1）タンパク質を活性化することが知られている。この Sirt1 は、NAD^+ を必要とする酵素であり、NAD^+ のもととなるニコチン酸（ナイアシン）はコーヒーに含まれている。Sirt1 が働くと、NAD^+ はニコチナミドになるが、若い人はこのニコチナミドを NAD^+ へと再生する経路が活発である。実に赤ワインとコーヒーの組み合わせは、興味深いものがある。また、Sirt1 へ供給される NAD^+ は運動によっても高まる[7]。

〔謝辞〕本稿をまとめるにあたって、日本コーヒー文化学会の元副会長で東京薬科大学名誉教授の岡希太郎博士の膨大な文献調査に基づくブログ[8] を参照させていただきました。ここに深く感謝申し上げます。

注

1）ヴォート　生化学　東京化学同人

2）クロロゲン酸を含むコーヒーポリフェノール飲料の摂取により、顔面や下肢での角層水分が増え、ストレス症状の改善が認められたということが報告されている。上田早智江, 須摩茜, 田村亮, 片岡潔, 杉山義宣, 水谷仁, 高木豊, 皮膚の科学, 16, 347-355（2017）.

3）Wenbiao Wang et al., Advanced Science, 9, 2103248（2022）.

4）Berzigotti A, et al. Physical activity and liver diseases. Hepatology. 2016;63:1026-40 Berzigotti A, et al., Hepatology. 63, 1026-40（2016）.

5）アンデシュ・ハンセン, ストレス脳, 新潮社（2022）.

6）Tsukasa Nagase, Chihiro Tohda, Journal of Cachexia, Sarcopenia and Muscle（2021）, https://onlinelibrary.wiley.com/toc/1353921906009/0/0

7）太田秀隆, "長寿遺伝子 Sirt1 について", 日老医誌, 47, 11-16（2010）. 山口慎太郎, 吉野純, "老化関連疾患における NAD+ 合成系の役割と創薬標的としての可能性", 生化学, 89, 239_244（2015）.

8）https://iyakukeizai.com/coffee-blog 医薬経済 ONLINE 栄養成分ブレンドコーヒー

私を育ててくれた珈琲の世界の先達たち

（一社）日本ネルドリップ珈琲普及協会代表（本会常任理事） 繁田武之

　この業界で40年近く生きてきましたが、私を珈琲の世界へ導き、今も影響を与え続けてくれている「私を育ててくれた珈琲の世界の先達たち」をご紹介したいと思います。

1．ブラジルで出会った珈琲の世界の先達たち

　まずはブラジルから。1976年に、移住しようと思ってブラジルに行きました。私の実家は日本茶のお店で、日本茶の農家で働いたこともあったため、コーヒーの農家に興味がありました。そこで、友人の知り合いのコーヒー農園、下坂農園にお世話になることになりました。それまで私は、コーヒーというものをほとんど飲んだことがなく、

下坂農園・下坂氏（1977年）

下坂農園で飲んだコーヒーが、私のコーヒー人生の始まりでした。

　下坂農園はミナス州のセラード地帯カルモ・ド・パラナイーバにありました。今ではセラードはコーヒーの一大産地になっていますが、当時のセラードにコーヒーはほとんどなく、強い酸性土壌に1ヘクタールあたり10トンもの石灰を撒き、中和して農業をするというものでした。どれだけコーヒーが穫れるのか、どんなものが穫れるのか。不安の中、下坂匡氏は手探りで農園づくりに取り組んでいました。そんな時期にこの農園で過ごせたことは、非常にありがたい経験でした。その後30年近くにわたって下坂氏とお取引することになるとは、当時は夢にも思いませんでした。

　下坂農園を出た私は、カルモドパラナイーバから、サントスという港町へ向かいました。サントスはブラジル最大のコーヒー輸出港で、港の近くにエクスポーターの事務所が多くあり、サンプル缶を持ったボーイが走りまわる活気のある街でした。私はそこの丸紅コロラードというエクスポーターで、カッピングの助手

をさせていただくことになりました。

そこで出会ったのが、日本人初のクラシフィカドール・小室博昭氏です。私は東京の阿佐ヶ谷、小室氏は中野の出身で、家が近いということで、非常にかわいがっていただきました。

1976年というのは、1975年にブラジルを襲った大霜の翌年で、コーヒーのニューヨーク相場が最高値になった年です。そんなときに小室氏に出会ったので、視覚、味覚、嗅覚という自分の五感を使ってビジネスを行うクラシフィカドールという職業に、たいそう憧れを感じました。

1977年に出版された小室博昭氏の珈琲鑑定の本

小室氏の自宅で書生のように過ごした日本人は多く、氏の門下生は日本のコーヒー業界に大きな影響を与えたと思います。塩沢敏明氏（愛知・富士コーヒー）、服部卓也氏（愛知・シーシーエスコーヒー）を筆頭にいろいろな方がいました。日本のスペシャリティコーヒー協会の重鎮・関根伸慈氏（ワタル）も、当時は丸紅の若い社員でした。門下生の1人として私と同時期にサントスにいた安髙昌彦氏（サニーフーヅ）は、初めて会った日本コーヒー業界の人でした。彼には日本のコーヒー業界のことをいろいろ教えていただきました。

ジアマンチーナヨシマツロゴ

現在私は、ブラジルから「ジアマンチーナヨシマツ」というコーヒー生豆を輸入卸販売しておりますが、2011年に下坂農園が売却され、「カルモシモサカ」がなくなったときに、「もしまだブラジルの豆を扱うならヨシマツさんのコーヒーだよ」と下坂氏にご紹介いただいたのが吉松農園でした。

吉松農園はミナス州の北に位置する世界遺産の街・ジアマンチーナ近郊にあります。ここは従来のコーヒー産地ではなく、もともとは鉱物資源や金、ダイヤモンドの産地です。そんな場所で、コーヒーを作りたいと思ったという吉松早苗氏と息子のリカルド氏。リカルド氏は日系人のために設立された西

吉松早苗氏とリカルド氏親子
ブラジルミナス州ジアマンチーナにて

村農学校の出身で、日本的農業を学び、さらにアメリカ的な徹底した省力化、機械化を実現。農園を訪れるたびに新たな機械が導入されており、新たな風味を持ったコーヒーが生まれました。とにかくジアマンチーナでコーヒーを作りたいという吉松早苗氏と、近代的なコーヒーづくりを追求するリカルド氏。二人の想いが「ジアマンチーナヨシマツ」を作りだしたのです。

2. カルモシモサカでつながった珈琲の世界の先達たち

　1990年より2011年まで、下坂農園の生豆を「カルモシモサカ」という名で日本全国の自家焙煎珈琲店に向けて卸販売をしていたのですが、このきっかけを作ったのが関根匡氏です。彼は下坂氏と同郷の福島県いわき市の出身で、学生時代、卒業論文の題材探しで地元の農家を訪問し、そこでブラジルの下坂氏から訪問先の農家の元に届いた絵葉書を見て、下坂農園を訪れました。1987年のことでした。

　当時、下坂農園のコーヒーはまだ日本に入ってきていませんでした。そこで、関根氏が「このコーヒーをなんとか日本に広めたい」と下坂氏に相談したところ、私を紹介され、1988年に「ブラウンチップ」という自家焙煎珈琲店を東京・荻窪に開店。ここから「カルモシモサカ」が生まれました。

　小さい自家焙煎店とはいえ、自分たちで輸入するとなると、20フィートのコンテナで16トンの生豆を仕入れることになります。インターネットやSNSもなければ、「フェアトレード」「ダイレクトトレード」という言葉もない時代に、どうやって「カルモシモサカ」を知ってもらい、販売するか。そこで私たちは、2年に一度下坂氏に日本に来てもらい、全国を巡り、産地の現状を伝えてもらいました。それまでのコーヒー業界にはなかった「顔の見える生産者」を実践しようと考えたのです。また、星田宏司氏の発行する雑誌『珈琲と文化』に記事を書き、「カルモシモサカ」を紹介してもらいました。

　その記事に目を留めて「カルモシモサカを焙煎してみたい」と最初に言ってくださったのが、銀座「カフェ・ド・ランブル」の関口一郎氏でした。関口氏の研究熱心さ、焙煎への想いには、鋭いものを感じました。お店に伺うと、いろいろな産地を巡った私の話に、熱心に耳を傾けていただきました。

満百歳を超えて焙煎する関口氏

同時に、それまでのコーヒーの世界を教えていただきました。ネルドリップ抽出の祖とされる三浦義武が、1935年12月に白木屋デパートで開催した「三浦義武の珈琲を楽しむ会」に、関口氏は唯一の大学生として参加しています。その時の様子や三浦義武の人柄、戦後間もない頃は生豆が入手しづらかったこと、オリジナルミルの開発への想いなどを話していただきました。関口氏にいただいた「コーヒーは目で飲むものでも、耳で飲むものでもなく、口で飲むもの」という言葉は、いつも自分に言い聞かせている言葉です。

　1994年、東京・阿佐ヶ谷のホテルアミスタ（現ルートイン阿佐ヶ谷）で行われた「ブラジル下坂農園セミナー」は、いろいろな人がつながりを持った歴史的な会でした。参加者には関口一郎氏（銀座・ランブル）、永田政弘氏（小平・永田珈琲店）、大坪達也氏（八王子・珈琲実験室）、門脇美巳氏（島根・サルビア珈琲）、井上忠信氏（長野・井上製作所）、森光宗男氏（福岡・珈琲美美）、狭間寛氏（珈琲見聞録）、星田宏司氏（いなほ書房）らがいらっしゃり、大きな影響を受けました。

　東京・小平で「永田珈琲店」を営む永田政弘氏は、コーヒー業界で初めてインターネットのセールスプロモーションをしかけた方。

　大坪達也氏の「珈琲実験室」は、初めてお会いしときは東京・国立の小さな自家焙煎珈琲店でしたが、その後会うたびに事業を拡大されており、委託焙煎という分野で大きく飛躍します。

　門脇美巳氏は、島根県の安来市の小さな喫茶店でした。いつもご夫婦で全国のいろいろなイベントに参加し、「サルビア」の名を全国に広め、日本のバリスタチャンピオンになった門脇兄弟（安来・カフェロッソ、松江・カフェヴィータ）を生みます。素晴らしいファミリーです。

　井上忠信氏の井上製作所は、長野県茅野市でコンピュータ制御の旋盤で精密機械の部品を作る会社でした。物作りが好きだった井上氏は、1kgの簡易な焙煎機を趣味で作っており、その後日本のコンピュータ制御の技術を凝縮した焙煎機を完成させました。現在この焙煎機は、全国各地の有名自家焙煎店で使われています。また、このときランブルの関口氏と出会ったことがきっかけとなって、ネルドリップ抽出の有名店がこぞって使う「リードミル」が生まれました。

　「珈琲美美」のマスター森光宗男氏もまた、このとき関口氏と会ったことがきっかけとなって、ネルドリップの祖・三浦義武研究を始めます。森光氏はイエメン・エチオピア、いわゆる「モカ」について非常に熱心に研究され、2012年に『モカに始まり』を出版。6度も現地に赴きました。私も2回（1996年、2005年）同行させていただき、現地を見ることがいかに大事かを教えていただきました。

ちなみに、「一般社団法人日本ネルドリップ珈琲普及協会」の設立や抽出器「ねるっこ」の開発も森光氏の発案です。森光氏は現地で生まれたアイデアを実行に移します。「スィートコーヒー」を探しにフィリピンのミンナダオ島に行ったときも、収穫したばかりのコーヒーチェリーの皮を剥き、フライパンで焙煎。森光氏が持参したネルドリップで淹れてくれました。これが美味しかった。「好奇心と探求心」の大切さを教えてくれました。

　狭間寛氏は、当時食品業界紙のコーヒー番記者として細々とした情報を記事化していました。彼はいろいろな情報を持っていました。この新聞で開発中

フィリピンミンダナオ島の農家でフライパンで焙煎する森光氏

の焙煎機の記事を目にしたときには、すぐに群馬のアイ・シー電子工業の萩原豊氏を訪問。瞬時に焙煎できる「トルネードキング」を見学させていただき、その後試作機をひたちなか市のホームセンター「ジョイフル本田」に導入。こうして完成した「トルネードキング」は、その後「やなか珈琲」や「% Arabica」に採用されました。

　星田宏司氏は雑誌『珈琲と文化』の発行者。インターネットやSNSのなかった時代、コーヒーの産地情報や、いろいろな見識者によるエッセイ、自家焙煎店コーヒー店の先輩経営者たちの考え方などは、この雑誌を通じて学びました。自家焙煎珈琲店の開店情報も重要な情報でした。

　また、盛岡の「ねるどりっぷ珈琲機屋」の関基尋氏も、関口氏のかばん持ちとしてセミナー会場に来ていたそうです。関氏は関口氏にならって「1992年のカルモシモサカボルボン」を購入。ランブルではもう飲めなくなってしまいましたが、機屋には今でも在庫があるようです。

　今でこそ、現地視察や農園視察は当たり前になりましたが、1999年に行った下坂農園ツアーは、イグアスの滝、リオデジャネイロ、サンパウロのサンバ学校など、観光もある楽しいツアーでした。このときも全国から素晴らしい人たちが集まりました。西岡憲蔵氏（金沢・キャラバンサライ）、小原博氏（徳島・徳島コーヒーワークス）、今井利夫氏（岐阜瑞浪・待夢珈琲店）、松浦哲也氏（島根・松浦珈琲）、樋口精一氏（岐阜・珈琲工房ひぐち）、赤木良男氏（岡山・ブルーマウンテン）など、皆さん熱心でした。

　西岡氏は、金沢を中心とした自家焙煎珈琲店チェーン「キャラバンサライ」の

オーナーですが、お店に行くたびに新たな挑戦をされていました。早くから女性の焙煎士を登用し、華やかなで明るい店づくりが印象的でした。

　このツアーをきっかけに、西岡氏と仲を深めたのは小原博氏。徳島にある小原氏の「コーヒーワークス」は、センスと想いが凝縮したお店です。小原氏が草月流の師範ということもあり、品揃え、陳列、雰囲気、従業員の対応などは、女性にも男性にも好まれる地域一番店です。情報共有やセミナーの開催にも意欲的で、地域の他の自家焙煎店からも慕われる存在です。店舗運営の形は違えど、西岡氏と小原氏は、ともにコーヒーや焙煎に対する熱い想いを持った親友であり、ライバルであり、自家焙煎珈琲店の目指すべきお手本であると感じます。

　同じく地域で慕われる存在と言えば、岐阜県瑞浪市で「待夢珈琲店」を営む今井利夫氏。コーヒー教室やセミナーを数多く開催し、地域のコーヒーに関する知識向上に貢献、新たな自家焙煎店への支援活動も行っています。今井氏の研究熱心さは産地、焙煎、店づくり、生豆とあらゆるところに及びます。イエメンのツアーでも首都サナアのスーク（市場）で骨董品を買われていましたが、ブラジルツアーではリオデジャネイロの骨董品店で10万円近くもするお皿を購入されていました。本物であれば値段の数倍の価値があるものですが、帰国後にこれが本物ということがわかり、思い切って買える勇気と目利きの力にただただ驚かされました。

　最年少でツアーに参加したのは、実家の納屋に焙煎機を設置し焙煎していた松浦哲也氏。今では3台の焙煎機を有し、試飲用のスペースを持つ島根県松江の有名店「松浦珈琲」のオーナーです。すごく熱心で、コーヒーに対するこだわりは当時から感じられ、それが今につながっているのだと思います。

　樋口精一氏の「珈琲工房ひぐち」（岐阜各務原）と赤木良夫氏の「ブルーマウンテン」（岡山笠岡）もまた、地元に愛されているお店です。「珈琲工房ひぐち」は、もともとはスーパーの店頭でご夫婦で営む小さなお店でした。それが今では、多くの従業員を抱える地域一番店です。

　赤木良夫氏の「ブルーマウンテン」も地域に貢献するお店であり、赤木氏が開催したセミナーで飲んだ「カルモシモサカ」をきっかけに、コーヒー店になった人がいます。岡山のネルドリップの有名

モカについてすべてがわかる
森光氏の本

店「折り鶴」を営む藤原隆夫氏です。イエメン、ブラジルとご一緒し、豆、焙煎、抽出、店づくり、それぞれに対するこだわりを語っていただきました。中でも、森光氏に対する藤原氏のリスペクトは誰にも真似できないものです。ちなみに、2009年に私が上海でのコーヒーの仕事をなくしてどん底だったときに、助けてくれたのも藤原氏でした。

『珈琲と文化』や旭屋出版の『コーヒー』という雑誌に広告を出し、「カルモシモサカ」を全国的に紹介して使っていただきました。その中でお声をかけていただいたのが、当時は世田谷・千歳船橋の小さな自家焙煎珈琲店だった「珈琲工房ホリグチ」の堀口俊英氏。堀口氏のコーヒーに対する研究心は旺盛でした。当時はなかった店舗用のコーヒー専用冷蔵保存ケース導入、農園や品種へのこだわりは人一倍強く、その後の日本のスペシャリティーコーヒーを牽引していく一人になりました。

1993年頃、「カルモシモサカ」は大阪ではまだ受け入れてもらえていませんでした。そんな中、二人だけ興味を持ってくれたのが、松本行広氏と浅野嘉之氏。松本氏は兵庫の自家焙煎店でした。主に卸中心のお店でしたが、1995年の阪神淡路大震災で大きな被害を受け、なんとか焙煎機を動かすことはできたものの、とても元の焙煎業に戻るような状況ではありませんでした。そこで、生豆の卸業に業態を変更し、スペシャリティーコーヒーを中心とする輸入業者「マツモトコーヒー」として大成功を収めました。現在は2代目社長が事業を継承、どん底から這い上がった素晴らしい気力と根性で、会社を大きく成長させました。

同じく「カルモシモサカ」を扱ってくれたのが池田市で「珈琲倶楽部」「カフェ・パティスリー会庵」「ダイニング・グラッパ・カフェ会庵」と次々に新たな挑戦をしていた浅野嘉之氏。彼も大震災、リーマンショックと2度の挫折を味わっていますが、その度に不死鳥のように蘇ります。持ち前の器用さ、指導力、知識の豊富さで、自家焙煎珈琲店の再生コンサルタントとして成果をあげ、富士珈機の焙煎指導インストラクターなども手掛けています。現在は「讃喫茶室」というネルドリップ抽出の店を、東京・尾山台と兵庫・逆瀬川で営んでいます。

どうしても「カルモシモサカ」を焙煎してもらいたい人が二人いました。当時有名だった標交紀氏と大坊勝次氏です。自分たちの扱っているものが本当によいものなのかを知りたくて、私は二人を訪ねました。

カルモシモサカのロゴ

標交紀氏は、吉祥寺にあった伝説の店「もか」の店主。通常、生豆は契約している倉庫から直送してもらうことが多いのですが、「もか」だけは必ず自分で配達に行きました。閉店19時の15分前に伺い、標氏の淹れたコーヒーをごちそうになり、他のお客様がいなくなってから60kgの麻袋を焙煎室へ運びました。その後、標氏は前掛けをはずし、ゆっくりたばこをふかしながら、世界各国の自家焙煎店巡ったときの話やインドで象に襲われた話など、コーヒーと旅行のお話を毎回1時間以上にわたって話してくださいました。標氏のことを「とっつきにくい」とか「怖い」という人もいましたが、本当は話

2013年に閉店した大坊珈琲店の本

し好きの優しい人で、いろいろなことを教えてくださいました。自分のコーヒーに誇りと自信を持っていて、当時の他店のコーヒーに比べて「もか」のコーヒーが倍近い価格だったとき「俺のコーヒーがその辺のものと一緒だったらかわいそうだろ」と言われたことがありました。標氏のコーヒーに対する想いは『コーヒーの鬼がゆく』（中公文庫　嶋中労著）に描かれています。

2013年に閉店した大坊勝次氏の「大坊珈琲店」は、38年間手回しロースターで一杯のコーヒーを作り続けた名店でした。大坊氏はコーヒーを淹れる所作、立ち居振る舞い、味わいのすべてで、飲む人に感動を与えるコーヒーを作ります。大坊氏を上海にお連れしたとき、大坊氏がコーヒーを淹れる姿を見て、涙する中国人がいたのには驚きました。ただ美味しいコーヒーを気持ちを込めて淹れる。常に一生懸命な大坊氏の姿勢は、誰にも真似できないものです。

3. 上海で知り合った珈琲の世界の先達

2002年、アタカ通商の上吉原和典氏の訪問を受けました。彼は開口一番「中国に行きませんか」と言い、その一言で、私は上海に進出することになりました。当時のアタカ通商は、ブルーマウンテン、ハワイコナを中心とする専門商社。一方私の所属する東京繁田園茶舗（ブラウンチップ）は、ブラジルの「カルモシモサカ」を持っており、これらを今後の拡大が期待される中国市場に売り込むために、共同で会社を立ち上げ、アンテナショップ「カフェ・ド・カルモ」を上海に出店しました。

上海でも、いろいろな人に出会うことができました。中でも、同じく中国市場

を意識して進出した日本最大の焙煎機メーカー「富士珈機」の社長・福島達男氏。彼のアイデア、目の付けどころはすごくユニークで、行動力、決断力もトップの力量を感じます。関口氏が長年考えていた「ランブル・ミル」や、森光氏が企画した抽出器「ねるっこ」は、いずれも福島氏が二人の熱い想いに応え、形にしたものです。

　上海でのビジネスは思うようにいかず、2009年には上海でのビジネスを断念することになりました。それでも、なんとか上海でコーヒーとつながり続けたいと思った私は、上海繁田珈琲焙煎倶楽部を立ち上げました。当時の上海には美味しいコーヒーがなかったため、焙煎機をシェアして、自分たちで焙煎してコーヒーを飲もうという同好会です。この倶楽部には、福島氏が焙煎機（ディスカバリー）を貸し出してくれました。おかげで200名以上の人が、コーヒーの焙煎を初めて体験することとなり、化粧品会社の総経理、日本人学校の教師、日本からの留学生など、さまざまな人が集まりました。日本人が中心でしたが、中には中国人もいて、その後喫茶店を開業した人やコーヒー業界に入った人もいました。焙煎倶楽部は会員同士の情報共有の場になり、コーヒーのことはもちろん、中国で起こるさまざまな問題を連帯して解決できるようになりました。「コーヒーの焙煎」がコミュニケーションのツールになるということを実感しました。

　2011年3月、「コーヒーについて学びたい」と、香港から来て倶楽部に入会した人がいました。「日本のコーヒー文化は素晴らしい、世界に広げたい」と、とても大きな夢を持っていました。香港で自家焙煎店を立ち上げ、その後は京都、そして全世界に150店舗以上のチェーン店を築き、今もなお拡大中「% Arabica」のオーナー・東海林克範氏です。店舗デザインの斬新さ、従業員派遣、原料供給、自家焙煎などの独自性によって、見事に世界に通ずる日本のコーヒー店の代表となりました。高い意識、夢を描いて具現化する実行力、本当に素晴らしいと思います。

2009年から続いた上海繁田珈琲焙煎倶楽部200名以上の人がメンバーになり。2023年7月で終了。焙煎機のシェアという今までにない画期的な倶楽部でした。上海繁田珈琲焙煎倶楽部最後のメンバー

4．ただただ尊敬している珈琲の世界の先達たち

　他にもさまざまな場面で知り合い、ご一緒させていただく中で、尊敬している方がたくさんいます。紙面の都合上、そのうちのほんの一部にはなりますが、ご紹介させていただければと思います。

　久保田製作所の久保田明氏はミルや焙煎機の製造、メンテナンス、修理、オーバーホールなどを手がけられており、焙煎機のことで困ったら久保田氏に頼みます。焙煎機の引き取りや設置などで、広島、山口、福島、マニラなど、一緒にいろんなところに行きました。交代でトラックを運転しながら、焙煎機のこと、コーヒー業界のことを教えていただきました。まさに、コーヒー業界にはなくてはならない人だと思います。

　高崎には、駐車場にガードマンがいる立派なコーヒー店がありました。イエメン・エチオピアの旅行でご一緒させていただいた平湯正信氏が立ち上げた「大和屋」です。平湯氏は、委託焙煎用の大きな焙煎工場も持っているのですが、その保管倉庫は大谷石で建築し、生豆に音楽を聞かせたり、コーヒーを油で揚げて焙煎するなど、誰も考えないようなユニークな発想でコーヒーに向き合っています。平湯氏が集めた「榛名山麓珈琲ギャラリー」のコレクションは、標氏の「標コレクション」（国立民族学博物館に寄贈）に匹敵するものだと思います。

　「珈琲問屋」の佐藤光雄氏も、全国に17店舗、海外2店舗と、一代で全国チェーンを築き上げた人物です。1990年にはじめて保土谷のお店を訪問した際は、今までにない自家焙煎珈琲店だと感じました。売れるネタが見つかるとすぐに行動に移すポジティブな方で、中国でお茶の個別計量器を見たときには、コーヒーのドリップパックに使えるとすぐさま導入、日本に紹介しました。展示会やセミナーで佐藤氏にお会いすると、いつもわくわくします。

　コーヒー文化学会を通じて知り合ったコーヒー博士・岡希太郎先生（東京薬科大学名誉教授）にも、お会いする度に感銘を受けています。科学の視点からコーヒーを研究されており、カフェインの効能や焙煎度合いによる効能の違いなど、いつもいろいろ教えていただいています。カフェインの熱に強く、水に溶けやすいという性質も、岡先生に教えていただきました。

　現在私が取り扱っている「ジアマンチーナヨシマツ」は、吉松氏が山口県熊毛のご出身ということもあり、山口県や隣の福岡県のお店で多く使っていただいています。その中で知り合ったのが、大宰府「蘭館」の田原照淳氏。コーヒーとの向き合い方、焙煎、生豆、接客、すべてにおいて完璧で、Qグレーダーの資格も持っています。カッピングでは日本で2度のチャンピオン、世界では3位になっ

ています。もちろん彼はバリスタや淹れ方の選手権でも入賞していますが、カッピングは本当のガチンコ勝負。五感の戦いであり、ここで勝ち抜くには本当の実力が求められます。ドリップの選手権には、森光氏が開発した抽出器「ねるっこ」で挑みました。こちらは残念ながら予選敗退でしたが、森光氏への気持ち、常にチャレンジする姿勢、毎日のお客様と向き合う姿勢、いずれもコーヒーマンとして尊敬できる方です。

全国にあるネルドリップ抽出の自家焙煎珈琲店が掲載されているフォトブック

　上海の焙煎倶楽部で、「コーヒーの焙煎」がコミュニケーションのツールになることを知った私は、2017年に一般社団法人日本ネルドリップ珈琲普及協会を設立したときに、上海繁田珈琲焙煎倶楽部の東京支部を立ち上げました。大手コーヒーチェーン店、アパレル、居酒屋、医療従事者、主婦の方など50名以上のメンバーが、自分で焙煎したコーヒーを楽しんでいます。中には自分でコーヒースタンドを出店したり、自家焙煎店を開業した方もいます。

　2022年7月に入会してくれた沖縄出身の高野好美氏は、「沖縄でネルドリップ抽出の自家焙煎店を開業する」という夢を持っており、その熱心な姿勢にはいつも刺激を受けています。

　彼女は毎日毎日、温度を変え、粒度を変え、抽出速度を変えて、自分で焙煎した豆を家に持ち帰り、家族に評価を求めます。本人は真剣ですが、家族は「もう飲めない」と悲鳴を上げています。しかし、そんなコーヒーが中心にある家庭のシーンがなんとも微笑ましい。その真剣なエネルギーは、知識や経験とは関係なく、利益を生むためということでもなく、ただただ美味しいコーヒーを作りたいという純粋な気持ちから来ています。この世界において一番大切なことを、彼女には改めて教えてもらいました。

　以上、「私を育ててくれた珈琲の世界の先達たち」についてご紹介してきましたが、彼らに出会うための環境を作ってくれたブラウンチップ（東京・阿佐ヶ谷）、カフェ・ド・カルモ（東京・昭島）、上海繁田珈琲焙煎倶楽部、日本ネルドリップ珈琲普及協会（東京・荻窪）、スタッフと仲間たち、両親、兄弟、家族に改めて感謝したいと思います。これからも、まだまだ新たな「珈琲の世界の先達たち」に出会えることを楽しみにしています。

伊藤博文庫と器具展示の珈琲ギャラリー開設まで

榛名山麓珈琲ギャラリー代表（本会群馬支部支部長）　平湯正信

1. 珈琲との出会いと独立まで

　私は、長崎県島原半島で生まれ育ち、10代半ばまで、横浜に本社を置く珈琲の製造・卸会社へ就職し、それからの珈琲人生が始まりました。

　入社後はコーヒー豆の焙煎を学び、その後、北海道の小樽に新たに焙煎工場をつくるということで白羽の矢が立った私は、18歳で赴任することになり、その後は、札幌、横浜、千葉、郡山と各地に赴任し、喫茶店の開業支援、メニュー開発などに携わり、仕事漬けの毎日でした。

　ドライブが好きだったので、よく古い街並みや喫茶店を見て回る中で、日本のやきものや古民芸品、建物や各地の伝統と文化と出会っていたため、知らず知らずのうちに、その後、自然と独立して作った大和屋創業のヒントを得ていたのだと思います。

　特に、小樽の石造りの建築は印象的で、私が青春時代を過ごした思い出の風景です。

　その後、高崎支店に配属され、支店長を勤めていたのですが、再び名古屋への転勤話が出た際、結婚を機に高崎の地で独立することを決意しました。私が32歳の時でした。

　独立後は、収集していた古民芸と自分で焙煎した珈琲豆の販売をしようと考えました。そして店の屋号は、故郷である「長崎県南高来郡加津佐町大和」の地名から「大和屋」と名付けました。屋号を通じ、若き日に旅立った故郷の長崎と、再び結びつくことができたような気がしました。

2. 気力・能力・体力で切り拓く

　珈琲の焙煎によって煙が出ても大丈夫な場所を探していると、ありがたいことに義父が倉庫の一角を貸してくれることになりました。その後、無事店舗も見つかり、自ら工具を手にして店づくりにいそしみました。木材を黒くオイルステンで仕上げる方法は、単身赴任時代に見た、宿場町にあった古民家のイメージに着想をえています。

古民芸品と珈琲の販売をする中で、お客様をもてなそうと始めた試飲は次第に人気になり、珈琲も器もよく売れるようになり、小さな焙煎機だけでは、注文に追いつけなくなってしまいました。幸いのことに、義父が貸してくれた焙煎用の敷地には、まだ余裕があり、需要の拡大に合わせ、5kg・10kg・30kgと焙煎機を設置していくことができたのです。

　珈琲の需要は拡大し、嬉しいことでしたが、創業から6年ほどは、昼間は豆の配達と店舗の大工仕事、夕方からは妻の実家の倉庫で夜通し焙煎を行う日々が続きました。そんな中、義母が夜食を差し入れてくれることがあって、嬉しく力が湧いたことを覚えています。

　そんな周囲の心遣いがパワーになっていたのだと思います。余談ですが、当時は麻袋60kg、ブルマンの樽86kgを担ぐこともできたのです。

　私の好きな言葉に「気力・能力・体力」があるのですが、私自身、体力と能力と「やらねばならぬ」という気力で奮闘し続け、気がつけば、ここまで珈琲人生を駆け抜けて来た気がします。

3. 創意工夫の珈琲人生

　ここで改めて、自分にとって珈琲とは何なのかを、考えてみたいと思います。

　それはまず、私にとっても、大和屋にとっても欠かすことができない「木炭焙煎」。これは、創業当初から「いかに原点に戻り、珈琲豆を原始的に焙煎するか」を考える中で出した答えでした。

　当時、「炭火焙煎」や「備長炭」と銘打ったものがありましたが、私は「木炭焙煎」と名付けました。木炭で焙煎すると、遠赤外線の効果で、豆の芯までふっくらと焼きあがります。焙煎中、珈琲のチャフが熱源の木炭に落ち、焙煎機の炉内で燻製のような状態となり、何とも言えない芳醇な香りに仕上がるのです。

　それと、より独自性の高い商品をつくりたいと思い考えたのが、栃木県産の大谷石で造った蔵の中で、クラシック音楽を流して豆を熟成させる「石蔵熟成珈琲」と、蕎麦をヒントに、石臼でじっくり時間をかけて挽く「石挽き珈琲」です。

　これらは、日本古来の伝統にヒントを得た珈琲で、和の心と珈琲への熟成を融合させた、大和屋ならではの商品だと自負しています。

　さらに私は、かねてより珈琲の文化や歴史に興味と浪漫をいだいてきました。珈琲というものは実に奥深く、珈琲の歴史や文化的な事を知った上で楽しむと、味わいは一層特別に感じられ、珈琲の香りと味わいは人と人との対話を生み、関係をつなげる潤滑油にもなります。

そんなことから、若い時から、各地をたずね、コーヒーの本や器、古いミルや焙煎機なども集めていました。

　コーヒーの本も様々な人が書かれていますが、私にとっては、井上誠さんや伊藤博さんの本が、手引きになりました。

　そんな中、1989年に、いなほ書房から季刊誌「珈琲と文化」を発刊し、その後、日本コーヒー文化学会常任理事（出版編集委員長）を務めている星田宏司さんと知り合うようになったのです。

4．珈琲文化探求と伊藤博文庫入手

　「珈琲と文化」創刊と共に、その雑誌を手に入れた時、思いがけなく、同誌の第4号の企画で「座談会・珈琲について語る」に出席してもらえないかという話がまいこみ、当時は新橋に在った「コーヒー組合会館」の2階で、初めて星田さんに会いました。当日の司会者は小林充（筆名・嶋中労）さんがつとめられ、記事もまとめられました。

　それが縁となり、大和屋も「珈琲と文化」誌に協賛広告を出すようになり、さらに星田さん・伊藤博さん・UCCコーヒー博物館長の諸岡博熊さんが呼びかけた「日本コーヒー文化学会」の設立にも協力し、後日には同会の「群馬支部」を立ち上げ、また独自に大和屋のホールで、「コーヒーを楽しむ会」や講演会を開催してきました。

　その後、伊藤さんが亡くなって、何年かした時、星田さんから、「伊藤さんの息子さんに、伊藤博さんの蔵書や原稿など貴重なものであるから、保存してほしい、と話してあったところ、どこか引き取ってくれるところがあるなら紹介してもらえないかと相談されたのだが、平湯さんのところで引き受けてもらえないか」と言う電話があり、最終的に引き受けることにし、私どもの倉庫に厳重に保管することになったのです。

5．伊藤博文庫とコーヒー資料併設の珈琲ギャラリー開設

　私は、大和屋の社長を息子の聡に譲り、会長になったことから、「伊藤博さんの資料と共に、自分で集めたコーヒー器具やコーヒー資料を展示した珈琲ギャラリーを作ることを思い描いておりましたが、それを実現する決意を固め、準備を続けながら、2023年4月に「榛名山麓珈琲ギャラリー」を開設しました。

　建坪100坪の2階建ての1階の半分を、販売できる各地の器や炭火焙煎コーヒー豆、コーヒーに関係する本・雑誌やカップを棚に飾り、またオーディオ装置も備

え、少人数を対象にした講演会や演奏家もでき
る客室ホールとし、奥の半分を、伊藤博文庫を
中心に、私の集めた初期から現代までの焙煎
機・コーヒーミルとカップ、コーヒー関係の本
や絵画、ポスターなど、コーヒー文化を学べる
資料を集めたギャラリーとして、公開を目指し
ています。

　この珈琲ギャラリーで、一杯のコーヒーとお
菓子をめしあがっていただき、そして、コー
ヒー資料を見て、皆さまと共に、コーヒーと文
化の普及に寄与することができたらよいなと
思っている次第です。

スマトラ・マンデリンとは
──多様化する精製方法を中心として──

広島修道大学教授（本会理事）**中 根 光 敏**

はじめに

　インドネシア・スマトラ島で産出するアラビカ種のコーヒーは、マンデリンという呼び名で知られている。マンデリンに関して、ウィリアム.H.ユーカーズ『オール・アバウト・コーヒー』には、以下のような記述がなされている。

> 世界で最もすぐれた品質で、最も値段の高いコーヒーのうち二種類を産出するという定評がスマトラ島にはある。マンデリンとアンコラである。マンデリン・コーヒーは丸味を帯びた大粒の豆であり、煎り上がりはややくすんでいるが一般的には死に豆がない。コクも豊かで特有の風味があり、他のどんなコーヒーとでも容易に区別がつく。アンコラ・コーヒーはマンデリンよりも短く、見栄えがよい。それ以外の特徴はマンデリンとよく似ている。風味も同じで、同様に、モカの高級品などすぐれた酸味のあるコーヒーとのブレンドに使われる。ブレンドをなめらかにするためにコクが必要な場合である。[Ukers, 1935=1995:256]

　日本の市場名として、アンコラ・コーヒーは知られていない。けれどもアンコラ Angkola もマンデリン Mandheling と同様、バタク族 Batak の民族名で、スマトラ島では Kopi Angkola と言われることもあり、スマトラ島には同名のカフェもある[01]。マンデリンはさび病に耐えたアラビカ種をマンデリン族が主導で栽培したことに由来し、「ブルーマウンテン」や「トラジャ」のような愛称 ARABICA MANDHELING として日本へ出荷された[02]ことで、日本の市場名としてマンデリンが定着したのだと考えられる。

　一般的には、（スマトラ）マンデリンと一括されることが多いけれども、マンデリンと呼ばれるコーヒーは実に多様であり、とりわけてもサードウェーヴコーヒーブームの影響下で変化しつつある。ここでは、green beans の精製方法に焦点を絞り、多様化していくマンデリンの精製方法について記してみたい。

1. スマトラ式

　スマトラ式精製法とは、果肉除去機でコーヒーチェリーの外皮・果肉を取り除き、パーチメント（現地では GAVA と言う）をある程度天日で乾燥した後、半乾

燥状態で脱穀し、生豆の状態で天日乾燥して green beans に仕上げる方法である。スマトラ式以外の精製方法では、パーチメントで乾燥・保管し、出荷直前に脱穀し green beans に仕上げる。半乾きの生豆を天日で乾燥することがスマトラ式独特の精製方法である。雨が多いスマトラの気候に対応して乾燥期間を短くするもので、独特なフレーバーを生み出すと言われている。

　マンデリンと言えば、スマトラ式が伝統的な精製方法と思われており、半乾燥状態での脱穀した後に生豆の状態で天日干しすることによって出来上がる green beans の形状と深緑色を見れば、すぐにマンデリンだと見分けがつく、と一般的には認識されている。けれども、スマトラ式が普及するまでは、マンデリンはシェードドライ（陰干し）よって精製されていた、ということは次にふれることにする。

　マンデリンは G1 〜 G5 の等級分けされているけれども、等級とは別にスマトラ島で「SPECIALTY」として市場に出ているのは、テーブルドライで精製されたものである。一般には乾燥場の地面に広げたシートなどの上で green beans を乾燥する。だが、テーブルの上で天日干しされている green beans は、一般のgreen beans よりも市場価格が高い、既に選別された生豆である[03]。

　さらに市場価格が高いマンデリンの中でも、輸出向けのブランド名が付された green beans は、最終的に、メダン[04]の輸出業者のもとで精製選別の仕上げがなされる。近年、交通インフラが整備されることによって、収穫後のチェリーを直ぐに保存袋に入れてメダンまで輸送し、輸出業者の作業場で

テーブルドライ（タケンゴンの乾燥場）

果肉除去・パーチメント乾燥・脱穀・生豆乾燥・選別（ハンドピック）までの精製作業を行うことも多くなってきた。

　メダンで最高市場価格が付されるマンデリンの産地ガヨ地区[05]からも、収穫されたチェリーの状態でメダンの輸出業者へ輸送されて、特別なマンデリンが精製されるようになっている。

　スマトラ島のコーヒー産地としての特徴は、小農家が中心で、大規模な農園が少ないということである。メダンに集中している輸出業者は、生産地区で依頼している集荷人を通じて green beans を集める。集荷人は、複数の小農家から green beans を収集する。生産地には、多くのコーヒー精製の作業場があり、

パーチメントの乾燥から脱穀した生豆の乾燥・選別を行い、メダンへと出荷する。別々の農家で栽培されたコーヒーを寄せ集めて作られることから、一般の G1 グレードのマンデリンは、麻袋毎に green beans の品質が大きく異なる場合も多い。

　数少ない大規模農園を除けば、"Good Inside""RAINFOREST ALLIANCE" "BIRD FRIENDLY""FAIRTRADE" などの認証を受けたマンデリンは、複数の農家が組織されている地域（生産組合・業者）で生産されている。組織に参加する農家は、生産組合・業者で講習を受け、指定されたコーヒーの木を決まった仕方で栽培することが求められる。それゆえに、認証を受けたマンデリンの特徴は、品質が均一となる。

　シェードドライと比して乾燥期間を短くしたスマトラ式は、「乾燥中に生豆が傷む」というリスクを軽減し、シェードドライよりもソフトですっきりした香味となる。マンデリンと言えば、一般に、独特な甘みと苦みを特徴とし、良く言えば「大地のよう」と、苦手な人たちにとっては「土っぽい」と評価されているので、「ソフトですっきりした香味」というのはあくまでもシェードドライのマンデリンと比較しての表現である。

2. シェードドライ（陰干し）／イエロービーンズ

　スマトラ式は、まずリントン地区[06]で始まり、スマトラ島のアラビカ生産地域に普及していった、と言われている。降雨が多いスマトラ島では、スマトラ式精製法が普及するまでは、シェードドライによる green beans 精製が行われていた。

　果肉を除去したパーチメントを黄色になるまで陰干して精製する green beans は、スマトラ島では〝イエロービーンズ〟と呼ばれている。2012年2月にスマトラ島へ訪問した際、イエロービーンズについて、メダンの輸出業者やガヨ地区アチェ州タケンゴンの集荷人・生産者に尋ねた時には、「昔の作り方」「スマトラ式がリントンで始まり、各生産地へ普及していくことで、昔のイエロービーンズのやり方はしなくなった」「スマトラ式とイエロービーンズで味は変わらない」「イエロービーンズはスマトラ式よりも味が濃すぎてしつこくなる」などの回答が返ってきて、「どうしてそんな昔のやり方に関心を持つのか分からない」という反応だった。

　しかし、2013年10月にスマトラ島アチェ州タケンゴンへ訪れた際、イエロービーンズを精製している現場を見学することが出来た。そこでは、棚干しでシェードドライによってイエロービーンズが精製されており、「ヨーロッパなど

に愛好家がいる」「精製に時間がかかるので値段も高くなる」と言うことだった[★07]。

イエロービーンズの生豆は、豆の形状と色が通常のマンデリンとは大きく異なっており、マンデリン独特の形状ではなく表面の色も生成りを少し茶色っぽくしたような（多くのナチュラル精製の green beans に近い）色で、生豆の匂いもナチュラルに近く、フルーティさが濃厚であった。日本へ持ち帰ったイエロービーンズを焙煎して飲んでみると、確かに、スマトラ式のマンデリンよりも、甘みと酸味が濃密な香味であった。

スマトラ式よりもイエロービーンズの方が私好みの香味であるけれども、スマトラ式が普及してしまった今、どちらの香味が優れているかを議論するのは無意味だろう。なぜならば、今やイエロービーンズは稀少なコーヒーで市場価格が高いことから、スマトラ式よりも手間と時間をかけて精製されるだけでなく、イエロービーンズ精製にするコーヒーチェリーの品質も高いものが選ばれるであろうことが容易に推察できるからである。もし、手間と時間をかけることに見合う高価格でイエロービーンズが売れるのであれば、「スマトラ式からイエロービーンズへ」という回帰が起こる可能性はゼロではないとしても、現実的には、生産効率を高める形で普及したスマトラ式が、マンデリンの主要な精製方法であることに変わりはないだろう。

2018年11月には、メダンやタケンゴンの珈琲専門店でも、イエロービーンズをメニューに掲載している店を確認できた。この時期には、スマトラ島のメダンでもサードウェーブの影響を受け、珈琲専門店では、インドネシアの生産地別だけでなく、スマトラ島の生産地別や精製方法の違いで珈琲を差別化してメニューにする店が増殖していたことから、「昔の作り方」イエロービーンズも——あくまでもレアなコーヒーとして——再び脚光を浴びるようになったのだと考えられる。

3. ワイン・コピ精製

イエロービーンズがスマトラ式以前の伝統的な精製方法によるマンデリンであるのに対して、ワイン・コピはチェリーの収穫からして型破りで斬新な精製方法によって作られるマンデリンで、まだ日本を含めて海外へは輸出されていないだろう。

2015年11月にタケンゴンを訪れた際、〝ワイン・コピ Wine Kopi〟という新しい珈琲をコピ・ルアクと同じか、それよりも高額の値段で提供している珈琲専門店がいくつかあることに気づいた。その時、気になって現地で訊いて回ると、「ワ

イン・コピは、ごく最近にタケンゴンに出現したコーヒー」で「独特な精製方法で作られる green beans」「コーヒーチェリーを長期間かけて乾燥させることによって、ワインのようにフルーティな濃厚な香味を有する green beans ができあがる」と言うことだった。精製方法を尋ねても「秘密だ」「分からない」と言うことだった。だが、2018年11月にタケンゴンに訪れた際、ようやくワイン・コピの精製方法を知ることができた。

　通常、良質な green beans 精製は、完熟した（一般に赤く熟した）チェリーを収穫することから始まる。熟していない青い実だと、コーヒー豆を含む種子が成長していないからだ。けれども、ワイン・コピは、「完熟する前の未成熟な青い実だけを収穫する」ことから精製のプロセスが始まる。収穫した青い実を二週間〜一ヶ月くらいかけて天日もしくは陰干しで乾燥させる（ナチュラルとか非水洗式と呼ばれる手法と同じだ）。乾燥したチェリーを脱穀してから、green beans をハンドピックすると、ワイン・コピの green beans になる。この際、通常のハンドピックと大きく異なるのは、未成熟の青い実の中にある green beans には、成長していない green beans が相当数含まれているため、かなりの green beans が欠点豆として除かれる。ハンドピック後にワイン・コピの green beans が完成する。

　ワイン・コピは、香味が他の珈琲とは比較できないほどフルーティな酸味と香りが強烈であるだけでなく、green beans の色も匂いも独特である。生豆の色は、日本の伝統色・黒紅梅のような色で、一見すると焙煎後の珈琲豆かナチュラル精製で乾燥させたコーヒーチェリーみたいである。生豆の匂いは、ナチュラル精製の green beans よりも強烈なフルーティさで、ロースティングや抽出の際、直ぐにワイン・コピだと分かるほど、強烈な香りを発する[08]。

　ワイン・コピに関しては、「もともとタケンゴンで薬用として、生豆を煮込んでスープのように飲んでいた」という説もあるが、現時点ではまだその真偽を判断できるだけの情報は得られていない。

　2016年11月にメダンを訪れた際、カフェなどでワイン・コピを見つけることができなかったけれども、2018年11月には、メダンのサードウェーヴ系カフェでワイン・コピをメニューにしている店が何軒もあった。2020年2月には、メダンのサードウェーヴ系カフェでワイン・コピが、メニューにないショップの方が少数派となっていただけでなく、ワイン・コピは、メダンだけでなくブラスタギやシディカラン[09]のサードウェーヴ系カフェでもメニューに備えられていた。

　ガヨ地区のタケンゴンで生まれたワイン・コピが、まずタケンゴンのカフェに

登場し、タケンゴンからメダンやバンダアチェ★10へ伝わり、メダンからシディカランやブラスタギなどスマトラ島各地へ伝わっていっただけでなく、タケンゴンからスマトラ島以外のバリやジャカルタまで伝わっていった、という流行の経緯は極めて興味深い。

　2020年2月にスマトラ島を訪れた際には、2018年頃まではコピ・ルアクとおなじくらい高額だったワイン・コピの値段は下がりつつあった。アチェのタケンゴンだけでなく、リントンやシディカラン、ブラスタギなどでもワイン・コピが作られるようになって、市場への供給量が増えたためである。ただ、メダンに住んでいる知人からの情報では、2022年9月で、カフェで提供されているワイン・コピの一杯の値段は200円くらいで、スマトラ島の大学生など若者たちにも手が届くようになってきていることから、新しいコーヒー文化として定着していることは確かである。

4．エイジング／エイジド・マンデリン

　「オールド」「ヴィンテージ」「エイジド」などと呼ばれるコーヒーは、green beans の状態で一定年数（たいてい3年〜10年以上）エイジング（保管）された豆のことである。

　古典的な文献、井上誠『珈琲記』や星隆造『カフェ經營學』には以下のように書かれている。

> 同地産の豆でもそれが採取されてから年数が相當經っていて豆の落ち着きが出來ているものと、採取されてからまだ年数も淺く、どこか粗剛なものとでは、決して同じ結果は得られないのです。（中略）採取後四、五年以上のものを淺く炒り、四匁も使用してあつさりと立てたものは、美麗に立てた極上の紅茶にも似た淡々とした色調を示し、匂高いその滑かな液體は、甘酸を主調とした極く柔い苦みを呈して、それこそあっというほどの絶品となります。［井上，1950：124-125］
>
> 　買手「生珈琲は年數が經つ程良くなるか」　食品店「然り」（中略）　こんな風に食料品店が答えるならばもう安心して萬事まかせるが一番よい。［星，1932:232］

　また、マーク・ペンダーグラスト『コーヒーの歴史』には、砒素と亜鉛で着色偽装された「年代物官製ジャワ」の偽物に関する1884年のニューヨーク・タイムズの記事に関する興味深い記述もある。

> この「年代物官製ジャワ」というのは、オランダ政府によって七年かそれ以上、倉庫に保管されていたコーヒーのことである。その間に豆は熟成して柔らかくなり、茶色みを帯びてくる。このコーヒーは古い上質のワインと同様、特に高い値がつくので、わざわざ偽物を作るだけの価値があるのだ。［Pendergrast, 1999=2002:101］

日本では「枯らす」と表現されることも多いエイジングは、green beans を保管するだけだから、精製方法とは認識されてこなかった。けれども、スマトラ島で作られているエイジド・マンデリンは、ただ保管（存）するだけではなく、「一ヶ月に一度くらい、一定時間、生豆の天日干しを数年間（たいてい5〜6年）以上繰り返す」という作業を重ねて作られるコーヒーである[11]。

　エイジド・マンデリンは、「昔の話」「幻のコーヒー」「もう存在しない」などと言われることも多いけれども、実際には、極少量であっても存在し、海外へ出荷されてもいる。2014年3月に台湾・高雄市を訪れた時、偶然に入ったカフェのメニューに「陳年蔓特寧 Aged 5 Years」とあって、驚いたこともあった[12]。

　私自身は、自分（消費地）でエイジングしたコーヒーを〝オウンエイジド〟と呼び、現地でエイジングされたコーヒーを〝ローカルエイジド〟と呼んで区別することにしている。日本で green beans を10年以上に渡って保管していくと、生豆の色は飴色になっていく。一方、インドネシアに限定されるけれども、ローカルエイジドの生豆は、エイジングの年数が長くなるのに従って、茶系の色が次第に濃くなっていく。また、エイジド・マンデリンの生豆の匂いを嗅いでみると、上質のタバコのような香りで、新しい green beans とは全く異なる生豆の香りである。

　因みに、私が2000年くらいから生豆を保管するオウンエイジングをしてきた経験からは、エイジングによって生豆の香りは変化していくけれども、ローカルエイジドの生豆のように上質タバコのような香りにはならない。

　ローカルエイジドとオウンエイジドとの香味に関しては、どちらもエイジング独特の香味の特徴を有しているものの、生豆の色や香りが違うように、香味自体も明らかに違いがある。美味しさという点からは、どちらのエイジドが優れているのかに関しては、まだ判断するまでには至っていない。ただ、保管するだけのオウンエイジドが、オールド珈琲独特の香味へと熟成するまでに10年以上かかるのに対して、一ヶ月に一回天日干しにしたローカルエイジドは、5年物でも熟成したオールド珈琲の香味を醸し出す。

　今でも記憶に鮮明に残っているのは、2015年11月、メダンの輸出業者の友人から「売り物ではなく自分が楽しみに飲むために最高級のマンデリンを25年かけてエイジングした」〝Aged Mandheling〟を飲ませてもらった時の経験である。それまで飲んだことない「酸味と甘みが溶け込んだような極上のコーヒー」を振る舞ってくれた友人に感謝の意を伝えるために、私は「人生最後のコーヒー、何が飲みたい？　と問われたら、これまでコピ・ルアクだと答えただろうけど、こ

れからは、この25年物のエイジド・マンデリンと答える」と通訳を介して伝え
てもらった。25年間エイジングされた生豆の色は、焙煎後の珈琲豆と区別でき
ないくらい濃い茶色だった。

5．精製方法の多様化

　マンデリンをスマトラ島で産出されるアラビカ種の総
称として定義するのであれば、主要な精製方法はスマト
ラ式であるとしても、実のところ、マンデリンの精製方
法は多様で、近年、益々多様化が進んでいる、と言える
だろう。

　まず、19世紀後半にはインドネシアで知られていた
コピ・ルアク Kopi Luwak [13] の精製方法は、スマトラ
島のコーヒー関係者に尋ねても「スマトラ式だ」という
回答しか返ってこない。しかし、実際に野生の麝香猫の
糞から精製した Kopi Luwak Liar を見れば、スマトラ
式のマンデリンとは形状・色が全く違うことは明らかで
ある。パーチメントを脱穀して生豆を天日干しして仕上
げるという点ではスマトラ式と同じであるけれども、精
製の仕方を辿っていけば、スマトラ式とは異なることが
分かる。まず、麝香猫が食べたコーヒーチェリーの糞で
あるパーチメントから精製が始まるのであるから、果肉
除去の工程はない。パーチメントの状態での乾燥は、極
少量であることから、一般の green beans とは別にし
て、シェードドライで長時間かけてなされることが多い。
そして、少量であるがゆえに、パーチメントを脱穀する
際に、機械の脱穀機は使わず、木製の臼の中で手作業に
よって脱穀され、生豆の乾燥もサンドライとシェードド
ライが併用されることが多い。品質としてみれば、コ
ピ・ルアクが生産・精製者ごとに品質に大きく違いがあ

Kopi Luwak の脱穀（タ
ケンゴンのロースター）

るのは、精製者によってやり方が微妙に異なるということもあるのでは、と推察
される [14]。
　また、人工飼育の麝香猫の糞から精製するコピ・ルアクは、厳密に言えば、麝
香猫の飼育段階から green beans の精製が始まっていると言えるだろう。麝香

猫にも種類があり、どの種の麝香猫をどのような環境で何の餌で飼育し、どんなコーヒーチェリーを与えるのかなどによっても、出来上がるコピ・ルアクのgreen beans の質は大きく異なるだろう。

　さて、近年、サードウェーブの影響だと考えられるのは、ハニープロセス、ナチュラル、フルウォッシュによるマンデリンの精製もスマトラ島では珍しくなくなってきたことである。メダンでは、ハニープロセスやナチュラルのマンデリンを販売しているショップや珈琲専門店は増えてきた。主要なコーヒー栽培が小農家でなされてきたことも、ジャカルタやバリなどを含めてインドネシア国内市場の需要に応えるのには、好都合である。つまり、インドネシア国内の高級カフェが求める少量の green beans であれば、小農家で対応可能だからだ。

　例えば、もともと自ら栽培したコーヒーを焙煎して飲むことが習慣となっていたアチェ州タケンゴンの農家では、自家消費分のコーヒーは農家で精製し、これまでにも都市部のカフェなどへ直接 green beans を納品してきた。タケンゴンには、インドネシア国内市場だけでなく海外市場へも green beans を精製・販売する比較的大規模なコーヒー業者もあるが、近年は、精製するためのビニールハウスのような小屋を農園内に造る農家も増えているし、農家から集荷したコーヒーチェリーをハニープロセスやナチュラルなどで精製し、インドネシア国内へ販売する小さな業者もタケンゴンには現れてきている[15]。

　近年のアラビカ・マンデリンの精製方法の多様化は、スマトラ島における珈琲飲用のスタイルが、サードウェーブの影響下で変化したことに対応するためである。同じマンデリンであっても精製方法によって香味が異なることから、品種や産地だけでなく、精製方法の違いによって「変化する香味を楽しむ」というコーヒー文化が、スマトラ島に定着してきたのである。

農園内に作られたマイクロミルのような乾燥場（タケンゴンのコーヒー農園）

　最後に、精製方法によって多様化したアラビカ・マンデリンを、日本でも楽しめるようになることを夢見て、本稿を閉じることにしたい。

註

★01 　『オール・アバウト・コーヒー』の別の箇所では、アンコラは「大粒の平豆、煎り上がりはくすむ」「コク豊か、風味は芳醇」、マンデリンは「黄色ないし茶色、年数により異なる」「大粒の豆」「煎り上がりはくすむが死に豆なし」「コク豊かで、風味・アロマは絶品」と記載されている［Ukers, 1935＝1995：270］。

★02 　私が知る限りでは、スマトラ島メダンの輸出業者パワニ社（PT.PAWANI）によって、ARABICA MANDHELING として 1969 年に日本へ出荷されたのが始まりである。

★03 　逆に、スマトラ島で消費されるコーヒーで市場価格が最も低いコーヒーをアンペラ Ampera（安価という意味）と言う。現地の市場では、アンペラにもグレードが付されて取引されているが、実のところ、国内で消費されるだけでなく、インスタントコーヒーや缶コーヒーを含めてコーヒー系加工飲料などの原料として海外へも輸出されている。等級の低いアンペラには、割れ・虫喰い・痛みなどが激しく、コーヒー豆の原型をとどめていないものも多い。

★04 　北スマトラ州の州都・メダンは、スマトラ島最大の都市で、インドネシアで五番目の人口規模である。現在、海外向けに輸出されるマンデリンのほとんどは、メダンの輸出業者のもとで最終的な選別がなされた後、出荷される。

★05 　2015 年頃までは、メダンからガヨ地区まではクルマで順調に走っても 10 時間以上かかるだけでなく、たびたび通行止めだけで数時間を要するほど道路事情が悪かった。ガヨ地区に次ぐマンデリン産地であるリントンへは、メダンから 6 時間くらいかかるが、中継地となるブラスタギまでの道路事情はかなり良くなってきている。

★06 　リントン地区は、スマトラ島でコーヒー栽培が始まった場所と言われており、世界最大のカルデラ湖・トバ湖の南岸周辺地域である。そのためか、リントンは、マンデリン生産地域の中でブランド力が強い。

★07 　イエロービーンズに関する詳細は、［中根，2018b］を参照されたい。

★08 　ワイン・コピに関する詳細は、［中根，2018b］［中根，2022］を参照されたい。

★09 　カロ県 Kabupaten Karo にあるブラスタギ Brastagi は、メダンからトバ湖へ向かう途中、東南にクルマで二時間ほどに位置し、「メダンの冷蔵庫」と称される市場があり、近年、現地の若者に人気の新しいカフェができている。ブラスタギは、国内向けの green beans の産地でもあり、Karo coffee と呼ばれることも多い。ダイリ県 Kabupaten Dairi の県庁所在地であるシディカラン Sidikalang は、ブラスタギからトバ湖へ向かう途次にあり、海外へエクスポートされるマンデリンの産地でもある。

★10 　バンダアチェ Kota Banda Aceh は、スマトラ北部に位置するアチェ州の州都で、2004 年 12 月 26 日に発生したスマトラ沖地震と津波によって、甚大な被害を受けたことでも知られている。バンダアチェに関しては、［中根，2018b］も参照されたい。

★11 　オールドクロップ、エイジング・コーヒーに関しては、［中根，2014］も参照されたい。

★12 　台湾・高雄での経験に関しては、［中根，2018a］も参照されたい。

★13 　コピ・ルアクに関しては、［中根，2013］［中根，2014］［中根，2018b］［中根，2019］［中根，2022］も参照されたい。

★ 14　コピ・ルアクの精製方法からは、圧倒的に小農家中心で生産・精製されるマンデリンは、均一性を保つのが難しい、と言えるだろう。

★ 15　タケンゴンにおけるマイクロミルのようなコーヒー精製に関しては、［中根, 2022］を参照されたい。

文献

星隆造, 1932, 『カフェ經營學』日本前線社（→ 2005, 和田博文編『コレクション・モダン都市文化 第12巻 カフェ』ゆまに書房）

井上誠, 1950, 『珈琲記』ジープ社

中根光敏, 2013, 「コーヒー文化の変容――生産地・スマトラ島と消費国・日本を事例として」中根光敏・今田純雄編『グローバル化と文化変容』いなほ書房

中根光敏, 2014, 『珈琲飲み――「コーヒー文化」私論』洛北出版

中根光敏, 2018a, 「島根県浜田市における〝コーヒーの薫るまちづくり〟と第三波珈琲流行――「ヨシタケコーヒー」と「ソウル・台湾のカフェ文化」を中心として」中根光敏・今田純雄編『グローバル化の進行とローカル文化の変容』いなほ書房

中根光敏, 2018b, 「インドネシアのコーヒー文化――スマトラ島（タケンゴン・リントン）とジャワ島（ジャカルタ）を中心として」中根光敏・今田純雄編『グローバル化の進行とローカル文化の変容』いなほ書房

中根光敏, 2019,「麝香猫の『熟成コーヒー』琥珀色のトーク〜 PART2 〜」『産経新聞』2019 年 3 月 26 日付

中根光敏, 2022, 「グロバリゼーションとコーヒー文化の変容――インドネシア・スマトラ島を事例として」中根光敏・山里裕一・田中慶子『グローバル化と生活世界の変容』いなほ書房

Pendergrast, Mark, 1999, *Uncommon Grounds : The History of Coffee and Transformed Our World*, Basic Books（＝ 2002, 樋口幸子訳『コーヒーの歴史』河出書房新社）

Ukers, William, H., 1935, *All About Coffee Second Edition*, Tea & Coffee Trade Journal（＝ 1995, UCC 上島珈琲株式会社監訳『オール・アバウト・コーヒー　コーヒー文化の集大成』TBS ブリタニカ）

ブレンドコーヒー創造のために何が必要か
──昴珈琲店流・独創のブレンド思考──

㈱昴珈琲店代表（本会理事）**細 野 修 平**

　コーヒー文化学会より、「ブレンドコーヒーについての原稿の作成をお願いしたい」と、ご依頼をいただきました。私は約16年間、季刊誌「珈琲と文化」でページをお預かりし、「ブレンドの魔術師」と言うタイトルで拙文を寄稿していますが、ブレンドコーヒー創造のための具体的なレシピのようなもの、例えば「このコーヒーと、あのコーヒーをこのくらいの焙煎度合いで、このくらいの割合で…」などと具体的に記したことはなく、その内容のほとんど全てが、ブレンドコーヒー創造のために必要な「考え方」、つまり根本思想についてページを割いてきました。

　1959年、広島県の片田舎、呉市で創業した弊社「昴珈琲店」の店頭では、現在、20種類を超えるブレンドコーヒーが躍っていて、お客様を楽しませてくれています。私は両親が創業した「昴珈琲店」の2代目で、1992年から代表を務め、現在に至ります。このたびは、このご依頼を良い機会と捉え、創業から60年来弊社を支え続けてくれているブレンドコーヒー創造のための「昴珈琲店流・思考の基本」を記していきたいと思います。

　さて、コーヒーは様々なカテゴリーで分類することが可能です。例えば、生産国別、品種別、焙煎度合い別など、思いつくままに「仲間分け」が出来ます。「缶コーヒーとレギュラーコーヒー」なども分類の一例ですが、その内の一つが「ストレートコーヒーとブレンドコーヒー」というカテゴリーです。一般社団法人「全日本コーヒー協会」が発行する「コーヒー検定教本」によると、ブレンドコーヒー製造の目的は、以下のように記載されています。

　① 品質を安定させるため。
　② コストパフォーマンス向上のため。
　③ 味を創造するため。
　④ 独自性を発揮させるため。

　これに沿うと、弊社でブレンドコーヒーを創造する目的のほとんどは③と④であるといえます。しかし、ひとくちに「ブレンドコーヒー」といっても、様々に分類されていますので、まずは、弊社で常用するブレンドコーヒーの分類を記し

たいと思います。

　先ずは原料ベースのブレンド分類です。

①　異なる品種（アラビカ種×カネフォラ種）

②　異なる精製（非水洗×水洗）

③　異なる生産国（ブラジル×コロンビア）

④　異なる栽培品種（ブルボン×カツーラ）

⑤　異なる収穫時期（ブラジル前期×同後期）

⑥　異なる収穫時期（2）（ニュークロップ×パストクロップ）

⑦　異なる標高（ガテマラ SHB ×同 EPW）

⑧　異なる等級（ブラジル NO.2 ×同 NO.4/5）

⑨　異なる収穫エリア（南半球×北半球）

⑩　異なる収穫エリア（2）（南ミナス×モジアナ）

⑪　異なる農園（ガテマラ A 農園×同国 B 農園）

⑫　他

次に、焙煎工程ベースのブレンド分類です。

①　異なる焙煎深度・オリジン違い（コロンビア・ミディアムロースト×ブラジル・イタリアンロースト）

②　異なる焙煎深度・同一オリジン（ブラジル L 値24×ブラジル L 値20）

③　異なる焙煎速度（短時間焙煎×長時間焙煎）

④　異なる焙煎時期（即日焙煎品×デガス完了品）

⑤　他

　付帯追記として、ブレンドを行うコーヒーの形態、つまり、生豆、煎り豆、粉、液体とそれぞれの状態でブレンドが可能ですが、配合するコーヒーの種類の増加による風味均質性の精度は、つまり、完成品のムラの少なさは液体によるブレンドが最も高いと思います。前述した分類のかっこ内の例はあえて極端に示したものもありますが、弊社で常用的に使用しているブレンド方法で、例を単独で行うこともあれば、複合して行う場合もあります。同時に、弊社では生豆の段階でブレンドを完了し焙煎を行って完成させる「プレミックス」は1種のみで、そのほとんどはストレートコーヒーをオリジンごとに個別に煎りあげ、そののちブレンドを行う「アフターミックス」です。

　いずれの方法でも注意するべきところは、極力ブレンドのムラを作らないようにすることです（例外として意図的に「マーブル」と称し、混ぜすぎないことも行います。これは、飲む都度異なる風味を楽しめることを狙っており、ある種、ブレ

ンドと言う行為の特性を逆手に考察
したモノです）。更に、コーヒーは
焙煎によって豆の体積と質量が大き
く変化する特性があります。ブレン
ド専用機器を使用しても、時間の経
過とともに重い豆は沈み、軽いコー
ヒーは浮き上がり、分離傾向が発生
する事がありますので、マシンでブ
レンドする場合はその精度、コー
ヒーを投入する順番、他の場合は加
減が必要です。

昴珈琲店のブレンドコーヒーの一例

　焙煎による比重の変化、例えば質量が同じでも、深煎りのコーヒーは膨張し、
体積は大きくなっています。それゆえに、例えば、あるブレンドコーヒーの創造
のため、1対1の割合でブレンドするとしても、質量計測か、体積（嵩）計量で
ブレンドを行うかで、風味には大きな違いが発生する可能性があります。質量計
量の場合は深煎りコーヒーの体積が増え、完成品の風味想定を超え、苦みが必要
以上に増してしまう傾向になります。余談ですが、この理由から、弊社ではコー
ヒー抽出の場合は体積計量を行い、お客様にもそれを推奨しています。質量基準
で計測し、過度に苦みや濃度が増すのを抑えるためです。

　もう一つ、中煎りと、深煎りのコーヒーで構成されるブレンドコーヒーは、ミ
ルなどで粉砕する時に注意が必要です。挽く目が共通ならば、深煎りのコーヒー
は細かく、浅煎りは粗くなる傾向がありますので、焙煎度合い（硬度）の異なる
コーヒーをブレンドしたコーヒーを粉砕する場合は留意すべき点です。

神様が作るストレートコーヒーと、人間が創るブレンドコーヒー

　コーヒーをストレートとブレンドに分類しハナシを進めていますが、両者には
明確な違いがあると私は感じています。ストレートには無く、ブレンドには有る
もの、それは、創作者であるブレンダーの意思、思考です。「こういう風味を創
り出したい」という思いです。もちろん、ストレートコーヒーの栽培にもそれぞ
れのコーヒー農家の意思は反映されますが、ブレンドの創造に比べ、その完成精
度は外的なチカラにより非常に不安定で、目標とする風味から乖離が頻繁に発生
し、精度の高いコントロールは難しいと思います。そのチカラとは「自然環境」
を指します。

ストレートコーヒーのクオリティは大きく自然のチカラに左右され、風味に影響を与え、それを避けることは出来ません。例えば、年間気温、平均降水量、降水時期、降水エリアなど、年毎ある程度の予測を立てることは可能ですが、それをピンポイントでコントロールする事など到底できません。特に近年の異常気象、天候不順ではその予想は度々裏切られ続けています。気象状況はコーヒーの風味や、収穫に多大な影響を与えることは周知ですが、まさに「自然」任せ、その圧力を常に受けながら、なすがまま、あるがままのコーヒーを収穫し、その結果として、収穫されたコーヒーを吟味するしか方法はありません。

　もちろん、様々な方策や、データの蓄積、農業の進化と人的チカラなくしては風味そのものが成り立たないことも事実です。そういう意味では、自然と対峙し、コーヒーの生産を続ける農家のストレスは大変なものです。買い手が収穫されたオリジンの風味許容値の幅を広げ、受け入れる方法も選択肢ではありますが、それは著しく風味精度を下げる行為です。どんなに人類が進歩しようと、現状、我々は台風の進路すら変更させることができません。そして、自然、天候とは人類の英知や技術を超えたところに常に存在する、まさに「神」的存在であると思います。これがストレートコーヒーを「神様が作るコーヒー」と例える所以です。これは、どのような農産物にも当てはめることが出来るかもしれません。農産物であるコーヒーの宿命とも言えます。

　一方で、その対極にあるのがブレンドコーヒーです。ここで最も重要なのはブレンダーの意思、つまり「こういう風味を創り出したい」という明確な「人」の意思、目標です。ブレンドのパーツになるコーヒーは、ブレンダーにとって文字通り目標とするブレンドコーヒー創造のためのパーツ以外の何物でもありません。全てのストレートコーヒーは、パレットに並ぶ絵の具のようなものです。その絵の具がどこの国で、どのように生産されたかなど、プロフィール的なことは机上に乗りません、それはあくまで二次的な事であり、ブレンドコーヒー創造のために「その色（風味）が必要かどうか」だけが焦点です。

　追記しますが、優秀なストレートコーヒー生産の功は、そのほとんどがコーヒー生産者の努力によるものです。それをいくつかのバイヤーが手に入れ、輸入し、コンテストなどで得点し、仕入れ、焙煎したモノを店頭に並べ、高品質コーヒーでございと謳っているだけで、そこに工夫はなく、創造性、独創性の欠片も見えません。仕入れ、焙煎して並べただけのコーヒーにはクリエイティビティは確認できません。これが「独創」を求めるブレンダーにとって大きなストレスとなります。高品質なストレートコーヒーを作り続けてくれるコーヒー生産国各国

の友人達には本当に感謝の気持ちしかありませんが、ただそれを焙煎し、店頭に並べただけでは「昴珈琲店」という看板を掲げる意味すらないと思います。生豆を輸入し、焙煎が完了すればストレートコーヒーは完成を見ますが、ブレンドコーヒーでは未完。まだ、パーツとしての存在でしかないのです。言い方を変えれば、同一の輸入商社を通じ、他店で容易に手に入るモノに付加価値は求めにくく、オリジナル的要素は希薄になって当然です。

　もう一つ明確に異なるものを追記しますと、先ほど「全てのストレートコーヒーは、パレットに乗った絵の具のようなものだ」と書きましたが、ブレンダーは、パレットに乗った絵の具、つまり、ブレンドコーヒーを構成するパーツであるストレートコーヒーの特性を前段として熟知、理解していることが絶対条件です。まず、ストレートコーヒーの性能に精通していなければ、新たな風味など想像できるはずはありません。その上で、あえて「色味」だけに着目するのです。例えば、キャベツという野菜を理解しているからこそ、キャベツは様々な料理に変化し、食卓を彩るのです。同時に、ブレンダーには、想像力、創造力、構成力、構築力が必要ですが、ストレートコーヒーの販売にはコレも必要ありません、せいぜい焙煎度合い、粉砕粒度、抽出方法、デコレーションを考慮するレベルで落ち着きます。言い換えれば、ブレンドという行為は、ある意味、完成されているはずのストレートコーヒーのバランスを壊す行為でもあります。一旦そのバランスを破壊し、全く違う風味を創造する、パワーアップさせる、ボリュームを上げる、もしくは下げる、拡げる、狭めるという行為です。

　それは、例えばメーカーが、完成形として世に送り出したバイクをカスタム、モデファイド、チューニングして性能を上げながら、自分が満足する一台を作り上げる感覚と同一です。バイクメーカーが完成品としてリリースし、ディーラーで「吊るし」として販売されるバイクは、農家が作ったストレートコーヒーそのままです。しかし、それでは満足できない。そこに「これじゃない、そうではない、こんなコーヒーを創りたい」という欲望的意思が生まれ、あくまで自己中心的でワガママな感覚優先のそれが、ブレンダーを独創へと導きます。そういう意味において、弊社はコーヒーのチューニングショップかもしれません。

ブレンドコーヒー創造のための基本7か国

　それでは、思いのままの「意思」を持つコーヒーの創造には何が必要なのでしょうか。やはり基本となるコーヒーの風味を理解することが最も重要であると思います。基本とはつまり「型」であり、「型」を磨くからこその「型破り」です。

それでなくてはメチャクチャ、それはブレンドコーヒーではなく、単なる混ぜものです。「基本」があってこその「応用」です。パレットに乗った様々な色の絵の具、その基本色。以下、それをコーヒーに置き換えると、

1，ブラジル NO.2（ナチュラル）
2，コロンビア EX　UGQ（ウオッシュド）
3，ガテマラ SHB（ウオッシュド）
4，スマトラマンデリン G1（スマトラスタイル）
5，ブルーマウンテン NO1（ウオッシュド）
6，タンザニア AA（ウオッシュド）
7，モカナチュラル G4（ナチュラル）

となります。これらは全てコモディティとか、スタンダードと呼ばれるコーヒーばかりですが、選抜ポイントは、絶対生産量の限られた特殊なコーヒー、もしくは流行に乗っただけのコーヒー、奇を衒って生産、精製されたコーヒーを基準としない事です。

　言い換えれば、百花繚乱、玉石混交の現代であるからこそ、基準、つまりスタンダードコーヒーの風味を理解することがすこぶる重要です。その国のコーヒー産業を一番支えているカテゴリーのコーヒーを基準、基本と考えることは至極自然な事です。例えば、エチオピアのモカなどは G1 以下のウオッシュドなどはまだ許容範囲内だとしても、近年ではナチュラルの G1 も流通しています。しかし、その多くはプレミアム、スペシャルティにカテゴライズされるコーヒーが多く、生産量はごく少量で、おまけに業界の流行りを追いかけて生産されるコーヒーも散見され、ベースになり得ません。同様の理由で、コロンビアはまず、MAMS を基準にすることが正解であると思いますし、ブラジルであれば、まず NO.2、もしくは NO.4／5（NO.4／5は弊社では現在使用しておりませんが、基本として注視すべき格付けです）を理解することが望ましいと思います。つまり、世界中の主要コーヒー生産エリアを7種類に分類し、その国で最も多く生産されている等級、もしくは今後もその生産構成比率の安定が見込める等級、さらに、我が国への輸入量が多い等級のコーヒーを基準にする考え方です。

　南米2種、メキシコ（北米）をプラスした中米、カリブ海、インドネシア、アフリカ2種、これを昂珈琲店は、基準、コアとしています。カリブ海系などは、ジャマイカが、キューバ、ドミニカに変更されてもかまいませんし、ガテマラをエルサルバドル、ホンジュラスに置き換えることも可能です。つまり上記7種類のスタンダードとされるコーヒーには、そのエリアを比較すると独特と言っても

良い明確な風味的特徴があります。なぜブラジルはナチュラルがメインなのか、なぜコロンビアはウオッシュドが主体なのか。精製、精選、選別、格付けがこれらのエリアで異なりますが、先人たちが「我が国ではこれがベストである」と基準にした理由は必ずあり、リスペクトすべきであると思います。

　各国ごとに格付けがあり、世界標準が存在しない理由には、自然環境を含めた、その国の都合が背景にあります。現在、様々に展開される無数のコーヒーは、すべてそのコーヒー生産国の土壌をベースに栽培、精製、精選され、放射線状に拡がり、収穫された亜種であり、支流を泳ぐコーヒーです。支流を眺める前にまず、本流を見据えたカテゴライズが必要です。例えば、博多ラーメン系、北海道ラーメン系、喜多方ラーメン系などと、思い浮かべれば、なんとなくその「仲間分け」が想像できると思います。いきなりニッチに飛ぶのではなく、まずは、大きく、緩く、何となく、しかし、確実に風味の特性を掌握することが重要です。

　コアを持つとはそういうことで、そこが不安定だと、カップテストのたびに新しく出現したコーヒーに振り回される羽目に陥り、実際にそうなってしまっている例は珍しくありません。色の3原色（7つの生産リージョン）を理解すれば、あとは、色相、彩度、明度の変化を注視するだけです。仮に中米系を青、ブルーとすれば、水色、藍色、スカイブルー、ダークブルー、などなどキリがありませんが「青の仲間」としてカテゴリー可能です。やはり、ベースは非常に重要であると考えます。

　ブレンドを行う際にそれぞれのパーツであるコーヒーを熟知する事と書きましたが、基本の、更に基本を深堀する思考も大切で、なぜそれぞれにそのようなパフォーマンスを発揮できているのかの考察も重要です。例えば、弊社でアラビカ種の根本風味としているナチュラルとウオッシュドの風味の差、そのブレンド、仮にブラジル（N）とコロンビア（W）としましょう。この場合、ブラジルとコロンビアの風味の差はすぐに理解できて判別が可能だとしても、それでは、なぜナチュラルとウオッシュドで風味にこのような差が発生するのかを明確に回答できた例を私は知りません。

　焦点は、風味差の原因と、その理由です。プレパレーションの異なる風味の特性（アラビカ種の風味分類の最初の分岐点）の原因には大きな興味を持っていて、紙面都合上詳しくは割愛しますが、両者の特性を更に引き出し、理解するための事例を以下に記します。ネットや雑誌などを眺めていると、コーヒーの雑味だとか、えぐみだとかという単語が目につきます。曰く「シルバースキンは渋皮であるから完全に取り除いて！」とか「微粉が混入するとえぐみ、雑味の原因になり

やすい！」などです。

　また余談ですが、微粉そのものは、抽出飲用可能で、もともとコーヒー豆を構成するパーツの一部であり、コーヒーそのものでもあるはずなのですが、そもそも何 μ 以下を微粉とするとの定義を示してもおらず、検証なしの感覚的見解であることがほとんどで、「濃度とクリア感」を混同しているであろう場面に出くわします。微粉発生の主な原因である「粉砕」はコーヒーの抽出に多大な影響を与え、しかもコントロールが難しい工程ですが、粒径を問題とするならやはり、粒径ごとの差異を計測し、官能テストまで行ったデータが欲しいものです。あちこちに踊るのは、いかにも専門的風な意見ですが、検証を実行せず、印象的（これがこの業界には非常に多い）な根拠の乏しい単なる意見は、消費者に対し錯覚を発生させ、優良誤認を加速させるとも思います。ハナシがそれました。

　さて、ナチュラルと、ウオッシュドの差異、ここでの本題はシルバースキンです。シルバースキンも同様で、微粉（？）とともに悪者にされることが多いのですが、弊社では焙煎後、シルバースキンを除去することは行いませんし、弊社でカップオンタイプのコーヒーを製造するためにコーヒーを粉砕する時も、その行程で焙煎豆から剥離したシルバースキンを改めてムラなく混ぜ込むほどです。これは前述したナチュラルとウオッシュドの風味の差の原因に関わってくることです。以下、その差の検証の一例を示します。

　まず、弊社で使用している15キロ焙煎機のチャフタンクを丁寧にクリーンアップします。チャフとはシルバースキンのことで、焙煎時にコーヒー生豆から剥離してしまうシルバースキンを分離、貯留するタンクです。同様に、シルバースキンが搬送されるパイプラインもクリーンアップします。つまり、ラインを清掃した上で、ナチュラルコーヒーと、ウオッシュドコーヒーを煎り分け、個別にシルバースキンを精度高く取り分けるのが目的です。使用したコーヒーはブラジルNO.2＃19のナチュラル、ウオッシュドはドミニカ・バラオナでした。この2種を比較した理由は、長年にわたり比較的品質が安定していること。チャフ量がそこそこ多いコーヒーであること。過度に焙煎時間を長くとらなくても安定してミッドあたりで風味が担保できること、生豆の嵩密度がほぼ同じであることからです。

　深煎りにしてしまうと、ビター感にマスキングされることを考慮しました。精製が異なる同一の検体の使用も検討しましたが、あくまで店頭で販売しているコーヒーで比較するべきです。そしてそれぞれの生豆を同質量に計測し、個別に焙煎します。煎りあがりは両者ともミディアムローストです。焙煎が完了したら、

それぞれのチャフを取り出し計測を開始します。この時留意するのは、計測に使用するのは焙煎完了直前のチャフ、つまり、煎り上がり時間完了の直後に剥離したであろうチャフを採取することで、焙煎が完了したコーヒーと同様の「カロリー×時間」が加えられたチャフで計測します。さて、目視ではブラジルのシルバースキンのほうが茶褐色に変色していて、ドミニカは白さが目立ち、繊維らしさが目立ちます。この特徴はターゲットの焙煎豆が、ナチュラルか、ウオッシュドかを比較的簡単に見分ける方法のひとつでもあります。

　さて、シルバースキンの比重計測では、同じ体積に対してブラジルは約4倍の質量がありました。つまり、ブラジルのシルバースキンにはドミニカに比較し、約4倍、何らかの物質が残留していることが推測され、同様の現象が生豆の内部にも起こっている可能性を示唆しています。ここがまさにナチュラルとウオッシュドの風味の原因の差の一端であると考えます。最終的に両シルバースキンを体積計測で計量し、ペーパードリップ抽出を行います。シルバースキンのみのドリップです。まず目視ですが、ブラジルは紅茶のような、真っ赤な澄んだ液体が抽出され、ドミニカは薄い黄色の抽出液を採取できました。濃度計でブリックス計測を行うと、ブラジルはドミニカの3倍を超える濃度を示しました。飲用テストでは、ブラジルは紅茶そのままと言った印象の風味がしっかりと抽出されていて、対してドミニカの液質は弱いものの、柔らかい和三盆のような甘味を感じることが出来ました。どちらも異臭や、雑味などを感知することは出来ず、風味にしっかりと特性があり、両者とも問題なく、そのまま飲用可能なレベルです。これを昴珈琲店では雑味とはジャッジしません。

　結論としてシルバースキンを取り除く行為は、風味特性を弱めたり、ボリュームを弱める可能性が大きいとの判断に至りました。むしろ、この風味はそれぞれの「らしさ」を高めるために必要で、その風味の支えとも言えます。つまり、ナチュラルらしさ、ウオッシュドらしさを重要と捉えるならば、除去ではなく、混入が望ましいのです。「なぜ、そうなのか?」この疑問を検証実施を基に解明することを弊社では理解と呼び、ブレンドコーヒーのパーツであるストレートコーヒーの理解の基本に置きます。カップテストは極めて重要な行程のひとつですが、風潮や流行に流されることなく正確にジャッジを行わなくては、「パーツ」の性能を見極めることは出来ません。

カネフォラ種の使い方

　近年では「ファイン・カネフォラ」などと呼ばれ、特有な風味を改めて見直す

動きもあるようですが、いまだにカネフォラ種はアラビカ種に比べ風味が劣るコーヒーだと認識されることが多いようです。このカネフォラ種蔑視とも言える原因は、際立った甘味や酸味を持ち得ない、端的に言えば苦みを中心とする風味の単調性と、低価格、低標高栽培が可能で病害虫にも強く、大量生産が可能、もっとはっきり言ってしまえば、ディスカウント品、工業用コーヒーにメインで使用される、極めて安価な粗悪コーヒーという立ち位置がそが要因であると思います。

　大量のカネフォラ種と、これまた安価なアラビカ種を組み合わせ、安価なコーヒーを作る。ずいぶん長い間カネフォラ種は不遇の状態にあります。当然のようにスペシャルティ市場に心酔する輩からは忌み嫌われる存在でもあり、カネフォラ種が活躍するマーケットも一括りにして「マズイコーヒー」と吊るしあげられてきました。弊社でのカネフォラ種のポジションはというと、創業から60年を超えて、カネフォラ種は活躍し続けてくれていて、多くのブレンドコーヒーでカネフォラ種は魅力を発揮してくれています。

　ただし、前述のローコスト、大量販売シーンと異なるところは、弊社のブレンドコーヒーに於いてカネフォラ種の混合割合は極めて低く、使用しても数パーセント、というところです。弊社ではカネフォラ種を「薬味」のような存在と位置付けています。生姜、ミョウガ、カラシ、ワサビ、胡椒、一味や、七味のような立ち位置です。色に例えるならば、完全な黒、もしくは、大量の多色を混色した黒に近いグレーかシルバーです。もちろん、カネフォラ種にもグレードは存在しますが、格付け上位のそれは、上等の薬味と言っていい存在です。しかし、いくら格付け上位とはいえ、入れ過ぎは素材の風味を壊します。もちろん、カネフォラ種を必要としないブレンドも多数あります。

　使用するグレードにも差異はありますが、一番異なるのは、その使用法なのです。アラビカ種は明るい風味を持ち味とするコーヒーが多く存在し、ソレは色に例えるなら膨張色です。しかし、締まりのない明るい画面に、黒く細い線で枠組みを書き込むと、キリっと画面が引き締まります。これが基本的な弊社でのカネフォラ種の役割、使い方です。薬味には料理の味を引き締めたり、持ち味を更に魅力的にする効果が期待されますが、鮨ネタの下のワサビしかり、冷ややっこに少量、ちょこんと乗った生姜しかりです。言い換えれば、カネフォラ種はアラビカ種には真似のできない風味を有しており、その特徴を十二分に理解した上で効果的に使用してこそのブレンダーであると思います。

　ネタよりもワサビの量が多い鮨など美味しいわけはなく、それはそのままカネフォラ種の扱いに重なるのです。先に「ブレンドコーヒー創造のための基本7か

国」として列記しましたが、カネフォラ種はこの分類には属しません。基本の7か国で抑えるべきはあくまでアラビカ種のみです。理由はカネフォラ種はアラビカ種に比較し、風味が別物で非常に強力であるからです。また、影響力、隠ぺい力もアラビカ種の比ではないことから、別途にカテゴリーしているわけです。黒、シルバーと例えたのはこのためで、必要とする色ながら、他の色に対する影響力、隠ぺい力の高さから繊細な取り扱いを要求されます。よって、アラビカ種とカネフォラ種を同列で考えるのは危険です。カネフォラ種はブレンドコーヒーの創造に毎回使うわけではなく、表にでることはないけれど、裏方として必ずスタンバイしてもらわなくてはならない存在なのです。

コーヒー焙煎機を所有するという事

　仕入れる原料、つまりコーヒーの生豆は、当然のようにそれぞれのオリジン（ストレートコーヒー）ごとにパックされ入荷します。特段の産地指定を行わない場合、スタンダード品などは、その生産国の様々なエリアのコーヒーが混ざる場合もありますが、異国間のコーヒーが原料段階でブレンドされ、生豆商社から入荷されることはありません。ブレンドコーヒーは、コーヒー流通の長い過程の中で「焙煎を完了以降生み出される」ことがほとんどです。コレを可能にすることが焙煎機を所有する大きなメリットであり、それを活かさない手はありません。ブレンドコーヒーの創造は、自家焙煎、ロースターの「特権」であると思います。

日本は第二のコーヒー生産国

　私が初めてコーヒー生産国を訪問したのは1991年、場所はブラジルでした。当時、私はまだ大学生でした。ブラジルでは、圧倒的な生産量、そしてその体制、物流などなど、世界第一位のコーヒー生産国の現状を目の当たりにし、とても感動した記憶があります。その後、機会を見つけては各生産国へ訪問を重ね、これまでに渡航したコーヒー生産国は20ヵ国を数えますが、それぞれのコーヒー生産国での状況や、概況や世界的なポジションはあらゆることを学ばせてくれます。仕事にも大いに役立っていますが、最初にブラジルに渡航したとき、私はあることに気が付いていました。それは「ブラジル人のほとんどはブラジルで生産されたコーヒーだけを飲んでいる」という事実です。

　一見、当たり前の事象の様に感じますが、私は当時、この事実に猛烈な違和感を覚えました。巨大生産国ブラジルと、消費国日本の間の違和感、もしくはある種、「世界中、どこに行っても好きな時に、好きな国のコーヒーを楽しむことが

出来る」と言う、無意識下の思い込みがあったと言ってもいいかもしれません。この思い込みへの回答は、その後、どのコーヒー生産国に行っても感じたことであり、確認したことで、つまり、輸出に廻せるほどコーヒーの生産が可能な国は、わざわざコーヒーを輸入しないという事実に気が付いた瞬間でした。輸入の必要がないと言っていいかもしれません。つまり、タンザニアや、マンデリンをブラジル人は飲んだことがない、ジャマイカや、ガテマラをエチオピア人は飲んだことがない、他国のコーヒーを飲めない、もしくは他国のコーヒーを飲もうという感覚が起こらないということです。

　現在では世界的に展開するカフェチェーンの拡大もあり、生産国の都市圏では、多少他国で生産されたコーヒーの飲用が可能になりましたが、メインはやはり自国生産、自国内加工、自国内販売がほとんどです。言うなれば、日本におけるお米の立場と同様です。タイ米や、カリフォルニア米など、他国でも米は生産され、一部、我が国へも輸入はされているはずですが、日本人のほとんどは「日本のお米」を食べています。当たり前といえばそれまでですが、その事実、気づきは私に、かなりの衝撃を与えました。昂珈琲店に限らず、日本のコーヒー専門店には、様々な国で生産されたコーヒーが当たり前のように陳列され、お客様を待っています。朝、タンザニアを楽しみ、お昼にマンデリンの香りに酔い、夕食後、コロンビアとガテマラのどちらを飲むか迷う、と、我が国でごく普通に可能な日常行為は、コーヒー生産国ではかなり難易度が高いのです。

　ジャマイカの首都、キングストンあたりで急にルワンダ産コーヒーが飲みたくなっても、日本に帰国するまで我慢しなくてはなりません。更に考えを進めて行けば、それらのオリジンを各生産国から輸入し、焙煎し、思うがままにその意思と共に混ぜ合わせるブレンドという行為は、コーヒー生産国から見れば、他国のコーヒーを日常的に楽しむこと以上の難易度であるといえます。そして、世界各国のコーヒーをブレンドし、独創的な風味を創り出すということは、ほぼ100％を輸入に頼るしかない日本において、つまり、コーヒーの生産が不可能な国が「コーヒー生産国には存在しない味と香りを創り出す」という行為と捉えて間違いはなく、それはある種のカタルシスとともに「日本は第二のコーヒー生産国である」と、当時の私に結論付けさせました。ブラジルの巨大な迫力を前に、コーヒーに対して受動的であった私に、能動的な発想が芽生えた瞬間でもありました。

　ブレンドコーヒー、それは、あまたのコーヒー生産国が逆立ちしても創り出せ得ない風味であり、それが日本には、昂珈琲店の店頭にはある。言い換えれば、それはコーヒー生産国から選び抜かれたコーヒーたちが一同に会する、華麗な共

演でもあるのです。ドリームチームと言う言葉がありますが、まさにそれです。多くの俳優陣の演技が光る素晴らしい映画のようでもあります。風味創造と言う角度から見て、間違いなく「日本は第二のコーヒー生産国」であり、それは同時に「MADE IN JAPAN」を意味しています。弊社で紹介するブレンドコーヒーのプライスボードに「日本の国旗」が掲げられているのはこのためです。

　各国から選抜されたコーヒーたちは、創造主である「人」の意思にのみ従い、ポジションを変化させ、丁寧に混ぜ合わされ、完成します。そして、ブレンドコーヒーの創造、それはもはや単なる農産物の域ではなく、作曲や、作画と同様の世界であると思います。コーヒーは譜面に踊る音符のごとく、混ぜ合わされた新色のごとく、創造者の意思だけに忠実に、まだこの世には存在しないはずの風味を目指します。やたらと得点をつけたがる評論家ばかりの昨今のストレートコーヒーシーンとは異なり、ブレンダーは、プレイヤーなのです。

　思考の根幹でもある創造主の感度が大きくブレンドに影響します。音楽や、色彩に得点を付けることが無意味であるように、感度とは、数値による可視化が常に正解ではなく、実際にどのように感じるかを焦点とします。弊社へは個性的で独創的なブレンドコーヒー創造のご依頼を度々いただきます。なかでも音楽、漫画、映画、絵画など、アーティスティックな世界に棲む方々からのリクエストが多いことが特長です。考えるに、昴珈琲店のコーヒーはその世界と同じ波長なのかもしれません。可視化不能のイメージ、モチーフをコーヒーの風味で表現し、世界中から集った珠玉のコーヒーたちを自在に操り、世界に一つだけのコーヒーを創る。独創のブレンドコーヒー誕生以前、「ソレ」は、アタマの中にだけ存在し、感性の中を浮遊し、息をしている存在です。ブレンドコーヒーの創造とは、第二のコーヒー生産国である日本において、世界に一つだけのコーヒーを人の意思とともにブレンドし誕生させる行為なのです。

サステナブルコーヒーの取り組み実例
——"HIRO CERT" Code of Conduct——

㈱ヒロコーヒー代表（本会理事）　山　本　光　弘

1．サステナブルマネジメントの目標設定

　近年、世界の潮流に合わせ、日本企業に対して、より実質的なサステナブルマネジメント目標を設定させようという動きが活発となっている。Rockström et al.（2009）が Planetary Boundaries（PB）として示した枠組みでは、地球の許容限界が示されており、個々の企業はこれをベースに科学的な根拠に基づいた環境保全活動を展開することが期待されている。

　代表的な所をあげると、Science Based Target（SBT）は、2015年にパリ協定が締結された2°C 目標を達成するために、企業に科学的な根拠に基づいた目標設定をすることを促しており、今や小学生から授業に組み込まれて、子供達の中でもカラフルなサークルマークの認知度が高い。

　SDGs（Sustainable Development Goals）では、人間や地球、社会の繁栄のあるべき姿を目指し2030年までの開発目標を設定し、企業のサステナビリティ活動につなげる方法として、SDGs コンパスのなかでは、アウトサイド・インとして外部のコンセンサスをベースにした目標設定の考え方が示されている。

　いずれも社会全体、地球全体で求められる水準をもとに、企業のサステナビリティ目標を設定するアプローチを採用しているが、そこで目指されているのは組織中心の目標設定から、生態系の回復力や社会的弱者の保護（搾取の廃絶）をベースとした目標への移行であり（Haffer and Searcy, 2018）、組織の内部のロジックではなく、科学的根拠や社会的コンセンサスを優先させる目標設定を実践するための枠組みを提供するものだ。

　しかしながらこれらの目標設定アプローチは、あまり多くの企業には浸透しておらず、特にコンセプトとしてこれらの枠組みを参照する企業はしばしばみられるものの、実際に数値目標を設定する段階までは届いていない企業が多い（Haffer and Searcy, 2018）。

　これまでの消費経済をベースに成長を続けてきた企業であれば、活動とあまりに乖離した目標を設定する訳にもいかず、かといってグリーンマネジメントから

逸脱しては意味がない。このように、サステナビリティ経営における目標設定の問題は実務的に重要な課題となってきている。

　しかしながら、このような科学的根拠を重視した目標設定のための技術的、工学的な努力が必要な業界と比べ、コーヒーマーケットで活動する企業は、少なくとも目標達成を目指す為のアプローチの部分については、努力を必要としないかもしれない。

2.　欧米におけるサステナブルマネジメントの動き

　世界で流通し、山間部や日陰でも栽培可能な換金作物である「コーヒー」は、その流通の歴史や南北の不平等な取引実態を是正するために、ファッションや建築業界と並んで、他の業界と比べて比較的早い段階から、サステナブルマネジメントへの移行が始まっていた。

　この傾向は欧米が早く、1960 年代にフェアトレードラベル運動が始まって以来、ヨーロッパやアメリカを中心に普及し始め、1997 年にＦＬＯが設立し発展を続け、同年 1997 年にバードフレンドリーコーヒーが、2002 年にはレインフォレストアライアンス認証コーヒーが流通、そのほかにも様々な認証が開発された結果、認証コーヒーの認知度は、ドイツでは 30％、イギリスでは50％、オランダでは90％以上と言われている。

　欧州において認証コーヒーがこれほどの普及している要因として、国民のキリスト教的倫理観に基づく社会貢献活動への関心の強さや、政治家の理解によるフェアトレード政策の策定、公共機関や大手企業における積極的なサステイナブルコーヒー商品の採用等が挙げられる。EU が資金を出して実施されるキャンペーンプロジェクトも多く、地域をあげてサステイナブルコーヒーの普及を押し進めている。

3.　日本におけるサステナブルコーヒーの動き

　日本におけるサステイナブルコーヒーは、ミレニアム初頭のコーヒークライシスや（サステイナブルな考え方を包括した）スペシャルティコーヒーの台頭により、少しずつ広まり、2002年後半からコーヒーショップやスーパー等で、CSR の一環としてフェアトレード認証の目玉製品として、コーヒーが販売されるようになった。

　その後、オーガニックやレインフォレストアライアンスを始めとする様々な認証のサステイナブルコーヒーが、現在ではコーヒー業界における倫理的調達製品

の柱となっている。

　欧米と比べまだまだ認知度と市場シェアは物足りないものの、既に2030年をゴールラインとして、サステイナブルコーヒー調達率100％を目標に掲げる大手企業も出始め、（当社達成率約80％＊2022年）この流れは業界全体としてより加速するのは間違いない。

4.　ヒロコーヒーとサステナブルコーヒー

　ここで少し、当社がそれまでの調達の柱としていたスペシャルティに加え、サステイナブルコーヒーの積極的な買い付けにシフトしたきっかけについて触れたい。

　2000年ごろまでの当社といえば、カップの品質と顧客の好む旧来からのブランド（国名や規格）を主に扱い、グリーンマネジメント製品となるとオーガニック品のみで、販売の比率も1割に届かないものだった。

　そんな折、2004年に長らくの夢であった生産地視察（ブラジル）が実現し、その流れで取引先とのコネクションが出来、当時のSCAA会長がその後に来日する。その際に、同会長がグァテマラの代表を兼ねていた当時日本事務所が開設されたばかりの新しいサステイナブル認証団体 Utz Kapeh（その後 Rainforest Alliance と統合）でのプレゼンテーションがあり、同会長の講演を聞いたことが、当社のグリーンマネジメントのマイルストーンになった。

　そして、その後の行動は、我ながら早かった様に思う。

　「コーヒーという農産物は、消費者にとってどれだけの情報が知らされているのだろう？　国だけで品質や特徴は決められる訳ではないのに、自分達が提供できる情報だけで本当に良いのだろうか？　コーヒーに携わる者として、お客様に品質は勿論のこと、安全性、信頼性、作り手の顔が見える様な情報を正直に提供するのが、コーヒーマンとしての矜持ではないのか？」

　そんな思いを抱えながらコーヒーに携わってきた私に、code of conduct に基づいたサステイナブルコーヒーの仕組みは、これからの道筋をしっかりと示してくれた。

　カップの品質を担保するスペシャルティに比べ、サステイナブルコーヒーは、消費者への情報提供と、その情報をキャッチしてくれるアンテナ感度の高い顧客へのプレゼンテーションが必要不可欠だと強く思ったのである。

　そのための方法として──

　「如何に通常のコーヒーとのクレジット差額を納得して選んでいただくか。」

「如何に生産者 / 生産地 / 栽培精製方法などの情報を伝えるか。」

「如何に生産者が注いだ情熱を変わらずスタッフ全員で共有するか。」との3つの方針をかかげ、それを実現するために、販売方法を模索し、「サステイナブルコーヒーをマーケットに提案し、生産者と継続して取引し、常に情報をアップデートして社内で共有していくこととした。そして、この活動は、その後20年の大きなミッションとなった。

幸いこの期間に、生産地でのハード＆ソフトの改革が劇的に進んだこともあり、認証基準の遵守＝生産工程における気配りとなって、相対的に品質が向上、嗜好飲料として重要な品質も担保出来る様になった事で、最近では「スペシャルティコーヒー＝サステイナブル」が基本中の基本といった考え方のスタッフも、社内には多くいる。

とは言え、まだまだサステイナブルコーヒーを広くマーケットに伝えていくには、業界全体の努力は不可欠だ。ここで持続可能であるべきサステイナブルコーヒー（認証コーヒー）の抱える課題は置き去りになってきたことにも触れなければならない。

5. サステナブルコーヒーの抱える問題

私たちが述べる認証コーヒーは、生産者が持つ環境・社会的・経済的な条件を評価し、第三者機関に認証されたサステイナブルコーヒーのことを指す。消費者にとっては、生産者の生活や環境に配慮したコーヒーを選ぶことができるというメリットがあるが、まずはコストの問題がある。

生産者が認証を取得するためには、団体や第三者機関に認証費用を支払わなければならず、生産母体よっては、このコスト捻出が困難になるケースも多い。またコストを捻出できたとしても、認証クレジットの乗った価格がマーケットに受け入れられるか、といったリスクも生産者が背負うことになる。

次に認証制度の信頼性を担保する為に、現地で実施される審査も時に厳格すぎると感じることがある。生産者が持つ環境・社会的・経済的な条件を評価するために使用される基準を満たすためには、非常に多くの時間や労力が必要になるのが現実だ。

例えば多くの生産国では、収穫期には多くのピッカーを始めとする季節労働者を雇い入れるが、認証機関の多くでは、子供の農園立ち入りは（児童労働根絶の観点から）厳しく制限されている。

ただ季節労働者の中には、家族全員で農園を渡り歩く人たちもおり、彼らは子

供たちを園内まで連れていくことも多い。（子供達だけを残した場合の防犯上の問題を彼らは懸念する）実際、農園視察で親が作業している傍で、子供達が遊んでいる風景を目にした日本の関係者も多いのではないだろうか。

これらの問題を解決する為の施設を用意する農園側の負担は大きく、認証を継続するために地域の労働者だけを雇用するか、または労働者を守るために認証を外すといった厳しい選択を迫られた農園主を、私どもは実際に見てきた。

またこれ以外にも、地域や国ごとに分かれた審査機関がカバー仕切れない土地や、政情不安国家では認証制度自体が機能していない。

自前で労働者向けの託児所や学校を用意出来る大規模農園以外にも、持続可能な素晴らしい農園はあるし、イエメンなどに点在する有機農法を800年続けてきたコーヒー畑が、持続可能でないとは誰も言えないだろう。

こういった農園も、サステイナブルな農園として消費者に紹介していく事は、コーヒー業界のアンカーマンとしての責務ではないのか？

6. ヒロコーヒー独自の認証制度の確立

こういった考えが社内で大きくなり、独自の認証制度として、当社では2018年に「HIRO CERT（ヒロサート）」を開始した。（認証期間は3年、自動更新はなく、その都度に登録時と同等審査を行っていく。2018年12月制定。HIRO CERT とは、HIRO CERTIFICATION を略した造語）

以下、HIRO CERT について説明すると――

HIRO CERT 定義

我々の事業活動の礎となるコーヒーは、世界で最も愛される飲料とされる。

この「人と自然が生み出した奇跡の農産物が変わらず世界で愛され続ける様に活動する事」が我々の最重要ミッションである事を、生産者と共に21個の評価項目を通じて遵守する活動が本認証制度で、生産者のチェックシートの提出を受け、当社審査基準ラインに達した生産者に対して認証を付与するものである。

そして、HIRO CERT は、以下の持続可能な項目が含まれる包括的なサステイナブル認証となる。

管理業務全般

持続可能なコーヒー生産をおこなう為、栽培計画書を作成し生産に取り組む。
生産情報（圃場の地図など）や資材（肥料や農薬）の使用履歴を記録・管理する。
出荷されるコーヒーは全てトレース可能であること。

環境保全とコーヒーの安全性

精製に使用した水等の排水は環境に影響を与えない様に処理する。

廃棄物は環境及び労働者に影響を与えない様に処理する。

定期的に土壌分析を行うなど、コーヒーの栽培に適した土壌の管理を行う。

病虫害対策について、総合的病害虫管理（IPM）計画書を作成し管理を行う。

農薬を使用する場合、政府の登録があるものを使用し、使用基準を守る。

農薬や肥料は安全な場所で明確な方法で保管する。

品質管理

品種や栽培環境に応じて、直射日光対策を行う。

収穫の時、コーヒーチェリーの熟度管理を行う。

商品に適した精製・乾燥を行う。

乾燥されたパーチメントは適切な環境で保管を行う。

労働環境

強制または奴隷労働等、不適切な労働をさせていない制度が整っている。

明確な賃金制度がある。

労働者とその家族に対し、基礎教育を受ける機会を妨げず、医療を受ける機会を提供している。

農薬散布する時や機械を使用する時、事前に教育を行い、かつ、適切な保護具を使用している

地域コミュニティと交流を持っている

健全な労働環境づくりができるよう努力している。

当然、自社ブランドの冠をつけたサステイナブルコーヒーを、持続可能な倫理的調達製品として消費者へ紹介する事は大きな責任も伴うが、サステイナブルコーヒーを主力製品としてきたこの20年間の経験と信頼関係が、これを十分に果たす能力が備わっていると自負もしているし、SDGs宣言や環境活動レポートの年次報告は、ブランド価値を高め、リクルーティングなどにも大きな効果を生んでいる。

これからのサステイナブルコーヒーは、クラウドファンディングで持続可能性を高める資金調達や、WEB3などのブロックチェーン技術を活用して技術／情報がドラスティックに変化していくだろう。

消費者自身がコーヒーの木を所有し（分散化）、ネットワーク上の栽培／精製データの正しさがシステムによって検証され（透明性 ／ 検証可能性）、ネット

ワークやデータの一部を所有することで（所有権）、収益化することもできる（経済的インセンティブ）コーヒーブランドのNFT化は、どんどん一般的なものになるだろう。

　技術や認証を指すのではなく、より広範な理念や概念であるサステイナブルコーヒーのワードが、よりマーケットに届きやすくなる様、我々も一層努力していくことを約束する事で、この項のまとめとしたい。

セラード珈琲の歴史とこれから

㈱セラード珈琲代表取締役（本会会員）　山 口 彰 男

1. セラード開発とは

　まずセラード開発とは1974年に当時の首相であった故田中角栄氏がブラジルを訪問し、当時のブラジル大統領ガイゼル氏と対談した事からスタートしました。当時の日本は、前年の1973年に、アメリカ大統領であるニクソンショックにより、豆腐一丁の値段が35円から70円の倍に跳ね上がり、石油産出国であるOPECが発端となり、オイルショックと資源を持たない、または資源の乏しい国である事を実感させられ、国際的な波に翻弄される時代でした。

　田中首相は『広大な国土と豊富な資源があるブラジルとの連携を深め、資源の長期的、安定的な供給を確保したい』と語り、ガイゼル大統領も『両国の理解が深まれば深まるほど、共同事業が進むだろう』と談話し、産声を上げたのが、日伯セラード農業開発事業（PRODECER プロデセール）でした。

　この事業は1979年に本格的にスタートし、第1期〜第3期まで続き、日本側（350億）とブラジル側（350億）の両国合わせて、700億もの投資をした一大ODA（政府開発援助）でした。

　2001年3月に第3期が終了し、そのセラード開発の成果として、ブラジルは大豆生産量世界2位となるまで成長し、その役目を終えました。

2. セラード開発に参入した民間会社㈱ニッポパラカツ農業会社（現セラード珈琲の前身）

創業者・上原勇作とブラジルと山口節男との出会い

　1943年に長野県阿智村の農家の次男として生まれた「セラード珈琲」の創業者、故上原勇作（2006年に鬼籍に入る）は、いつか自分も広大な大地で農業をしてみたいという夢を持っていました。そして、日本政府とブラジル政府による合同事業として、1980年代から本格的にスタートした日伯セラード農業開発協力事業（PRODECER プロデセール）に参入するために上原は、当時勤めていた化粧品原料の会社を退職し、夢であるブラジルでのコーヒー農園経営に乗り出しました。

　当時は30代の若者だった上原は日本で出資者を募り、資金集めに奔走する。

「日本のバブル期だった事もあり、今とは比べ物にならないほど簡単に事業資金は集まった」と当時を振り返り、1983年に㈱ニッポパラカツ農業会社を設立（㈱セラード珈琲の前身）。ブラジルへは化粧品原料会社の頃より、何度も出張していた関係で、全くの未知の地というほどではなかったが、ブラジルにも移民達のコミュニティの場としての県人会がある事を知り、自分の故郷である長野県の県人会を頼ったところ、当時ブラジル長野県人会の会長に就任していた長野県上田市から1955年に移民した故山口節男（現：㈱セラード珈琲代表取締役社長の私の実父）と出会う事ができ、農園経営の話をしたところ、意気投合してスタートする事となりました。

故上原社長とセラード生産者組合創始者のアギナルド氏

　山口節男は、当時サンパウロ州に住んで花栽培を営んでいましたが、セラード地域パラカツ地区に農園をスタートさせる関係で、片道11時間かけて、バス移動を1週間毎に繰り返すという生活でした。

　日伯セラード農業開発協力事業は地球規模の食糧危機に備える為の事業という性質上、嗜好品であるコーヒー栽培には当初はJICAからの指導やクレームも多く、スムーズにスタートした訳ではないのですが、ブラジルが世界に誇れる農作物であるコーヒーを作り、『日本人好みのコーヒーづくり』という両者のスローガンに向かって、上原はコーヒーが育つまでの経済的支援者を日本で募り、山口はコーヒー農園を軌道に乗せるべく、それぞれが夢の実現に向かって日々努力しておりました。

ムンドノーボ農場の開設

　1983年にミナスジェライス州セラード地域パラカツ地区に、ムンドノーボ農場を開設。ムンドノーボとは、ポルトガル語で新世界を意味し、未開の大地を切り開くセラード開発にはぴったりの名前でした。

　初年度の1984年は土壌を豊かにするために大豆やトウモロコシなどの穀物を中心に栽培を開始しました。堆肥を自家生産する為に養豚もスタート。1985年には現代表である私も、ムンドノーボ農場で父を手伝う為に入社しました。1988

年には当時セラード地域では初の Washed 水洗式設備を導入した事で、同地域での注目を集めました。

翌年1989年に、初のコンテナをサントス港より輸出する事に成功しました。

日本での初輸入品の品質は、当時のブラジルとしては皆無の Washed 中心であり『とてもブラジルとは思えない！』という誉め言葉を頂きました。しかしながら、ブラジル経済を襲う1980年代後半〜1990年代前半のハイパーインフレにより、農場経営は徐々に行き詰まり、1997年には断腸の想いで上原の夢であったムンドノーボ農場を手放す事となりました。それでも農場経営を行った経験は無駄ではなく、多くの仲間達との絆を産みだし、その後の㈱セラード珈琲として再出発する礎となりました。

3. セラード生産者協議会との関りとその役割

CACCER（現：Regiao do Cerrado Mineiro）の認証農園になるために必要なもの

CACCER　旧：セラード生産者協議会（2023年現在は　Regiao do Cerrado Mineiro）は、1993年に設立されたセラード地域のコーヒー栽培・穀物・畜産業に携わる人達の為に作られた組織で、集団行動の苦手なブラジル人達としては、現在も発展を遂げる組織の成功例として稀有な存在として認識されています。

主な活動として、コーヒー産業の振興、州政府や議員への働きかけ、市場開拓、金融機関との交渉といった農政、広報宣伝の活動を担当し、経営、販売の面で生産者を支える組織です。更に2005年には、農園ごとの認証制度を確立し、より透明性を確保し、それぞれがダイレクトに消費国とコンタクトを取れる事に成功しました。

まず認証農園になるには、いくつかの審査に合格しなければなりません。これは世界的な認証と呼べるレインフォレスト・アライアンスや utz 等の認証を受ける際に参考になったのですが、大まかに下記の農園設備がなければ、Regiao do Cerrado Mineiro 認証を取得する事はできません。

1. 生産地／農園は、Cerrad mineiro の地域内でなければならない
2. 標高は800m以上
3. アラビカ種限定
4. 生産者が加盟するには、提携している9つある協同組合又は6つある協会のどちらかに、加盟する必要がある。該当するこれらの協同組合又は協会に加盟することで、自動的に federação への義務を負う
5. SCA方式で、最低でも80点以上の品質のロット

6. 環境、農業、労働等に関わる、全てのブラジルの法令を遵守
7. 出荷されるロットは、提携先の協同組合又は認定された倉庫で、デポジットされていなければならない
8. 原産地と品質を識別するタグが付いている「公式の袋」のみを使用
    ＊登録生産者数：4000人

　この世界規模でも有数の規模を誇るコーヒー組合の有力な仲間達と共に出資者を募り、セラード珈琲ブラジル事務所を現事務所のあるパトロシーニョ市に開設して、今日の輸出業務を行っております。

4. ブラジルの枠を飛び出し、生産者参加型ブランドProdutorを2008年に立ち上げ

　SCAJカンファレンス等にセラード珈琲が出展した際に、Produtorの趣旨に賛同する生産者や輸出会社は日替わりでセラード珈琲ブース内に無料で展示・商談スペースを与えられ、自農園・自社のアピールをする機会が設けられる。その他、セラード珈琲・東京事務所内のセミナールームにて、産地セミナーやテイスティング会を開催し発表の場を設けられる。その後に懇親会に参加して、交流を深められるのもブラジル気質のセラード珈琲ならでは。

　また賛同する生産者や輸出会社とは定期的なミーティングを開催し、販売価格の透明性の確保と現地コストの定期的な確認をする事で、買い付け価格を確定し、生産者達の生産意欲が向上するようなコスト積み上げ式の買い付け方針を取る事で、安心してコーヒー栽培に打ち込める環境を整備しています。

「Produtor」と「スペシャルティ」の違い

　Produtorとスペシャルティとの違いは、生産者参加型という点であり、単に買い付けた物を販売するのではなく、生産者と共に歩んでいく姿勢です。時には生産者の要望する農業機器などをセラード珈琲が出資してサポートしたりもしています。

　生産者は自分達のノウハウを他の者に話したがりませんが、世界的にも有名な旧：サンパウロ IAC カンピーナス農事研究所の博士とも連携して、温暖化対策品種の共同研究も12年前より取り組んでいます。

　スペシャルティは高品質の保証となりますが、Produtorは生産者と共に歩み成長する事を目的としています。そこには研究の成果としての最終製品としてのスペシャルティがゴールとしてある形で、常に出来上がった完成品を買い付ける

事だけを目的とせずに生産者と共にある姿勢は自らが元々生産者であり、苦労してきた事から生まれた考えかもしれません。

5. 生産者側の視点に立った買い付けポリシーと独特な付き合い方

　ブラジルのミナスジェライス州セラード地域からスタートしたセラード珈琲ですが、現在は現地事務所を構えるセラード珈琲ブラジル事務所を中心に、セラード・マッタスデミナス・モジアナ・南ミナス・エスピリットサント州など、有名な5つの産地から輸入しています。

　自社をアピールする上で、こだわりや高品質の取り扱いや情熱、または弱者である生産者や労働者への配慮などは大事な事であり、また耳に心地よい話なのですが、例えばスペシャルティコーヒーはごく一部しか採れない事から希少であって、その他1本の木からは低品質なコーヒーが多く採れます。さらには、またスペシャルティとまではいかなくても、プレミアムグレードの十分品質の良いとされる物も多く採れる事も事実です。

　生産者の本音としては、一部のスペシャルティグレードのみを一本釣りされては困るという考えが常にある事は、自分達が元々農園経営をしていた事から、わかっていた事です。特に日本の場合は見栄えにもこだわる事から、スクリーンが大きく、揃った豆が好まれます。

　その場合、スクリーンの小粒な豆や極端な大粒な豆のみ弾かれる事になります。セラード珈琲ではスペシャルティを前面に販促活動をしてきましたが、スクリーンの小粒な比較的割安に買い付ける事のできるロットはロースターに卸販売用として紹介し、プレミアムグレードの豆も同様に割安に買い付けられる分、量販店向けとする等、スペシャルティだけを一本釣りする事がない様に、または農作物の不安定さから、スペシャルティ規格に届かない場合も、今年度はプレミアムグレードを買い付けるなど、常にその時その年だけの付き合いとならない様に、サステイナブルな関係の構築を目指してきました。

　通常コーヒーの買い付けに消費国の人間が訪れると、輸出会社に赴き、自分の好みを伝えると担当者が、好みに合ったコーヒーを準備しカッピングによって選ばれます。この方法が一般的ですが、農園との継続的な付き合いとはなりません。セラード珈琲では生産者と直接会い、消費国の好み（品種や精製方法など）にニーズを伝えて、栽培してもらう事からスタートし、そのコーヒーの出来不出来に関係なく買い付けを約束する（不出来な場合は他のロットを必ず買い付ける）事で、安心してコーヒー栽培に集中してもらう事を心掛けています。

セラード珈琲のムンドノーボ農場は、正直失敗に終わったわけですが、生産と販売を分離する現在の形が構築された事が、財産として残りました。またセラード珈琲自身が生産者であった際は、失敗した場合はまた1年後となるわけですが、多くの仲間達と多くの産地と取り組む事で、自分達の取り組んでみたい多くの研究や実験を各農園、各産地で行える事も、農園経営時代からは格段の進歩といえます。そのお陰か？　現在はブラジル事務所には、その噂を聞きつけた多くの生産者から売り込みの打診があり、輸出量の5倍ものサンプルを、日々カッピングしながら検討しています。

6.　ブラジル以外のコーヒー産地の取り扱い基準

第一に何でも売れれば良いというスタンスではなく、スペシャルティ規格の高品質なコーヒー栽培を続けたい。または始めたいという情熱があるか？　が取り扱う際の判断基準です。

特に情熱という事に定義付けはしていないのですが、長年のブラジルの生産者や輸出業者との取引や自社農園経営の中で、どの様な人間か？　観察する力が養われました。直感というと胡散臭く感じるかもしれませんが、単に金儲けとして捉えている事は直ぐにわかります。ですから弊社では現在のようなネット社会ですが、できるだけブラジル以外の産地でも、産地訪問した産地を中心に買い付けています。また産地訪問する前に買い付けた場合も近い将来産地を訪問するという意思を持ち続けて、できる限り訪問しております。

ブラジル以外では、コロンビア・グァテマラ・ニカラグア・インドネシア・パプアニューギニア・エチオピア・ケニア・タンザニアを各担当者が訪問しました。コロナが落ち着いた現段階では、再度グァテマラとエチオピア、新たな産地としては、ペルー・コスタリカ・パナマ訪問を予定しています。

一度取り扱いを開始した産地は、供給する産地に問題（内戦・天候不順等の不可抗力）が起きない限り、最低3年間は継続して取引を行い、産地毎のフィードバックをするように心掛けています。また供給責任という言葉によって品質が落ちた際にも、輸入するという事がない様に、天候不順の影響などで悪い時は悪いと、正直にお客様にもお伝えするように心掛けています。

7.　次世代へと繋ぐセラード珈琲のこれから

2006年に創立者である上原勇作氏が他界し、ブラジル側もムンドノーボ農場の生みの親である山口節男も他界して、今は現社長である私が、ブラジルと日本

に半年ずつ滞在する形で、陣頭指揮を執っております。矛盾するようですが、カリスマ的存在であった上原社長亡き後は、セラード珈琲の運営体制は、ブラジル人ゆえの日本市場への理解不足を補う形で、山口、萱間、横山の3名で、方針を決定しながら運営して参りました。

　何かの記事でみたのですが、上司と部下の関係において、良好な数値を出す国として、ブラジルはダントツの数字を叩き出していました。アメリカが中間で、日本は最下位です……。外部の方々が見聞きした場合に、時に上下逆転している様に見える弊社ですが、喧嘩できる仲という事で、営業は私に対して、日本側のロースター様の声を隠す事なく届け、山口もブラジル側の生産者や輸出会社の意向を遠慮なく伝えます。

　日本側のニーズに沿い、生産者と作り上げるスタイルは今後も不変であり、生産国と消費国の架け橋となる会社であり続ける事をポリシーとしています。輸出会社管理体制もこの10年で構築し、輸出最高責任者である山口が日本にいながらも、タブレットでカッピングデータを共有し、ブラジル事務所と日々連携しております。

　品質管理においては、良い豆を買い付ける事自体は、語学力と資本が有れば成立しますが、保管状態が悪ければ、せっかくのスペシャルティも無駄となってしまいます。その経験からブラジル大手包材会社と共同開発で、新包装材 Oxi-free を3年前に開発し、鮮度を保持したままの輸入を実現しました。以前はリーファーコンテナという手段のみでしたが、リーファーコンテナは必ずしもブラジルに在庫があるとは限らずに、タイミングを逃すと長く生産国にリーファーコンテナの予約が取れるまで、留め置かれるというデメリットもあります。新包装材 Oxi-free を開発した事により、鮮度保持の問題もクリアーした事で、買い付け後の劣化問題が飛躍的に解決しました。

　人員的にもブラジル事務所に現地スタッフ4名体制となり、日本側では輸入部を立

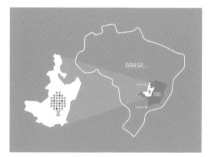

認定されたミナス州セラードエリア

2005年当時ブラジルでは珍しい小型の最新精選設備を導入

ち上げ、私をサポートし、輸出入のエキスパートとして、育てるべく新しいスタッフが活躍しております。

　発展途上国で生産される事がほとんどのコーヒー生産現場では、日本側では理解できないトラブルが多く発生します。その際にどの様な態度を取り、対策するかで継続的な供給が可能となります。サプライヤーを目利きする目もこの35年で養うことが出来、どの様な生産者・輸出業者が望ましいか？　のノウハウも構築してまいりました。このノウハウはセラードを飛び越えて、ブラジルの有名産地、そして世界中の産地へと輪を拡大中です。

　人の動きが激しい昨今で、同じ営業・事務員が対応する良さが我々セラード珈琲の強みとなっております。決してオシャレで最先端ではありませんが、常に美味しい生豆を確保し、出来る限り正確な情報をお伝えし、時には産地視察をアテンドする。そんなブラジルコーヒーの様な変わらない伝統的な Natural な自然体であり続けたいと願っております。

セラード珈琲ブラジル事務所メンバー

美味しいコーヒーとはピッカーが作る物

ハワイ・コナ山岸コーヒー農園農園主（本会会員） 山 岸 秀 彰

　私は NY のウォール街で働いていたが、リタイアして2008年からハワイ島コナでコーヒーを育てている。自宅に約三千本のコーヒーの木。小農園の農園主、兼、ピッカーだ。残念ながら腰痛のため、2年前から生産を自家消費分に絞り、外部への販売は辞めた。生産を一区切りしたのを機に、「美味しいコーヒーを飲むために─栽培編─」という本を書いた。

　スペシャルティーコーヒーの流行で、農園、テロワール、標高、品種、乾燥方法などが大切と語られる。それは正しい。しかし、最も重要な工程は収穫。つまり収穫の担い手のピッカーが重要。私の思う美味しいコーヒーとは、コーヒーの木を健康に育て、健康に完熟した実だけを丁寧に収穫したもの。美味しいコーヒーは農園主だけの手柄ではない。その下で働くピッカーが重要とその本で述べた。

1. 美味しいコーヒーとは

　私にとって美味しいコーヒーとはクリーンカップ。クリーンで、透明感があり、明るく、甘く、酸味がきれいで、苦味・えぐみ・渋みなどの雑味がないもの。もちろん、深く焙煎すれば苦味がでる。それは構わない。しかし、カッピング（官能テスト）と同じミディアムで焙煎したら、苦味・えぐみ・渋みなどの雑味がでない。2〜3時間かけても飲み疲れない。むしろ、冷めてからが美味しい。そういうコーヒーだ。なぜなら、適切な気候で、木を健康に育て、健康に完熟した実だけを丁寧に摘んで、丁寧に精製すると、そういう味になるから。それが健康なコーヒーの味だから。

　私の好みは、SCA（Specialty Coffee Association）のスペシャルティーコーヒーにも通じる。私と妻はコナコーヒー農家の Q グレーダー第一号だったが、コロナのドサクサで資格延長をせず資格を失った。Q グレーダーだった頃は、SCA の基準に従いコーヒーの鑑定をした。私は SCA 基準には異論があるものの、SCA には生豆の質を評価する思想があり、大雑把に言えば、私の好みと似た部類だろう。

私が友達に美味しいコーヒーについて熱く語ると、呆れて「コーヒーは嗜好品だから、好みは人それぞれだから」と、冷めて答える友達甲斐のない奴がいる。「お前なんか友達じゃねぇ」と、心の中で呟く。コーヒーも、熱いコーヒーは良いけれど、コーヒーに熱いと友達を失う。

　でも、嗜好品というのは不思議な単語で、英語に訳せない。日本語独特の概念だろう。酒、煙草、コーヒーなど、習慣性・依存性ゆえ、ひょっとして本当は美味しくないんじゃないかなと感じながらも止められないが故に、嗜好品だから好き嫌いは人それぞれです、と濁すような語感がある。まあ、乱暴に摘んだ出来損ないのコーヒーなら嗜好品で良いけれど、きれいに摘んだコーヒーは、純粋に誰にでも美味しいと私は感じる。こういう事を言うと、また友達が減りそうだが。

　美味しいとは、口にしたときに脳が喜ぶ個人的な体験である。だから、美味しさは人それぞれ。美味しいコーヒーの議論は難しい。

　コーヒー栽培を始める前は、今とは違い苦いコーヒーが好きだった。子供の頃は苦いコーヒーが飲めなかったのに、中学生になると、苦くともブラックで飲むのが通だと粋がった。マンデリンに夢中だった。たいした中二病だ。たぶん、飲み続けるうちに苦いコーヒーが脳を覚醒するのを覚えて、脳は苦いコーヒーを美味しいと感じるようになったのだろう。脳が薬物に騙された。でも、脳が喜ぶなら、それはそれで良い。

　現代社会で最高の価値のある単位は個人。家柄や宗教や年齢による秩序よりも、個々人の脳が快適に感じるか不快に感じるかが重要。よって、人が不快に感じることを言ったり、やったりしてはいけない。だから、苦いコーヒーが好きな人に向かって「おまえの脳は薬物に騙されている」と、他人の脳内に土足で踏み込んでも意味はない。

　客が好きなら、それで良い。美味しいコーヒーとは消費者が決めるもので、特定の権威、団体、個人が決めるものではない。ましてや、私ごときが、これが美味しいコーヒーだと主張するのは筋が通らない。

　だが、生産者として考えると、出来損ないのコーヒーでもって、こう焙煎すれば美味しいだの不味いだの議論しているのは変に感じる。世間に出来損ないのコーヒーが溢れていて、それに基づいて人々の好みが形成されていることに違和感を感じる。その背景にあるのが、ピッカーの軽視だ。

2. きれいな収穫とは

　コーヒーは冬の乾季を過ぎ春に雨が降り始めると花が咲く。コナでは2〜5月

にかけて咲く。同じ木の同じ枝でもすべてが同時に咲くわけではない。それぞれの花は実を付け、8ヵ月後に摘みごろになる。9〜1月が収穫シーズンだ。開花後、ひと月もすると小さな緑の実がなる。それが水分を蓄えて3カ月かけてフルサイズに成長する。その後、栄養分を蓄えて徐々に熟す。開花後8カ月で赤く完熟し摘みごろになる。**写真1**のA。そして、木が健康で体力があれば、3週間くらいは完熟の状態を保ち、Bに至る。このAからBの間で摘み取る。それを過ぎると過熟する。

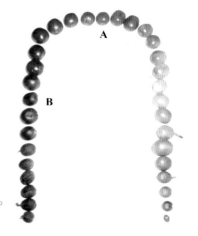

写真1

　ブラジルなどは過熟実（水に浮く）だけを集めて、ナチュラル、あるいは樹上完熟と称して売るが、ブラジルとは違って、収穫期にも雨が降るコナでは、カビたり腐ったりする。コナの普通の農園では、これら過熟豆や欠陥豆は赤い完熟実と一緒に収穫され、精製の段階で水や機械を用いて除去するが、完全には取り除けない。だから私の畑では、収穫の段階で可能な限り取り除く。

　同じ木、同じ枝でも赤い完熟実と緑の未熟実が混在する。赤だけを摘み、未熟の緑を摘んではいけない。そして3週間以内に、畑を一周してまた同じ木に戻る。もし3週間以内に戻ってこれないと、実は過熟する。

　この点が他の農作物との最大の違い。大抵の農作物は一度に収穫する。米などは機械で一度に収穫するので、収穫が品質に影響することはそれほどない。ワイン用のブドウも短期間に集中的に収穫する。だから、米やワインは産地、品種、テロワールが語られる。

　しかし、コーヒーは違う。もちろん、産地、品種、テロワールも味に大いに影響するが、きれいに摘むか否かが決定的に重要だ。

　きれいに摘むための山岸農園独自の秘訣はビニールの袋。これを収穫バスケットの外側にクリップで留める。赤く色づいた完熟した果実のみを収穫バスケットへ入れ、欠陥実はビニール袋に入れる。

　写真2の右側が完熟した美味しいコーヒー。スペシャルティーコーヒーと呼べる品質。左が一般的に流通するコモディティーコーヒー。欠陥実が多くクリーンさに欠ける。欠陥実にも色々ある。水分不足でスカスカの実、カラカラに乾いた実、栄養不足で黄色く変色した実、実の付け過ぎで突然死した実、菌類の影響で

茶色に変色した実、高温で疲弊した実、直射日光に焼けた実、窒素焼けの実、虫食いの実、過熟の実、腐った実、カビの生えた実、あるいは誤って摘んでしまった未熟の実など、すべて味に悪影響がある欠陥実だ。これらは収穫バスケットではなく、ビニール袋へ分別する。

写真2

　きれいに摘むための最大の障害はCBB（Coffee berry borer）、スペイン語ではブロッカと呼ばれる害虫。これはコーヒーの実の中に50個から100個の卵を産み、5週間で成虫する。放って置くと実効再生産数50。指数関数的に増える。しかも、虫食いの実が地面に落ちても、虫は実の中で6ヶ月以上も生き延び、翌年の畑を襲う。

　私の畑では、春から秋まで、すべての虫食いの実、つまり虫の家を畑から摘み取る。収穫時には、地面に実を落さないようにする。赤い実を摘み残してもいけない。樹上で過熟し始めると、アルコール臭を発してCBBを引き寄せ、激しく攻撃を受け、過熟して地面に落ちる。CBB上陸前は欠陥実は地面に捨て放題だったが、CBB上陸後はビニール袋へ分別するようにし、収穫の手間が増えた。

　つまり、きれいに摘むとは、バスケットの中は赤い実だけ、欠陥実はビニール袋、摘み終わった木には緑だけが残り、赤や欠陥実は摘み残さず、地面にも落とさないということ。

　収穫重視の私は収穫に専念する。皮むきと乾燥は友人の農家のWet millに委託する。写真3は、皮をむいて、発酵槽で一晩かけて果肉を取り除き、干し棚で天日乾燥しているところ。収穫の違いを明確に表している。

　左奥がうちの畑のパーチメント。手前と右はそれぞれ別の農園のパーチメント。すべて同じ機械で、同じ方法で皮と果肉を取り除いたが、私の豆は白くクリーンだ。それに比べ、

写真3

他の農園の豆は黒ずんでいる。

　これは、まさに収穫方法の違い。過熟、虫食い豆、腐敗豆が混入すると、果肉が腐敗しパーチメントの表面に黒っぽい色を付ける。これらと一緒に発酵槽につけ、一緒に乾かすからクリーンさに影響する。

　これまでをまとめると、私の美味しいコーヒーの定義は「一本のコーヒーの木から実を摘む際に、水分不足でスカスカの実、カラカラに乾いた実、栄養不足で黄色く変色した実、実の付け過ぎで突然死した実、菌類の影響で茶色に変色した実、高温で疲弊した実、直射日光に焼けた実、窒素焼けの実、虫食いの実、過熟の実、腐った実、カビの生えた実、あるいは誤って摘んでしまった未熟の実などの欠陥実は別の袋に分別しながら、完熟した実のみを収穫用バスケットに入れ、摘み終わった木には、これから熟す緑の実だけが残り、そこには完熟実や欠陥実は一つも残さず、かつ、地面に実を落すことなく摘んだコーヒー」となる。つまり、「美味しいコーヒーとはピッカーが作る」という事だ。

　しかし、ここに最大の障害がある。それは農園主とピッカーとの利益相反。大抵のピッカーは摘んだチェリーの重さに応じて支払われる。よって、ピッカーには乱暴でも良いからたくさん摘むインセンティブが働く。たとえ、農園主がきれいに摘むよう頼んでも限界がある。如何にきれいに摘んでもらうかが農園主の腕の見せ所だ。紙面の都合上、本稿では説明をしないが、拙著で詳説したのでご参照いただきたい。

3. スペシャルティーコーヒーの欠陥豆率

　ハワイ島コナの認証制度と SCA のスペシャルティーコーヒーの基準を比較し、スペシャルティーコーヒーについて考えてみる。

　農園主としては、ピッカーにきれいに摘んでもらうことが難しいので、生豆の質を上げるために、どうしても、Wet mill や Dry mill などの精製所での欠陥豆の排除に頼る。

　Wet mill では、水に浮いた比重の軽い豆を取り除き、皮むき機は過熟や未熟の堅い豆をはじくように設定されている。

　Dry mill ではパーチメントを割って生豆を取り出し、サイズ別に分別する。コナでは、サイズ 19（19/64 インチ）が Extra Fancy 用、18 が Fancy 用、16-17 がNo.1 用と、サイズ別で等級がある。サイズ分けした後に、一番重要な工程の比重選別機に通し、比重の軽い豆を取り除いて出来上がる。農園によっては、その後、色選別機に通す。また、人件費の高いコナでは人の手によるハンドソートは

行わない。

一方、SCA基準では、スペシャルティーコーヒーとは官能テストで80点以上の物を指すが、官能テストに進むには、欠陥豆の混入率に厳しい足切り基準がある。

コナもSCAも、ともに生豆300g中の欠陥豆の個数で足切りをする。その際、欠陥豆の定義がある。たとえば、虫食い豆に関しては、ひどい虫食いは欠陥豆（full defect）としてそのまま勘定するが、軽度の虫食い（partial defect）は、コナの場合は五個で一つの欠陥豆（full defect）に換算し、SCAは十個で一つの欠陥豆と換算する。カビ、変色、異物、等々の他の欠陥豆にはそれぞれ異なった換算比率がある。

仮に、300gは1500個の生豆とする。実際はサイズ19の大きな豆は、小さい豆より数が少ないが、単純化のため、その差は無視する。また、欠陥豆は軽度の虫食いだけを考慮し、他の種類の欠陥は存在しないと仮定する。そのような大胆な仮定をおくと、表1・2のようにまとめられる。

SCA基準でスペシャルティーコーヒーと呼ばれるには、生豆1500個中、5個の欠陥豆（0.33％）。軽い虫食いは10個で1なので、50個（5×10）の3.3％まで許容する。これを満たして始めてカッピングへ進める。

表1. コナコーヒーの認定基準（300g = 1500個）

	Size	Full Defects	%	Slight insert damage（×5）	%
Extra Fancy	19	8	0.53%	40	2.7%
Fancy	18	12	0.80%	60	4.0%
No.1	16–17	18	1.20%	90	6.0%
Prime	Optional	15%	15.00%		15.0%
No.3	Optional	35%	35.00%		35.0%

表2. SCAのアラビカコーヒーグレーディング基準（300g = 1500個）

	Category 1 Defect	Full Defects	%	Slight insert damage（×5）	%
Specialty Grade Green Coffee	×	5	0.33%	50	3.3%
Premium Coffee Grade	○	8	0.53%	80	5.3%
Exchange Coffee Grade	○	23	1.53%	230	15.3%
Below Standard Coffee Grade	○	86	5.73%	860	57.3%

Category 1 Defect : Full Black, Full Sour Dried Cherry, Fungus Damage, Foreign Matter, Severe Insect Damage

コナのExtra Fancyは生豆1500個中、8個の欠陥豆を許容する（0.53％）。軽度の虫食いは5個で1と換算するので、40個（8x5）の2.7％まで許される。こ

れはスペシャルティーの要件を満たす。しかし、Fancy は 60 個で 4 ％、No.1 は 90 個で 6 ％で、スペシャルティーの要件を満たさない。これは、比重選別機では、サイズ 19 の大きな豆は重いから比重の軽い欠陥豆を高い精度で取り除けるが、サイズが小さいと元々軽いので、比重の軽い欠陥豆を取り除く精度が落ちるためである。

　サイズにより許容される欠陥率が異なることから類推するに、コナの基準は、「畑でそこそこきれいに摘み、ミルで欠陥豆の排除を繰り返し、最後に比重選別機を使えば、それぞれのサイズに対して、この程度の欠陥豆の混入率に抑えられます」という事を意味する。つまり、これなら作れますという基準だ。

　ちなみに、Fancy や No.1 も焙煎前に手で欠陥豆を取り除けば、大きさによる味の優劣はない。また、Q グレーダーの世界では軽度の虫食いは 5 ％程度までなら、香味に影響を与えないといわれる。つまり、Extra Fancy も Fancy も、そして恐らく No.1 も、ほとんどの Q グレーダーは虫食いを見抜けない。しかし、SCA 基準は厳しい。Fancy、No.1 の基準はスペシャルティーの基準を満たさない。

　ここから、興味深いことが言える。サイズ 18 以下は、精製所でいくら機械を回してもスペシャルティーを作れない。スペシャルティーを名乗るには、精製所の機械的な作業に頼らず、畑でコーヒーを健康に育て、健康に完熟した実だけを丁寧に摘み取らねばならない。つまり、**スペシャルティーコーヒーとはピッカーが作る物だ**（やっと本稿の題にたどり着いた）。

　コナの認証制度はコナに害虫 CBB が上陸する前にできたもので、残念なことに CBB 上陸後は、この基準は機能しなくなった。

　重度の虫食は水に浮くのでミルで取り除ける。しかし、軽度の虫食い、つまり、果実に侵入して日が浅いと、生豆にピンで穴をあけた程度の被害で、ミルでは排除できない。水に沈む。皮むき機も通過する。比重選別機も通過する。色選別機での捕捉も精度が悪い。よって、スペシャルティーの基準に達するには、畑で CBB の増加を防ぐ必要がある。春から秋にかけての畑の労働者（収穫期はピッカーに早変わり）の日々の地道な努力に依存する。さび病などの他の病害の管理も同様。やはり、**スペシャルティーコーヒーとはピッカーが作る物だ**。

4．スペシャルティーコーヒー

　「スペシャルティーコーヒーはピッカーが作る物」とは、私の勝手な主張である。日本でも米国でも聞いた事がない。しかし、実は広く認識され認められた考えと思う。その証拠に、SCA の生豆基準は丁寧な収穫が前提だ。また、諸先輩方の

コーヒーの本には「良い生豆を仕入れることが重要」と書いてある。良い豆の買いつけを売りとするコーヒー店の宣伝に定番なのは、真っ赤な完熟実だけを集めた写真だ。また、生豆の買い付けに行って、完熟実だけを摘むように指導したなどの武勇伝も耳にする。さらに、自家焙煎の店のマスターの中には、焙煎前に欠陥豆をハンドソートする奇特な方までいる。

つまり、農家も、産地の人も、買い付け担当者も、SCAも、焙煎士も喫茶店のオーナーも、きれいに摘んだコーヒーを美味しいと思っている。プロは何となく常識として知っている。

たとえばCup of Excellence（COE）。各国で農家が数百ポンドのごく少量の自分の畑のトップ0.1％位の選りすぐりの豆を持ち寄って宣伝目的で行う競技会だ。

あそこに出品される豆が美味しい最大の要因は、きれいに摘んでいるからだ。やれ標高だの品種だのが強調されるが、あれは競技会用に特別に丁寧に育て、丁寧に摘むから美味しいのは公然の秘密だ。

COE入賞豆は、それは美味しいが、同じ農園の一般的な豆を買ってガッカリするのは、きれいに摘んでいないからだ。一般の豆もきれいに摘んでほしいものだ。

ひところ、私は日本へ行くと、スペシャルティーコーヒーを標榜する店を訪ね歩いた。素晴らしい豆を置く店は昔より増えて喜ばしいが、ガッカリすることも多い。シアトルやNYでもガッカリの連続だ。

きれいに摘んだコーヒーは少ない。きれいに摘んだコーヒーのクリーンな味わいを前面に打ち出す店は少ない。焙煎や抽出のこだわりを語られても、こっちは、ど素人で、からきし分からないし、そうなると本当に好みの問題なので、どうぞご自由にと思ってしまう。

たとえ、豆の話になっても、お店の人が、これはナチュラルでとか、ハニー製法でとか、丁寧に説明してくれることがある。特徴的なコーヒーは分かり易いからお客さんも喜ぶだろう。話も弾むだろう。

でも、私の関心はそこではない。そもそも、Wet millでは取り除いた皮と果肉を醗酵させて堆肥を作る。ナチュラルやセミナチュラルのカップからは、その堆肥の臭いがする。収穫期に雨が続くと、収穫作業は遅れるし、実は早く熟す。しまいには木の上で実が腐り始めて、ショウジョウバエがブンブン飛んで、私はオロオロする。その時の臭いがする。嫌だ。私はその臭いと日々闘っているのだ。

「きれいに摘んだコーヒーの味」はどこへ行ったのか。店頭でのスペシャルティーコーヒーの表示だって、大抵はこんな感じだ。

○○農園

○○国○○地区

火山灰土壌

標高○○メートル

品種○○

天日干し

セミナチュラル（ハニー製法）

　せっかく消費者がスペシャルティーの美味しさに目覚めても、この表示だと消費者の関心はピッカーへは向かない。美味しさの源泉が理解されない。きれいに摘んだ味も説明してほしいものだ。私は自分のコーヒーを「きれいに摘んでるね」と言われるのが一番嬉しい。そこなんだから、一番難しいのは。

　試しに、最近流行のAIのChat GPTに「美味しいコーヒーとは何ですか」と聞いてみた。すると、500字以内にまとめた回答がきた。鮮度、水質、焙煎、挽き方、抽出などが重要とある。まるで典型的な自家焙煎のお店のホームページみたいな記述だ。

　きれいに摘んだ豆の話はどこへ行ったのだろう。私の主張はそんなに変なのかとガッカリして、念のため英語で聞いてみた。すると冒頭に「Good coffee can be made from high-quality beans that are grown and harvested under optimal conditions（美味しいコーヒーは、最適の状態で栽培され収穫された高品質の豆から作られる。）」と書いてあった。

　さらにChat GPTに尋ねたところ、日本語の質問に対しては、英語の文献を検索して答えを日本語訳するのではなく、日本語のウェブや文献を検索するそうだ。つまり、日本語の回答は日本語のネット等の文書の要約。日本のネット界は、きれいに摘んだコーヒーに興味がないらしい。

　アメリカのコーヒー店のピッカーへの認識も日本と似たようなものだが、少なくとも、英語の文献は日本語の何十倍もあるし、研究者や生産者の書いた文書もあり幅広いので、こういう結果になるのだろう。

　きれいに摘んだコーヒーの話は、日本から消えていた。プロは知っていても、そのことはあまり書かない。焙煎や抽出など、自分の専門分野の話に集中するのは、当然と言えば当然だけど。

　かといって、日本人がダメなのかというと、そんなことはない。以前、こんなことがあった。

　コナに害虫CBBが増えて困っている。CBBの先進国のコロンビアから教授を

招いて、CBB の勉強会を開いた。その場で、コナの農家のリーダー格の人物が、完熟まで待たずに色が変わったら摘めばよいと主張した。つまり、CBB は完熟から過熟にかけて活発なので、完熟の手前のオレンジで摘めば、CBB の爆発的増加が防げる。オレンジ色なら柔らかくなるから、皮むき機を通る。完熟まで待つ必要がない。なぜなら、地元の Q グレーダーに飲ませて確認した。味に違いはない、と主張した。日系人ではない。5歳からコーヒー摘みで鍛えられた日系人はそんなことは言わない。

すると、コロンビアの教授は、怖いものでも見たかのような表情で「でも、日本人には分かるんだ」と答えた。日本人の買い付け担当にコテンパにされた経験があるのだろう。彼の地域では、日本人バイヤーは騙せないと恐れられているのだろう。

買い付け担当の人は頑張っていて、他の国の買い付担当よりも厳しい目で臨んでいる事が見て取れた。安く仕入れろとの国内からの声と、良い品を見極める事との間で揺れる心が見て取れた。

私は米国に住んで33年になる。思うに、日本人は全体的に味に敏感だ。なにせ日本食はダシを使って素材の味を引き出す。だから日本の消費者こそ、きれいに摘んだコーヒーの味を、コーヒー本来の味を理解すると思う。日本でこそ、そういう風にお客さんに提示してもらいたいと願う。

5. ピッカー

収穫のピークに枝に完熟実がたわわになった状態を日系人の町コナでは Sakari（盛り）と呼ぶ。この QR コードからは、妻がその時期に摘んでいる動画が見られる。早送りではなく実際の速度だ。

バスケットにビニール袋を付けて、欠陥実を分別しながら摘んでいる。完熟しているので軽くひねるだけでぽろっと取れる。無理に力を入れてもぎ取ると、未熟の実まで採ってしまうのでダメ。実の花柄（枝と実を結ぶ部分）は枝側に残す。乱暴に花柄ごともぎ取ると枝が痛む。

Sakari の時期は速く摘めて楽しい。この動画のペースだと、彼女は一日に400ポンドぐらい摘む。達人だ。私は300ポンドぐらい。リタイア前は NY 州弁護士だった彼女は「コーヒーが摘めて幸せ。たとえ明日が地球最後の日でも、今日コーヒーを摘む」とまで言う。ピッカーの鑑だ。

この時期に、ピッカーの間では、一日に600ポンド摘んだとか、1,000ポンド

摘んだとかの自慢話が横行するが、我々以上に早く摘むと、葉っぱごと根こそぎむしり取るので、スペシャルティーは無理。写真2のようなコモディティー・コーヒーになってしまう。

収穫シーズンの始めや終わりの頃はこんなに早くは摘めない。一日摘んでも100ポンドの事もある。だから熟練したピッカーでシーズン平均で一日200ポンド、あるいは100キロ程度だろう。

では、一日に100キロ摘むとすると、ピッカーにとって、それが何を意味するかを考えてみよう。

コーヒーショップで、手摘み完熟プレミアムコーヒーなどと宣伝文句がついて、一杯500円で飲めるとする。一方、多くの産地でコーヒー摘みの日当は一日10ドル程度だ。これでは「コーヒーが摘めて幸せ」とはならない。なかには、一日3ドルなんて極端な例もあるらしい。

仮に、日当3ドルの人が一日100キロの実を摘んだとする。100キロの実からは約1,500杯のコーヒーが作れる。つまり、一杯当たり25銭、500円の0.05％がピッカーの取り分。手摘み完熟がそのコーヒーの最大のセールスポイントなのに、それにかけるコストはたった0.05％。

業界関係者の中で、ピッカーの仕事が肉体的に最も過酷だ。一日100キロのコーヒーを3か月間も摘み続けることがどれほど辛いことか。

下手なダイエットプログラムに入って大金払うよりも、3か月間コーヒー摘んだ方が良い。この動画のペースで摘んだら、毎晩ビール飲んでステーキ食べても、すぐ3〜4キロ痩せる。中南米だと辛いけど、ハワイなら日当は200ドル位だから、3か月で70日摘むと、3〜4キロ痩せたうえに、200万円くらい貰える。夜に手足がつるけど。それ程きつい作業だ。

コーヒー業界全体として品質の向上を求めるならば、最も過酷で、かつ、品質管理上、最も重要な部分に0.05％はお粗末。これが企業なら、こんなクオリティーコントロールの会社は潰れる。

一杯のコーヒーの値段のうち、農家に渡るのは1-3％程度というような話は、よくされるが、それは農園主（地主さん）に渡るお金で、その下で働くピッカーの取り分は悲しいほど少額だ。

たとえ日当10ドルでも、議論の本質に変わりはない。世間はピッカーがきれいに摘む行為に対して、金銭的価値をほとんど与えていない。味に一番影響する収穫は、ほぼ無視。つまり、味無視。

最近は、コーヒー先物価格は1ポンドあたり200セント近くに上がって、イン

フレと業界内で不評だ。また、コーヒー農家にとって、200セント程度あれば持続可能だと言われる。

　仮に先物価格が1ポンド200セントで、一人一日200ポンド（100キロ弱）を摘むとすると、私のような夫婦2人経営の農家は3か月間で3万ポンドのチェリーを摘んで、生豆で5千ポンドを生産することになる。

　あるいは、日本に入って来る農家指定のスペシャルティーコーヒーで最小規模の農園はたぶん20エーカーぐらいだろう。仮にピッカーを20人位雇う規模だとすると、ピッカー20人だから、ピッカー2人の我々の10倍の生豆を生産する。

　ピッカーの日当が10ドルとすると、3ヵ月間で70日間摘んで700ドルの収入。とてもお気の毒だ。

　先物価格が200セントだと、流通業者の取り分を引いて、農家への価格は約150セント。夫婦2人の農園の年間売上は7,500ドル。経費を差し引くと利益は3,000ドル程度。

　ピッカー20人の農園主の年間売り上げは75,000ドルで、やはり諸経費を引けば、手取りは2万〜3万ドル程度。これではトラックも買えない。

　途上国は物価が低いとの議論もあろうが、現在、中南米諸国の物価水準は日本の半分ぐらいだから、やはり、これは安い。

　あるウェブサイトの情報から、コーヒー生産国の平均年収と典型的な年収を取り出すと表3のようになる。平均だと桁違いの富裕層が上へ引っ張るので、ピッカーの様な庶民の年収の参考にはならない。より参考になるのは、典型的な年収。多くの生産国では7,000ドル程度。町へ出ればこれくらい稼げる。

　それと比べても、ピッカーの700ドルは、たとえ3か月間としても安い。夫婦二人（一人ではなく二人合計）で3,000ドルは、たとえ忙しいのは3〜4か月間で、ほかの時期は自給自足で生きていけるとしても安い。つまり、先物価格200セントでも、生産国の中でコーヒーはあまり魅力的な収入をもたらしていない。

　世間ではコーヒーの2050年問題と

表3．各国年収（単位：USドル）

	平均年収	典型的年収
Japan	67,462	42,000
Belize	26,011	7,000
Guatemala	26,042	12,000
Honduras	25,944	4,000
El Salvador	41,557	7,000
Nicaragua	26,997	7,000
Costa Rica	44,928	27,000
Colombia	45,154	17,000
Ethiopia	16,599	7,000
Kenya	25,507	7,000
Tanzania	21,050	7,000
Rwanda	24,317	7,000
Uganda	18,923	7,000

Source : https://www.averagesalarysurvey.com/

いって、温暖化が進むと、2050年にはコーヒーが採れなくなるから大変だと騒いでいる。確かに、テロワールや標高や品種を重視の人ならそう心配するかもしれないが、収穫重視の私に言わせれば、そもそも、こんな経済状態のなか、彼らが2050年までコーヒーを摘んでくれるか大いに疑問だ。

　ある意味で、スペシャルティーコーヒーはグローバル資本主義の申し子だ。1980年代までは、主な生産国はコーヒーの価格統制政策を採用していたので、質の良し悪しに拘わらず政府の買取価格は一定で、良い豆を作るインセンティブは生産者側にはなかった。コーヒーの先物市況と切り離して高値で販売したのは、品質を重視して高級路線を採ったジャマイカのブルーマウンテンやハワイのコナなどの特定の産地に限られていた。

　しかし、東西冷戦が資本主義陣営の勝利に終わった頃には、生産国の価格統制政策も廃止され、次第にスペシャルティーコーヒーという概念が拡大した。つまり、健康に育て、丁寧に摘めば、消費国からバイヤーがやってきて、高値で買ってくれるようになった。

　ちょうどその時期は、日本を除き世界は、コーヒー生産国も含め、凄い勢いで経済発展した。東西冷戦終了とIT革命で、人とカネと情報と生産拠点が、国境を越えて自由に動き、途上国に資金が流れ始めた。

　実際に1995年から2019年の25年間のドル建てGDP成長率は、世界は184％。日本はマイナスだがG7は単純平均で87％の成長。コーヒー生産国上位10か国の単純平均は297％だった（表4）。

　これが今後も続くかは、誰にもわからない。実際に、現在は世界的な金利上昇で、多くの途上国で財政破綻のリスクが高まっていると警鐘が鳴らされる。破裂する国はあるだろう。山あり谷ありだろう。でも、長い目で見れば、コーヒー生産国は全体として今後も成長するだろう。

　経済成長とは、生産性の低い農業から生産性の高い工業・サービス業へ人口が移転して達成される。既に、これまでの経済成長により、今やコーヒー農家の最大の悩みはピッカーの確保といわれる。今後も経済

表4．ドル建てGDP成長率（1995〜2019）

	成長率		成長率
World	183.9%	Brazil	70.8%
China	1844.2%	Vietnam	359.7%
		Colombia	249.8%
Japan	-6.7%	Indonesia	175.4%
US	180.5%	Ethiopia	545.0%
Germany	49.3%	Honduras	369.3%
UK	111.0%	India	352.3%
France	72.5%	Uganda	338.1%
Italy	15.1%	Mexico	85.2%
Canada	188.4%	Guatemala	423.4%
G7 平均	87.1%	平均	296.9%

世界銀行統計より筆者が作成

発展をすれば、生産国の都市の魅力は年々増すだろう。山間部の貧困地帯でコーヒーを摘むよりも、町へ出て働く農民・ピッカーは増えるだろう。そう考えると、彼らが将来もコーヒーを摘んでくれるかは疑問が残る。

　最近、多くの産地で人手が足りず、他所から季節労働者を集めて摘んでいると聞くが、こういう労働者の確保の形態は健全ではない。いつか、ピッカーが枯渇するだろう。

6. クリーンカップ至上主義

　私はピッカーが可哀そうだから何とかしろ、と人道主義の話をしているのではない。今のような不公正な状況にピッカーを置き続けると、やがてピッカーの数が減る。ピッカーが丁寧に摘んでくれなくなる。すると我々が美味しいコーヒーを飲めなくなるという話をしている。

　だから、私はクリーンカップ至上主義を唱えている。きれいに摘んだクリーンなコーヒーは尊い。COEでなくとも、普通の値段でも、クリーンで素晴らしい豆に出会うことはある。そういう豆を「きれいに摘んでるな」と褒めてほしい。

　品種や気候ばかりではなく、このコーヒーが美味しいのは、きれいに摘んでいるからだと消費者に理解してもらいたい。そして、きれいな収穫への対価を払って、そういうコーヒーを生産者へ要求してほしい。消費国から要求されなければ、きれいな収穫への対価がなければ、人手不足ゆえ、生産者はきれいに摘んでくれなくなる。

　美味しいコーヒーの本質を消費者が理解し、公正な値段を払って、生産国へ要求する商習慣が定着すれば、生産者もきれいに摘むようになる。美味しいコーヒーも増える。ピッカーの収入も増える。こういう品質向上サイクルが定着する。

　私はコーヒー業界の最下層で、最も虐げられた泥んこ汗だくのピッカーの端くれだ。だから、ひがみっぽい物言いになって面目ない。読者もここまで読めば、私の友人が「コーヒーは嗜好品だから、好みは人それぞれだから」と、私をめんどくさがる事情が理解できただろう。

　もちろん、コーヒーは嗜好品だから、色々な楽しみ方がある。砂糖を入れようがミルクを入れようが、お好みで良い。でも、楽しみ方の一つに、私のようなクリーンカップ至上主義のような考えが増えたらピッカーとしては嬉しく感じる。

　また私は資本主義の結晶のようなウォール街出身だ。資本主義者である。人道主義や正義による解決よりも、カネ、経済的合理性で物事が解決できれば、それに越したことはないと思っている。正義も大切だが、人によって違うから。

私は単にピッカーの待遇を改善しろと主張している訳ではない。もちろん、ピッカーの現状には同情するし、改善すれば結構だが、私はそれほどの人権活動家ではない。コーヒー愛好家が博愛的であれば喜ばしいが、そうなれと扇動するものでもない。「売上金の一部はピッカーの生活支援に使われます」と消費者の情に訴える商売は立派だが、それとも違う。なぜなら、それではコーヒーは美味しくならない。

　むしろ、私はきれいに摘んだピッカーにたくさん払う商習慣が必要だと主張している。そうすれば、生産者はきれいに摘み、美味しいコーヒーが増え、ピッカーの収入が増え、良いサイクルが生まれる。

　何が欠けているか。先にコーヒー一杯のピッカーの取り分が25銭と述べた。きれいに摘む行為は、ほぼタダで値段が付いていない。その原因は、消費者の頭の中でクリーンな味わいと丁寧な収穫がリンクしていないからだ。だって、スペシャルティーコーヒーを語る時に品種や産地の話ばっかりで、誰もこの味はピッカーから来るとは説明しないでしょ。

　今後、消費者がクリーンカップに目覚め、きれいに摘むことを生産国へ要求し、きれいさに応じた値段が付けば、良いサイクルが経済合理的に成り立つようになると思う。

　クリーンで輪郭のはっきりした香味のコーヒーに出会ったら、25銭とはいわずに、10倍の2円50銭を払って、それがピッカーの手に届くような商習慣が望ましい。それは消費者の選好から始まる。

　最近流行の酵母菌発酵で風味を付けるのを生産者の経営努力と持ち上げるのも良いが、きれいに摘んだコーヒーの価値には及ばない。酵母菌発酵など、酵母に漬けるだけの簡単な工夫だ。ピッカーにきれいに摘んでもらう事の方が遥かに難しくて尊い。だって、きれいに摘んだコーヒーは本当に美味しいでしょ。

　さもなくば、2050年には美味しいコーヒーが飲めなくなる。

喫茶逃避行

文筆業（本会会員） 小 坂 章 子

はじめに

　人間生きていれば、いろんな局面にぶちあたる。年齢を重ねるにつれ、世間やら常識やらにもみくちゃにされ、優しき人は他人ではなく自分をダメ出しすることになり、逃げ場をなくす。誰かに打ち明ければいいのに、大人は一人でこらえてしまうのだ。それが続くと、水やりを忘れた草花のようにくったりしおれ、生気をなくす。

　そんな気配を感じたら、いったん日常から距離をとり、近所の喫茶店に足を向けて欲しい。もちろん深刻な時だけではなく、軽く気分転換したい時、仕事のやる気が出ない時にも、ゴートゥー喫茶。こまめに自分をいたわり、風を通し、水をあげることが大切なのだ。

　大阪では「お茶する」ことを「チャーしばきに行かへん？」と言うようだが、九州人のわたしは使ったことがないし、小耳にはさんだことも言われたこともない。福岡では、「珈琲、飲みに行かん？」か。だが、わたしの場合、一人喫茶が圧倒的に多いため、一人二役の自問自答を行うことが多い。「そうだ、今から喫茶店に行かん？」「いいねえ、うん、でもどうしようかな」「あの店に最後に行ったの、先週かね」「そうよ。いやあ、でも、うーん、今日はねえ」「あ、気乗りせん？」「仕事あるし、ネコと遊ばないけんし」「んじゃ、今日はやめとくか」「賛成！」そんな会話を交わしつつ、自身がとるべき行動を注意深く探っていく。

　探るのは、その時々の体の反応である。自分の体の声に耳を傾け、取るべき行動を待つのだ。体が動かなければ、その日の喫茶店行きはナシ。いつの頃からか頭で考えるよりも、体の反応に従う方が万事うまくいくと感じることが増えたので、いくら頭で「今日は喫茶店に行った方がいい」と判断しても、体が動かなければ行かないことにしている。逆に、感情としては気乗りしなくても体に連れていかれることもある。えっ。頭で思ったことを、体を使って行動に移すんだから、頭で思えばそうするんじゃないの？　という声も聞こえてきそうだが、自営業歴22年のわたしからすると、体と頭とは回路が別。理屈優先の人は頭の判断を優先させがちだが、そうじゃないですよー、体の動きに委ねた方が人生はうまくい

きますよーと声を大にして言いたい。頭より体の方が正直だし、信用できる。それと体の方が無意識の領域というか、魂に近い気がする。

「喫茶店に行く」という案に体がGOサインを出したら、わたしの手足はすみやかに動き始める。気がつけば、クルマの運転席に座り、ハンドルを握っている。自宅から突然、ワープした感覚といえばいいだろうか。いや、もちろん着替えて、身だしなみを整え、鞄を持って、ネコたちに行ってきますと声をかけて、家に鍵をかけて、とやったのは覚えている。でも感覚としては、見えないものに自動操縦されている感じなのだ。

というわけで、喫茶店の扉を開く。カウベルのくぐもった音色を全身に浴び、店の人に挨拶をしながら二歩三歩。今のわたしにとって居心地のいい席は、ど・こ・で・しょう・か。カウンターかテーブルか。カウンターだったら右端か、左端か、真ん中か。テーブルだったら空間全体がよく見える席か、店主の視線ぶつからない隅っこか。決められない場合も慌てることはない。最終的には、体がちゃんと自分の座るべき席へと運んでくれる。

なぜ、自分の頭、つまり思考を信じすぎない方がいいのかといえば、日頃、自分が認識している自分ほど不確かで揺らぎやすいものはないからである。わたしはわたしという存在を深いところで信頼している反面、ある意味でちっともアテにならないとも感じている。

生物学者の福岡伸一さんの講演会に参加した時のこと。「人間は、瞬間瞬間でまったく違う生き物なのだ」という考えを知った。簡単に言えば、人間は誰もがみんな「お変わりまくり」なのであり、生物学的な観点から見れば、社交辞令で交わされる「お変わりないですね」という挨拶はありえないのだという。福岡さんが提唱する生命論によれば、「生命」ある存在はすべて緻密な細胞レベルで絶えず動きながら、個々の生命を維持しており、この状態を「動的平衡」と呼ぶ。つまり、かすかに動き続けているがゆえに平衡を保っている、らしい。

細胞レベルの話だが、あえて大雑把な例を出す。老舗喫茶のママさんがいつまでも溌剌としてお元気な場合、つい「全然お変わりないですよ」と口が滑ってしまうけれど、実際のところママさんはこのウン十年、お肌のお手入れを地道に続けてきたわけだ。でもだからこそ「変わらない」と思える今があるわけで、コツコツと変わり続けるがゆえの現状維持なのである。

「変わる」という現象は、魅力的だ。誰もが根底に変身願望を抱えていて、油断すると他者と比較し「よーし、わたしだって」と一念発起してしまう。生き物の生命維持機能からすると、一般には「変化」を嫌うといわれるが、本当にその

場からじっと動けない場合、逆に危機感を覚えるのではないだろうか。つまり人はジリジリとあがき、動き続けているからこそ、逆に落ち着いて座っていられるのかもしれない。そういう意味では、ただ椅子に腰掛けて、ぼんやり珈琲を飲んでいるだけなのに、誰にも邪魔されずに心を解放できる喫茶店は人類共通の水場といえるのではないだろうか。

わたしが喫茶店取材を始めたのは、2007年のこと。ヨーロッパやアメリカ風のオープンカフェではなく、日本育ちのクローズドな純喫茶に惹かれたのがきっかけだ。同じ感性を持つ同年代の編集者と、純喫茶ばかりを集めた本があったら読みたいねとどちらからともなく盛り上がった。すべてが成りゆき任せで、珈琲について何も知らないわたしの取材開始も見切り発車であったことは否めない。

2007年10月に出版した初の喫茶本『福岡喫茶散歩』（書肆侃侃房）は、喫茶店主の協力なしには生まれなかった。どんな本になるのか、イメージ画像も企画書も何もない。よくぞ皆さん、取材を受けてくださったものだ。でも、珈琲に無知すぎる当時のわたしが何を基準に取材対象を選んだのか。それを紐解いていけば、知識や情報ではなく体で判断した喫茶店の魅力をお伝えできるんじゃないかと、これまた成りゆきでタイピングしてしまったのでお付き合いください。

1. 空間の面白さ

たとえ束の間だろうと自身が身を置く場所は、自分にとって居心地のいい、もしくは好奇心をそそられる空間であってほしい。でないと、せっかくの珈琲も不味くなる。と格好つけてみたが、取材を始めた当初は珈琲の味などまったくわからなかったので、空間やそこで使われている道具類の面白さの方に興味を抱いていた。

お気に入りは、昭和の純喫茶空間。桃色の機種を設置した電話ボックス、美術室でしか見たことのない石膏像、手網焙煎器を手に持たせたツタンカーメンの棺桶、きらびやかな原色のステンドグラス、ベルベット素材のソファ、サイフォンと水出し珈琲器具、マニアックなオーディオ機器など、一般家庭では目にすることのない濃密な役者が大集合しているのだ。でも、どれも主役ではない。これらによって構成された喫茶空間は、一杯の珈琲を味わうための装置にすぎないところが粋というか、贅沢だよなあ。

2. 店主のキャラクター

あなたは、「クセが強い」「キャラが立ってる」「変わってる」などと人に言わ

れたことがおありだろうか？　個性というのは意図せずとも溢れ出るものであり、隠しおおせるものではない。これまで日本列島の北から南まで、いろんなキャラの濃い喫茶店主を目撃してきた。超独断的な見方が許されるならば、以下の5パターンに分類される。

　エントリー No.1「ママさん店主」。カウンターを舞台に端から端まで歩き回り、忖度のないお喋りで客を笑わせながら、珈琲を淹れ、冷凍ピラフをフライパンでジャージャー温め、スピーディーに提供するママさん店主。会計時には「ハイお釣り、100万円ね」と喫茶ギャグを交えることも忘れない。このような離れ業を平然とやってのける喫茶店主にぶち当たるたびに、わたしは舌を巻く。だって、これぞ成りゆき任せの最高峰。自分でお客様を選べるわけでも、その日の来店時刻を決められるわけでも、注文の種類や数を決められるわけでもない。不確定要素が幾重にも連なるなかで平常心を保ち、一期一会の接客を行うわけだ。人生経験豊富な彼女たちは人生の師匠として赤の他人から「ママ」と呼ばれ、頼りにされるのもおおいに納得である。

　エントリー No.2「痩せ我慢店主」。町の喫茶店では一杯500円で1時間粘られても、それが普通というか、文句を言えない空気がある。ゆえに、悪気のないお客さんから「趣味ですか？」と尋ねられてしまうこともしばしば。趣味ではない、れっきとした仕事だ！と叫びたいのをグッとこらえ、微笑む店主の総称である。喫茶文化が庶民に浸透した昭和の頃は、薄利多売でも十分に利益が出たようだ。お札が入りきらなくてレジスターが閉まらなかったという羽ぶりのいいエピソードもよく耳にした。しかし、今や喫茶店は斜陽産業。自家焙煎が増えた今は、焙煎豆を全国の愛好家に大量に郵送するという道もあるが、それをやるにはスタッフを増やさねばならず、町場の喫茶でバブル景気はあり得ない。しかも日常的に来てくれる常連の信頼を得るためには、コツコツと水面下の努力を重ねなければならない。ま、いっかと手を抜いたが最後、客は蜘蛛の子を散らすように離れていき、それだけならまだしも近年はネット上に悪口コメントを書かれるというリスクも発生する。まことに生きづらい世の中だが、痩せ我慢店主はどこ吹く風。実に飄々としていらっしゃる。

　エントリー No.3「珈琲沼店主」。文字通り、珈琲の沼に自ら飛び込み、首まで浸かってしまった店主を指す。スタバ誕生＆サードウェーブ来日と共に、珈琲業界に大フィーバーが到来した。それこそ昭和のひと頃は、って昭和の話ばかりで恐縮だが、珈琲は苦味を味わう大人の飲み物という位置付けであった。しかし近年では、フレッシュで明るい酸味とやらが美味しい珈琲の条件として一番にあげ

252

られるようになった。とりわけ珈琲にはなじみの薄い人々の間でその傾向が強く、「酸味がない珈琲は珈琲にあらず」とまで宣う輩も少なくはない。けれど珈琲を知り尽くす関係者の見解は、さすがに違う。たとえどんなに浅煎りがもてはやされようとも、深煎り独特の甘さをたたえた苦味への敬愛を持ち続けるマニアックな人が一定数いる。

　そんな一筋縄ではいかない猛者たちにも一目置かれているのが、珈琲沼店主である。ストイックなマイウェイを地でいく店主の日常は、誰が何といおうと珈琲豆ファースト。売上とか世間の流行とかそんなの関係ねぇ！とばかりに、日夜、手の中の豆ばかり何時間でも凝視している。飽きたりしないんですかぁ？　という問いは愚問である。朝から晩まで大変ですねぇという同情も、馬の耳に念仏、余計なお世話。珈琲沼店主にしてみれば、珈琲にまみれる人生こそが至福なのだ。

　実際のところ、焙煎という行為は、喜びより苦しさの方がはるかに優ると聞く。「いい珈琲ができるのは、年に1回くらいですよ」と微笑む彼らは、報われないからと珈琲豆に背を向けることはない。どんなに予想外のパンチを喰らわされても、おーお悪かったね、次はもっと上手く火入れするからねと自らを省みる。

　わたしがお世話になった福岡の「珈琲美美」の故・森光宗男マスターも、自らを“珈琲の僕”と名のる珈琲沼店主であった。珈琲に携わって約半世紀、好奇心いっぱいの眼差しで“珈琲の神様”と対話していた。そんな寝ても覚めても珈琲一筋の森光さんと、もと「大坊珈琲店」の大坊勝次マスターの対談をまとめたのが『珈琲屋』（新潮社・2018）である。企画段階から数えると4年余り、わたしは珈琲沼店主の思考回路や行動をつぶさに観察させていただくことができた。そういえば『珈琲屋』のタイトルを決める際、森光さんは『珈琲の道なり』にしたいと譲らなかった。珈琲に導かれるままに歩んでいく、ただそれだけという前向きな成りゆきを指す「道なり」。結局、出版社にわかりにくいと却下され、『珈琲屋』というシンプルな案に着地したわけだが、森光さんの気持ちはよくわかる。

　土台、自分で操作できるもんじゃないってことだ、珈琲も、人生も。だから自力だけではたかが知れているし、面白くない。人間の自力と神様の神通力とのハイブリッドで挑んだ時に、想像を超えた奇跡が訪れるんじゃなかろうか。珈琲沼店主は、そうした天啓を信じられる純粋無垢な人たちなのである。

　エントリー No.4「人生相談店主」。進学、恋愛、結婚、介護など人生の岐路に立つお客様に、親切心から持論を押し付けてしまいがちな店主のこと。他人からのダメ出しを熱望するマゾっけのあるお客様の場合、需要と供給のバランスが取れている。けれど軽い気持ちでお茶しにきただけなのに、私生活に関する求めて

いないアドバイスを繰り出されるのは、なんともかんとも。ご自身が経験したことならまだしも、やったことがないことについても一方的な道徳観で助言されるのは、非常に困る。頼んでいないのに姓名判断されたり、未来を予言されたりするのも同じ。お願いだ。珈琲を出したら、どうか聖母マリアかイエス・キリストのような眼差しで迷える子羊を黙って見守っていて欲しい。

　エントリー No.5「浮世離れ店主」。地に足をつけて逞しく生きる「人生相談店主」とは、真逆のタイプ。天使さんや妖精さんと戯れているかのようなメニュー名や発言、ファンタスティックな空間も特徴だ。どのように経営が成り立っているのかは不明だが、意外と常連さんを掴んでいる。たで食う虫も好き好き。個性の数だけファンが存在する、それも喫茶店という商売の面白いところである。

3.　珈琲の味わい

　珈琲マニアの方には、「味わい」が3位とは何事か！　と怒られるかもしれないが、味覚こそ千差万別。もっと言えば、珈琲を味わうシチュエーションによっても一杯の印象は、まったく異なる。

　たとえば、冬山で遭難したとしよう。命からがら逃げ込んだ避難小屋にインスタントコーヒーの瓶が転がっていたとする。幸い、薪もある。ああ、助かった。そこで「ええ〜っ、わたし、珈琲はエスプレッソ派なの」と口走ったなら、その人は味覚どうこう以前に友達を失うだろう。与えられたものをありがたく味わうことができてこそ、真の珈琲愛好家といえる。珈琲について一家言あるのは自由だが、味わいは味だけの問題ではない。一緒にいる仲間、その場の雰囲気などによっても大きく変わる。

　常にパーフェクトな状態で珈琲を味わえるもんだと思い込んでいる人は、人生に訪れる「三つの坂」を復習していただきたい。「上り坂」「下り坂」「小坂」……もとい「まさか」。どんな急な坂道に放り出されたとしても寄り添ってくれる、それも珈琲の味のうちだと思う。

4.　匂い全般

　わたしは、犬や猫なみに「匂い」に敏感な人間だ。喫茶店で気になるのは、カビの匂い、厨房の油の匂い、臭いおしぼりのスリースメル。とりわけ、カビとおしぼりは甲乙つけ難い。

　カビの匂いは入店してすぐに気づく。その時点ですみやかに鼻呼吸を停止し、口呼吸オンリーに切り替えるが、香りをシャットアウトするからか心までも閉じ

てしまう気がしないでもない。おしぼりは意外と手強くて、実際に拭いてみなけりゃ安全か否か判断できないところもある。仏心を発動させて広げてみたが最後、はげしい後悔に苛まれ、目の前の珈琲にも疑心暗鬼となる。

　また昨今の若者が営む珈琲店は、あらかじめ香水をふりかけすぎの方はご遠慮願いますと告知しているところが多い。案外、昭和生まれの喫茶店の方が寛容なのかも。

5.　生気の有無

　いい飲食店を見分けるために、何が必要か。基本に立ち返ると喫茶店のみならず、わたしはファサード（外観）で判断することが多い。外観といっても建物の意匠ではなく、そこに植えられている植栽にいろんなヒントが隠されている。

　生き生きとした花々は、供される食べ物にも気が行き届いている証であり、店選びの安心材料となる。春の三叉や沈丁花、秋の金木犀、冬の椿や木蓮、夏の紫陽花や梔子など、季節の草木でおもてなししてくれる店は、おおいに信頼できる。一方、しおれた生花を生けている喫茶店に対しては、しのびないというか、こちらまでしゅんとなる。一事が万事。命あるものへの接し方がすべてを物語る。

おわりに

　以上、勝手なことを好き放題に書いてきたが、言うは易く行うは難しであることは重々承知している。いつ訪れるかもわからないお客様のために、開店時刻に合わせて店を開き、珈琲豆を焙煎し、花を生けて待つ喫茶店の方々には、尊敬と感謝の気持ちしかない。

　何よりも彼らとの出会いがなければ、わたしはライターとして歩んでこられなかった。逃げるように会社を辞めた自分が、未経験のまま名刺を作ったのが26歳。喫茶本を出版したのが32歳。成りゆきに任せて歩くうちに、いつしか喫茶ライターと名のってもおかしくないほど、喫茶店と珈琲の人になってしまった。

　喫茶本処女作『福岡喫茶散歩』の帯に「喫茶逃避行」と書いた気持ちは、今でも変わらない。人生の危機に立たされた時、わたしは「そこから逃げていい」と声を大にして言いたい。いやむしろ、決定的な違和感をおぼえたならば、這ってでも回れ右できる自分でありたい。喫茶店で珈琲を飲み終えるまでの束の間、わたしは自分自身のおおもとに還るという小さな心の旅に出ているのだ。

私のコーヒー

元大坊珈琲店店主（本会会員）　**大 坊 勝 次**

　日本コーヒー文化学会の創設30年、おめでとうございます。こういう会を作られた当初の方々に心から敬意を表します。なにより誰でも参加できて、誰でも意見を発表できる――コーヒー文化学会の扉はひらかれている――ここがいいところです。

　コーヒーは今や世界中の誰もが飲んでいる飲み物です。こんなことって珍しくないですか。そして不思議なのですが、ちょっとおいしくないところがある。まず苦い。酸にきつさがある。人々は砂糖を入れたりミルクを入れたり、なんとか飲み易いように工夫して飲んでいる。人間って不思議な生き物ですね。それも世界中の人々が苦いコーヒーを飲んでいるのです。

　　苦いからいいのだと言う人がいるでしょう。苦くならない工夫をする人もいるでしょう。一家言お持ちの人はたくさんいるはずです。もっともっとたくさんの人達が、コーヒーについて、コーヒータイムについて、発信してくれることを望んで止みません。

　この三年間余り、世界中を襲った新型コロナ感染症。マスクをしたり外出を控えなければならなかった折、〈珈琲店はいつでも行ける場所だったんだ――〉と改めて思った人がどのくらいいたことでしょう。いつでもどこかは開いている。思いついたらいつでも行ける。そこには誰かはいるし、誰とでも会うことが出来る。誰かと会う楽しさがいかに大切なことだったのか、実感した人は私だけではないと思います。

　珈琲店やバーの人達にとっては苦難の時代だったと思います。私は閉店した身でしたので、外出自粛令を犯してでも応援に駆け付けなければならないと歩き回りました。高齢者は家の中とか、新宿は危険とか、聞きたくない言葉が街中に溢れていました。同時に私は、今こそ珈琲店やバーが、人々にとって最も大切な場所であることが、証明されているのだと考え続けました。

　珈琲店に座った時、一緒の人と話すことは勿論ですが、一人の時だって誰かの

声がどこかから届いたり、店の人と話すにしろ他のお客様の振る舞いや様子を目にしたりする時、なにか考える切っ掛けになったこと、ありませんか。何が切っ掛けになったのか覚えていないにせよ、いつのまにかなにかを考え始めている、こんなことありはしませんか。珈琲店に限ったことではありませんが、その始まりがどれだけ大きく人に作用したか、そういうことは数限りなく起きる。大切な時間です。

　そしてさらに、誰も自分を知っている人のいないカウンターで一人コーヒーを待つ間、自ずと自分自身と向き合っていないか。今までのことにしろこれからのことにしろ、今この時のことであるにしても、自分を考える。

　その時のコーヒーは苦くなければならない。

　多分、私は、そんなふうに考えたのでしょう。コーヒーは深煎りにかぎる、とずいぶん若い頃から決まっていたのでした。そして濃くなければならない。多分、若い頃はあるスタイルとして深煎りをデミタスで飲むことが格好いいと思っていたのでしょう。ウイスキーだって濃いまんま飲む。

　今は格好なんかどうでもいいのですが、嗜好として深煎りをデミタスで飲むことには変わりありません。濃いほうが味わい深い。当たり前です。濃く淹れて味を確認する。当然です。薄くては確認できない。

　薄くして飲んではいけないと言ってるわけではないですよ。薄くして飲んでも一向に構いません。私の場合、味わうことが勢いテイスティングのようになってしまう習性あるがゆえにこんな言い方になるのです。私の場合、テイスティングは20グラム50ccぐらい、もっと濃くてもいいですが、これくらい濃くして、良い味も悪い味も両方充分に抽出してテイスティングします。薄い抽出では〈飲み易い〉だけで済んでしまうのです。

　〈飲み易い〉ことは大切です。薄くすることは飲み易さへの近道ですが、同じものを濃くするだけで意外に飲みにくいことがあります。飲みにくいことに気が付かないでいる。濃くても飲み易いコーヒーを作るためのテイスティングなのです。

　濃くして飲みたいのです。

　私はこういう味について焙煎に責任を持たせています。焙煎によって味は刻々と変わります。焙煎機の用い方によって味が決まってしまうのではありませんよ。おいしさのイメージがあって、それを実現させるために焙煎を工夫するのです。

　植物由来の味にはきついものがあります。これは当然のことで、他の生き物に食べてしまわれず、種を残すためにそうなっている。コーヒーは特に酸がきつい

ですし、苦がきついです。焙煎はそのきつさを消していくものと私は考えています。深煎りは酸が消えていってゼロに近づくところまで焼きます。酸は焼き進むにつれて消えていく。豆に備わっている植物由来の苦も同様に消えていくと私は考えます。深煎りのあるポイントに達すると、味の強さがフッ！と消えて軽くなる。一瞬のことです。強さが消えるとは酸も苦も消えるということです。消えて無くなるわけではないですが、酸も苦も生まれてくる甘の後ろに隠れてしまうのです。そのかわり少しでも焼き過ぎると、焙煎による苦が生まれます。この一瞬を見つけることが焙煎の責任なのです。強さが消えるということは濃く淹れても〈飲み易い〉ことなのです。ここならどんなに濃く淹れても柔らかく飲めます。このような焙煎がなされた深煎りの豆は、ほとんどいつでも甘みは生まれると思います。深煎りによって生まれる甘みなわけですから。しかしやっかいなことがあります。焙煎によって生まれる苦は、酸がゼロになってから生まれるわけではなく、酸がゼロに近づきつつあるところから生まれ始める。重なり合っているのです。辛いところですが、甘みの後ろなのか中なのか、隠れている苦と酸が、甘みの性格を少しずつ変えているのです。ここのポイントは非常に狭いのですが、狭い中でも苦甘になったり酸甘になったりグラデーションがあるのです。あくまでも甘みを主人公にして酸と苦は脇役を努めなければなりません。

　こういう感想は、飲んでみてはじめて確かめられることでありまして、次に焼く時に修正を試みることになるのですが、これは永遠に繰り返さなければならないことなのです。味覚感覚なわけですから、もうプライバシーのようなもので、どうでもしようがないようなところを修正せざるをえない作業です。営業中は従業員と一緒に人の笑顔を比喩にして、明るい笑顔とか静かな笑顔などと言い合ったものでした。諧謔とか、ウィットとか、悪戯好みの性格を味に求めたり、個人的な好みには違いないのです。

　ここまでは作る人の自由です。

　ですがここから先は飲む人の自由。飲む人の口に入った時の一人一人の好みが全てです。作る人の説明もいらない。おいしいかおいしくないか、飲み易いか飲みにくいかだけでいいのです。味覚ですもの好みは自由でかまわないのです。

　濃いコーヒーを飲みたいということも私の個人的な好みにすぎません。コーヒーの作り方も私の勝手な作り方です。長い期間コーヒーに携わってきまして、それを正直に書こうとすればこういうことになってしまうのですね。申し訳ない。

　個人的好みには違いないのですが、珈琲店のカウンターに座った人が、家庭でもない、職場でもない、貴重な一人だけの時間をすごしてくれることが、本当に

嬉しかった。私も勿論、今も珈琲店に出掛けます。たまにはバーにも出掛けます。黙っていることが好きなので、黙って一杯いただいて黙って帰ります。一人だけの自由な時間に浸ることができる大切な時です。

　作る時は作る人の自由、飲む時は飲む人の自由が当り前のようにある。世界中の人々の飲み物になっていることの大きな理由はここにあるのではないか。

　コーヒー愛好家の方々がこれからも、それぞれの自由な楽しみ方でコーヒーを楽しんでくれることを願います。

　コーヒー文化学会もずっと継続しますことを祈ります。

コーヒーの無限の可能性

熊本・紫苑珈琲店店主（本会九州南支部副支部長）　佐 野 俊 郎

はじめに

コーヒーは嗜好品であるだけに当然のことながらメインではなく、サブ的なものです。主役の料理やデザートがあって、その傍らにあるのがコーヒー、つまり脇役です。では脇役だからといっておざなりにしてよいかというと、決してそうではありません。

例えば、演劇の世界でも名バイプレーヤーといわれるような味のある脇役がいてこそ主役の演技が光るし、サッカーでも絶妙なアシストがあって素晴らしいシュートが決まるものですよね。私たちが目指すのは、まさに「名脇役」としてのコーヒーです。

おいしいコーヒーは、主役である料理やデザートのおいしさをさらに引き立て、幸せな余韻を残す役割を果たしてくれます。さらに、コーヒーには味覚を満足させるだけではなく、心身ともに幸福をもたらすさまざま効果もあるのです。そんな深くて幅広い“コーヒーの無限の可能性”を多くの人に、世界に届けていきたいと思っています。

1. おいしいコーヒーとは

私が考える“おいしいコーヒー”とは、「淹れて楽しい、見て楽しい、そして飲んでおいしい」コーヒーです。

「淹れて楽しい」とは…。コーヒーには、提供する側の淹れる楽しさがあります。気温や湿度、豆の状態などよってコーヒーの味は変わるもの。だから、私たちはその日の気候を見極め、「豆と対話」しながらお湯をさしていきます。また、飲む人の状況や環境に合わせることも重要。例えば、目覚めの一杯はすっきりと、午後は気合を入れるためにコクある味わいを、という具合に、朝・昼・夜、または食前・食後などで、飲みたいコーヒーは違うはず。さらに朝はマグカップでたっぷり、夜は小ぶりのカップ＆ソーサーでゆっくり飲みたいなど、飲む器も大切です。

積み重ねた経験と「お客さまとの対話」からその
人の求めるコーヒーを瞬時に察して提供すること
こそ、淹れる側の醍醐味だと思います。そもそも、
コーヒーを淹れる側が楽しくないと、本当のおいし
さは伝わりません。飲む人のその時の「おいしい」
にぴったりフィットしたとき、淹れる側も飲む側も
最高の満足感を得ることができ、「飲んでおいしい」
コーヒーとなるのです。毎日、一杯一杯、"本当に
おいしいコーヒー"を目指すことが、淹れ手にとっ
ての楽しさなのです。

　「見て楽しい」とは…。お湯に触れて豆がもこも
ことふくらんでいく様子や、コーヒーがサーバーに落ちていく様子は、見ている
だけで楽しいものです。新宿伊勢丹で開催されたチョコレートの祭典「サロン・
デュ・ショコラ2023」に、熊本から初出店した『ドブレ　カー』のショコラティ
エ馬場加奈子氏より依頼され、コーヒーの専門家として参加した時のこと。馬場
氏のスイーツに合うブレンドを携え、お客様のテーブルごとに目の前でコーヒー
をドリップして、器も一人一人のイメージに合せて提供しました。

　1テーブルごとに対応するため、必然的に他のお客様をお待たせすることもあ
りましたが、誰一人としてせかす方はいませんでした。むしろ、一人一人にコー
ヒーを淹れている様子を見て、「自分はどんな器に入れてくれるんだろう」と"お
もてなし"への期待感が膨らみ、飲むまでの待ち時間さえも楽しんでいるように
見えました。これぞ、コーヒーの「見て楽しい」のなせる業なのです。

2. 五感をゆさぶり癒してくれる

　コーヒーは「おいしい」と感じる味覚はもちろん、五感すべてで楽しめるのが
大きな魅力です。「見て楽しい」について記述したとおり、豆がふくらんでいく
様子などを見て、お湯を沸かす音やコーヒー豆を挽く音などを聞き、コーヒーが
口の中に流れ込んでくる質感を感じて楽しめます。そして、コーヒーを淹れた時
に湯気とともに立ち上るなんともいえないあの香りは、コーヒー好きならずとも
誰もが心地よい気持ちになるはず。コーヒー特有の香りは、人の心をやわらげ、
やすらぎを与えてくれます。

　科学的にもコーヒーの香りには、リラックス効果と集中力を高める効果がある
ことが実証されており、コーヒー豆の種類によってその効果は違うとか。リラッ

クスしたい時はブルーマウンテンやグァテマラ、集中力を高めたい時にはマンデリンやブラジルサントス、ハワイコナなどが効果的といいます。さらに近年、医学的にもコーヒーにはさまざまな健康効果があると認められるようになりました。

このように、飲むこと自体が休息となるだけではなく味覚・視覚・聴覚・触覚・嗅覚の五感を楽しませ、心身ともに癒してくれるコーヒー。ストレス社会といわれる現代、多くの人にとって欠かすことのできない飲み物といえるでしょう。

3.「おもてなし」のジャパニーズスタイル

日本の場合、コーヒー店は一代限りのお店が多いようです。それは、マスターが店の顔だから…。マスターが変わると店の雰囲気自体が変わるため、自然と常連客が離れていくのでしょう。

コーヒー店というのは、マスターの色になじむお客様が集まり、お客様たちが店の空気をつくり、結果、その店独特の空間、雰囲気ができあがるのです。店をつくるのは、やはり「人」。レストランも料理がどんなにおいしくても、雰囲気が自分と合わなければ何度も足を運ぶ気にはなりませんよね。コーヒー店も、おいしいことは大前提ですが、その上で店の雰囲気も重要。「喫茶店はその人の応接間」という言葉があるように、コーヒー店はその人にとって居心地のいい空間であるべきだと思います。

仕事帰りに立ち寄ってコーヒー片手に読書をしたり、いやなことがあった日にはマスターにぐちを聞いてもらったり、そういう日常の様々なシーンで気持ちを切り替えるプラットホーム…それがコーヒー店の役割であり、コーヒーを介して自然と人が集まるやすらぎの場所だと思います。

また、海外ではエスプレッソ式が主流ですが、日本ではドリップ式が主流です。それはなぜなのか？

1900年頃にイタリアでエスプレッソマシンが発明され、その後、ヨーロッパ各国へ広がり世界中に普及しました。そしてアメリカやオーストラリアなどもイタリア系移民によってエスプレッソマシンが伝えられ、エスプレッソ式が主流となったのです。そもそもエスプレッソとはイタリア語で「急行」という意味で、圧力をかけたお湯で短時間に一気に抽出するコーヒーです。それだけに欧米では立ち飲みするバルやカフェが多く、出勤前や仕事の合間にさっと飲むスタイルが大半を占めています。

それに対して、日本では江戸時代に、長崎から入国したオランダ人によってコーヒーが伝えられ、明治の終わり頃からカフェプランタンやカフェパウリスタ

などの喫茶店がオープンして、芸術家などが集まり人気となっていったといいます。このように日本では、本を読んだり、仲間とディスカッションしたりしながら、コーヒーを飲んでくつろぐ場所である喫茶店からコーヒー文化が広まったため、ドリップコーヒーが主流となったと考えられます。機械を使って短時間で淹れるエスプレッソ式よりも、時間をかけて丁寧に淹れるドリップ式の方が、"おもてなし"の心が息づく日本人にはフィットしたのでしょう。この、おもてなしを体現したジャパニーズスタイルであるドリップコーヒーを、世界に広げていきたいと思っています。

4. コーヒーの魅力の啓蒙活動

　高級レストランなどに行くと、ソムリエがワインを選び、シェフが料理を作り、パティシエがデザートを提供してくれますよね。では、〆のコーヒーは誰が作るのかというとその店の"誰か"であり、ほとんどの場合、コーヒーの専門家ではありません。つまり、手をかけずに手軽に出されるのがコーヒーであり、手をかけなくても提供できるものだと思い込まれているのです。また、ランチメニューなどにコーヒーが含まれている場合、消費者もコーヒーの価格は「0円」という認識ではないでしょうか。もしくはメニューに「コーヒー付き」と記載されていることも多いように、あくまでコーヒーは金額の枠外、サービスという印象はいなめません。

　「〆のコーヒー」と言うように、食事の最後に口にするものがコーヒーであるにもかかわらず、一番おざなりにされているのが現状です。食事の最後に口にするものがおいしければ、「今日の料理はおいしかったね」と料理全体の印象がアップしますが、最後の一口がおいしくなければ食事全体がだいなしになりかねません。コーヒーは脇役だからこそ、重要なポジションなのです。

　私は、おざなりにされがちなコーヒーが、料理やデザートと同じように、食事に大切なポジションとして認識されるよう啓蒙活動を行っていきたいと思っています。前述したように、コーヒーにはさまざまな魅力があります。それを多くの人に伝えていきたい…そのために、さまざまなイベントに参加したり、淹れる楽しさを知ってもらうためのコーヒー教室などを開催したり、これから今まで以上に積極的に活動していくつもりです。

金沢でコーヒーと共に半世紀

キャラバンサライ㈱代表（本会金沢支部副支部長）　西　岡　憲　蔵

　日本コーヒー文化学会と私の出会いは、地方でコーヒーの商売をしていると中々コーヒーを語り合う仲間も少なく、またコーヒーの情報を入手するのは難しいので、コーヒーの書物を読んだり外食情報誌などで紹介されたお店を訪ねたりしている時に、何かの雑誌に小さく1行「珈琲と文化」の発刊が紹介されているのを見かけて、すぐに発行者の星田宏司氏に電話した事を覚えています。その後、日本コーヒー文化学会が設立され入会させていただきました。

　私どもは、自家焙煎したコーヒー豆を小売販売する専門店を石川県金沢市で営んでいます。創業は1980年、サイホンで淹れる珈琲専門店として開業いたしました。

　当時は喫茶店乱立の時代で全国で16万店もある中での開業でした、既存の喫茶店では、モーニングやランチを工夫するなどメニュー数も多く、何を売りたいのかわからないほどでした、そんな中、自家焙煎したコーヒーを提供する店が各地で出来はじめていました。私自身も喫茶店での修行時代から焙煎に憧れ、自家焙煎店を訪ねたり、当時はあまりなかった本を探して読んだり、珈琲の焙煎卸をしている問屋さんに押しかけ焙煎をさせて欲しいと頼みましたが、当然断られました。

　店のオーナーに、自店でも焙煎をするように提案しましたが、設備も技術なく投資はできないと一喝されました。それではと問屋さんに焙煎機の空いている時間、自店の豆を焙煎させてもらえないかと頼み込み、自分で焙煎したものは今までと同じ価格で買い取るからと話し、OK の約束を取り付けた上、オーナーにも自分の休みに焙煎するのでやらせて欲しいと承諾を取り付けることができました。

　工場に通って見学と手伝いをしながら、最後に自店の焙煎と掃除をして帰るそんな事を繰り返していても飽きる事なく、楽しくていずれは自店でもと続けていましたが、結局その店では焙煎機を購入する事もなく、自分で開業する決意をしました。

　開業当初は焙煎機を買う資金がなく、中古の焙煎機を探しながら抽出に専念し、毎日お客様との対話の中で味作りする事ができました。1年位で少し余裕もでき

た頃、焙煎機を手に入れる事ができました。念願の自家焙煎を始めるはずだったのですが、ここで思いもかけない問題が発生しました。焙煎問屋さんに焙煎するので生豆の見積り依頼をしたところ、見積りは出せないとの事。理由を聞くと珈琲を焙煎して売るのが焙煎問屋なので、生豆は売らないとの事でした。ここでやっと、勤務していた店のオーナーがなぜ自家焙煎に手をつけなかったかの理由がわかりました。

地元ではコーヒーの原料を買う手段がない！

　しかしこの事で私の闘争心に火がつきました。生豆を扱っている会社に電話帳や雑誌を頼りに探して電話をかけ相談しましたが、地元の焙煎問屋さんに卸しているところはほとんど断られ、また自家焙煎をしているお店を訪ね相談もしました。わかった事は喫茶店1軒で使用する量はしれています。1日2kg使用しても、1ヶ月で60kgしか使用しない生豆は1袋60kgとか70kgなので、販売しても割りにあわない。ましてや地方だとすでに焙煎問屋と取引があるので、その取引先に売るわけにいかないということです。

　そんな中でも根気よく探して、なんとか月1〜2袋でも売ってもらえるところが県外で見つかり、焙煎をしながらブレンド3種と産地別を5種類ほど店で提供して、お客様の味の意見を聞きながら続けたところ、少しずつ評判となり2号店出店の話が持ち上がり、1985年出店する事にしました。店舗が増えるとコーヒー豆の使用量も増え、もっと有利に仕入れる事ができると考えたのと、焙煎作業を店内で見せる事で、お客様にコーヒーに興味を持ってもらえるとの思いで、店内中央に焙煎機をおきカウンターではサイホンで1杯ずつ抽出するようにしました。

　レジ横ではコーヒー豆の販売も始めました。新しい店という事もあり繁盛しましたが、店も2店舗となり全体を見る余裕がなくなり、店員の指導もままならない上、この頃バブル経済真最中で、人件費や材料も3ヶ月おきに値が上がりメニューを値上げしても追いつかない、店は忙しい、売上も上がるが利益が出ない、ゆっくりコーヒーを提供しくつろいでもらうのが喫茶店業なのにと、先行きに不安と悩みを抱えていました。

　豆の販売にも期待していましたが、1日3〜4人に1kgも売れないところで頭打ちなのに、家で入れても美味しくならない、店のような味にならない、と言うお客様の声を聞くのですが、淹れ方などお客様に合った話しをゆっくりとする時間も取れない状態でした。

　趣味のようにこだわって飲んでいる方からは、店で使用している豆以外の産地

の豆や、違った焙煎度合の豆も要求されることが多くなりはじめていましたが、生豆の情報も少ない中で、入手できる数種の産地の豆を試行錯誤しながら味作りをしていました。また、原料の調達に限界があり、もっと販売量を増やさないと選んで豆を買い付ける事も出来ないということから、思い切って以前から取り組んでみたいと考えていた飲食店でない、豆だけを販売するコーヒー豆専門店を開業することにしました。1986年のことです。

　専門店の看板をあげて販売をするからには、豆の種類を取り揃えブレンドは浅煎り・中煎り・深煎りのアイテム3種以上、他には一般に販売されている産地別コーヒーは10種以上取り揃えて、食品スーパーなどとの差別化として鮮度管理を徹底しました（焙煎後1週間以内のものしか販売しない）。そして、お客一人一人の好みの美味しい味を見つけること（アドバイス販売）、産地による味の違い、淹れ方での味の違いや焙煎度合いによる違いを知っていただき、産地や品質に対する要望にも答える事を販売理念としました。

　実際に店を作ったからといって、お客様がほとんど来ない日が続きましたが、喫茶店を2店舗営業していたので、豆の鮮度管理は徹底することができました。

　お客様が来ないので最初に一番取り組んだのは、コーヒー教室の開催です。たとえ一人しか参加者がいなくても毎日繰り返せば、コーヒーを淹れて飲む人を増やせると、店の前にはコーヒー教室の看板をあげいつでも声をかけてもらえるように工夫しました。そしてまた、オフィス用に配達するなど積極的にお店を紹介することで、1年足らずで軌道に乗せることができました。

　喫茶店や外食でコーヒーを飲む習慣が増えているにもかかわらず、コーヒー豆を専門に販売する店が無かった事と、家庭内での飲用が増えている時期だった上に、自家焙煎店としての看板が有った事で、いいタイミングだったと考えられます。

　気を良くして店舗展開を考えている時、いつものように業界紙を見ていたら、本会の元常任理事の柄沢和雄さんが、アメリカ西海岸市場視察を行うので参加者を募集

アメリカ西海岸視察でのツーショット　右が柄沢先生、左が筆者

している記事を見つけて、すぐに申し込みました、私にとっては初めての海外旅行でしたが、柄沢さんの無駄のない密度の高いアテンドで、ロサンゼルス・サンフランシスコのカフェやコーヒー店の新しい潮流を見る事ができました。中でもスターバックスの素晴らしさが目につきました。柄沢さんの解説によると、標準店舗で30〜40坪、1日客数1000人そのうち200人くらいがコーヒー豆を購入し、100kgも販売している。カップメニューはラテやカプチーノ、さらに驚いたのは、テイクアウトがすごい。朝の出勤前には列ができてそれもマグ持参で並んでいました。私たちはテイクアウトを注文すると紙カップで出してもらえるのですが、驚いたのは蓋に飲み口がついていて缶コーヒーのように歩きながら飲める（今では当たり前ですが）など、他にも書ききれないほどの情報と驚きがあり、その後の事業展開に大きく影響しました。

　視察から現実に戻り相変わらず忙しい日々でしたが、何をしても視察で見た事と比較して考えるので、新しいアイデアが次々と思いつきましたが、コーヒー豆がカフェで100kgも売れる事が信じられなくて、文化の違いを感じました。日本ではまだコーヒーを毎日自宅で飲む習慣が一般的ではないので、興味を持った人がコーヒーメーカーを持っていて時々淹れている人が大半だったのです。

　いずれ日本でも視察でみた住宅地の中で、お茶屋やパン屋のようにコーヒー豆を販売していて、地域の人たちが日常的に買物に来て世間話をして、ついでに少しだけ座れる椅子でコーヒーを飲みテイクアウトして帰っていく、そんな光景を思い浮かべながら店作りを考えていました。

キャラバンサライ本店

事業はなんとか軌道に乗っていたのですが、思いつきのアイデアだけでスタートしたようなものなので、中身が中々伴わないそんな気持ちでいる時に、「珈琲と文化」を発行している星田さんや、業界で数々の著書を出している先輩方が日本コーヒー文化学会を立ち上げる事を知り、入会させていただきました。本でしか知らない方達にお会いする事もでき、話を聞くこともできる素晴らしい会ですし、各地でコーヒーを楽しむ会なども開催されるので、仕事の都合を開けてできるだけ参加しました。同じ想いを共有できる仲間とも出会い、一緒に市場視察や農園視察などにも参加し貴重な経験となりました。

　コーヒーに真摯に取り組み研究し、その成果を後輩やお客様に伝える仲間たちの姿をみて私の教訓となり、地元でコーヒーを商いしている個人や企業が集まり、金沢支部を立ち上げました。「和菓子とコーヒー」をテーマに、日本で一番美味しいコーヒーを飲める街作りを推進しています。金沢のコーヒー文化を高める一助になればと、お客様やコーヒーファンを集めて楽しむ会を開催しています。

　今では日本は世界一美味しいコーヒーを提供する消費国となりました。生産地からも遠く、情報の入手が少なく高価なものであったからこそ、抽出器具や焙煎方法に工夫し、ブレンド技術も発達させた日本人の探究心、細やかな接客技術が、世界のカフェの参考になり発達し続けている事に自信を持って、コーヒーと付き合っていける事を誇りに思います。

　世界の消費国や生産国では品質の良い美味しい味を求める要望が高まり、スペシャルティコーヒーを提供するお店が増えてコーヒーブームが続いています。この状態が続く為には、安定した原料の供給が欠かせません。特に近年では、世界のどこかで幻の美味しいコーヒーを見つけることは不可能に近いくらい、探し尽くされています。生産者もその要望に答える為に、農園作りや品種改良さらに従来の精製方法に加えて新しい精製技術も導入し、味作りを行っています。

　私たちも生産者が丹精込めて育てたコーヒーを、安全で安心して飲めるコーヒーを、いつまでも提供できるよう日々工夫し精進していくつもりです。

コーヒーといけばな・ひとりよがりのものさし

徳島コーヒーワークス代表（本会賛助会員）　**小原　博**

1. 勅使河原蒼風の『花伝書』

　草月流創始者・勅使河原蒼風、その生涯のなかでいけばなを語った名言集に『花伝書』がある。

　『花は美しいけれど、いけばなが美しいとはかぎらない。花は、いけたら、花ではなくなるのだ。いけたら、花は、人になるのだ。それだから、おもしろいし、むつかしいのだ。自然にいけようと、不自然にいけようと、超自然にいけようと、花はいけたら、人になるのだ。花があるから、いけばなはできるのだが、人がなければ、いけばなはできない。……目で見えぬものを、いけよ。目で見えぬものが、心の中にたくさんある。花は具象的なものである。いけばなは抽象的なものである。いけばなは足でいけよという。わたしはこの説に反対である。そして賛成である。というのは、山野の花を見てあるけという足なら反対で、花ではないもの、世のいっさいに触れよという足なら、大いにそのとおりというわけだ。いけばなもまた、人生であるということなのだ。』……

　私が、このことばに出会ったのは、いけばなを始めて数年後、40年ほど前のことである。それまでも、カウンターにはそのときどきの季節の花を飾っていたが、とてもいけばなとは言えるものではなかった。ちょうど本格的に自家焙煎を始めた頃とかさなる。『花』を「コーヒー」に置き換えて、コーヒーは美味しいけれど、いつも自分のコーヒー、ブレンドが美味しいとは限らない・・・。コーヒーは人、それだからおもしろいし難しいのだと。スウッと、心に落ちた。妙にその言葉に安心して、何も解決していないのにコーヒーに挑む決心はできた。

カークリゴ・リンドウ・ヤマゴボウ
カークリゴはイッセイミヤケのプリーツの様な花材。花を包み込み、そこからはみ出す、草花の強さを表現する。

　『いけるというのは、字に書いてみれば造形る（いける）、変化る（いける）といったことなのだ。いかに、造形た（いけた）か、いかに変化た（い

けた）か、ということが問題なので、ここに急所といったようなものがある。いい花といい花瓶とがあれば、良いいけばなになるのではない。この理がわかれば、いけばな修行の目標もきめることができるというものだ。……』

水仙・縄
縄から顔を出すスイセンの可憐な花と葉の逞しさ、春の息吹きを表現。

2. 華やか、魅力的、独創的なコーヒー

　勅使河原氏のことばは、コーヒー、料理、スウィーツなど、すべてに当てはまることばである。

　華やか、魅力的、独創的なコーヒーとの出会い。その魅力を最大限に引き出すことのできる「焙煎」と「抽出」「提供方法」と「設え（しつらえ）」が大切になる。茶の湯の『おもてなし』に通ずる一貫性、トータルで考えるカタチが必要である。

　先ずは生豆を浅煎り・中煎り・深煎りと、どのタイミングで煎り止めにするのか、自分が求める香味、描ける香味があるのかどうか、理想とするコーヒーが明確に観えていないと焙煎は難しい。

　自分自身が感動したコーヒーに出会っていなければ、目標が定まらず煎ることができない。そして悩ましいことに、いつも同じ味は出せないのがコーヒーである。ブレンドコーヒーの場合はもっと想像力を働かせる必要がある。包容力があるコーヒーに何をプラスして、何を削り、何を表現するのかを、創造（想像）して焙煎をする。其々のコーヒーとの対話。自分なりにカタチを思い、煎る。それは、明確な目標とするカタチ、味を感じながらする作業である。

　焙煎の次は抽出。これもまたしかりである。教わって、真似をして、幾度となく失敗を繰り返して、納得のできる味を思い、「造形」の日々。

　コーヒーには色々な顔があるが、草月流にも「場にいける」という考えがある。茶の湯の「設え」という考えと通ずるところもあるが、要するにその場に合った様に造形た（いけた）かである。大きな空間に竹の作品を造形る。ある時は、デパートのショーウインドウに造形る。また大テーブルの中央、カウンターに添えるなど、その場その場に合った花を造形る。竹・割竹・鉄・鉄錆・流木・土、そして花。ありとあらゆるもので、表現する。

　いけたくなるような線をもった枝と色々な表情を持った花、花材との出会い。それは運命的な出会いではなく、意図的なものであり、結果を見据えた計画的な仕事が必要である。それは美しくなければいけないし、全てに調和が必要である。

そしてここに花伝書のいうところの『急所』がある。

3. 4年ぶりのコロンビア渡航

今年（2023年）7月、4年ぶりとなるコロンビアに渡航。今回で6回目となる。コロナ以前はブラジル・中米などに、あまり代わり映えのしない情報の中、取り立てて意識もしないまま、年に一度か二度産地に身を置くことで、なんとか「コーヒー屋の意識」は保てたような気分で懲りずに出かけていた。今年も久しぶりとはいえ、出かけるまでは、どこか白けた気分であったのは否めない。そう代わり映えはしない、少し時間が開いただけだろうと。

しかしこの4年間、コーヒーの世界でも、世界的気候変動、ラニーニャ、コロナウィルスのパンデミックなど、かつて経験したことのないことの連続であり、特にコロンビアは未曽有の不作の年であったようだ。私自身の殻に閉じこもっていた時は、あまりにも大きな激動の時であったのだ。

嘗てコロンビアはウォシュドコーヒーの一大生産地であり、良質なティピカ100％ウォシュドも探せば手に入る産地であるという認識であった。前回の渡航時も中米と同じように、クラシックハニー、アナエロビックなど、スペシャルティに向けた取り組みも始まってはいたが、今回の訪問で、その認識を大きく改めることになる。

スペシャルティコーヒー向けに新たに導入されたチェリー用電子選別機と周辺機器、また天候に関係なく省スペースで大量に乾燥が可能なソーラードライングシステムなど、最新の機械、機器にも驚かされたが、Inmaculada 農園（同農園は世界有数のコーヒー農園であり、コーヒーの世界でカルボニックマセレーションを初めて採用したのも同農園だと言われている。WBC（World Barista Championship）において、上位入賞者が度々この農園のコーヒーを使用したことで一躍有名となった。）を代表とする、栽培品種においても希少のスペシャルティコーヒーに特化したそのシステムと販売戦略にも驚かされた。

4. 最近のコロンビアの栽培品種と販売戦略

【エウジェノイデス】

アラビカ種の祖先にあたる品種で、特徴的な風味を有しており、WBC2021において、ファイナリスト TOP 3 が使用したことで一躍有名となる。栽培が非常に難しく、1本の樹から150gぐらいしか収穫できない。

【スーダンルメ】

WBC2015において Sasa Sestic 氏がこのコーヒーを使って優勝したことから

注目されている。収穫量は中程度で、豆は大きくて長い。甘いスパイス、フローラル、紅茶のような風味特徴を持つ。

【ロウリーナ】

ブルボン・ポワントゥとしても知られる。レ・ユニオン島で発見された品種。カフェインの含有率は、通常のアラビカ種の半分程度と言われている。収穫量は少なく、甘みがあり、フルーティーでフローラルな香りが特徴。

他にも、ゲイシャ・SL28・エティサール・ウシュウシュ等、希少な品種が栽培されていた。

生産国に対する勝手な概念は捨てるべきだと改めて思い知ったが、コロンビアに期待するコーヒーは、ティピカであり、ウォシュドであり、嘗てのコロンビアマイルドといわれた時代の口当たりがソフトで、尚且つ甘みとボディのあるコーヒー。中煎り深煎りが真骨頂で、価格的にも安定した安心のコーヒー。日本市場において、こうであって欲しいという声を上げるべきである。

しかし市場は大きく変わり、生産国それぞれがスペシャルティコーヒーを作れる技術と環境を整えている。今後益々それは顕著になってくると思われる。我々としては、両方のコーヒーが欲しいところである。

前回はメインクロップ時期に合わせての渡航であったが（エリアによっては、カップも出来ず残念な思いをした）、今回は、ナリーニョ・エルタプロン地区・アポンテ地区・バジェデルカウカ・カリ地区・カウカ・ウィラアルゼンティーナ・サンアングスチン等、其々の地区でカップができ、初めてのエリアのコーヒーを仕入れることができたのも大きな収穫であり、記念すべきことであった。

それというのも、ナリーニョ、エルタプロン地区の Edmundo Ceron 氏とアテンドしていただいた CON（Colors of nature）社の Felipe 氏のおかげである。

CON Felipe 氏と Edmundo Ceron 氏について紹介しておきたい。

Felipe 氏はコロンビアを拠点に高品質なスペシャルティコーヒーを取り扱うサプライヤーであり、自社農園も経営しながら、他生産者の生産・生活・設備・研究のサポートなどを実施。同社は元々貧困や違法作物、戦争等の影響を受けた地方エリアの人々を支援するプロジェクトのために設立されており、現地の通常流通価格よりも高値で買い取り生産者を支援している。品質も妥協せず、最新の研究等で判明した知識などは生産者と共有するなど、常に品質向上に向けて生産者たちとコミュニケーションを取っており、毎年のように COE（Cup of Excellence）入賞者を輩出し続けている。

Edmundo氏はCONプロジェクトのナリーニョ地区のリーダーであり、とても勤勉で真面目なお人柄。滞在中もコーヒーのトレンドや、どうすればよりおいしいコーヒーを作ることができるのか、ずっとFelipe氏と話し込まれていた。実際CONと仕事を始めてからプロセスについて必死で勉強され、COEにも4回入賞している。プロジェクトが始まった8年前はまだ内戦の最中で、この辺りはゲリラの拠点となっており、治安は最悪で長らく外部の人間は立ち入ることすらできないエリアであった。和平交渉が進んで治安が回復し、Felipe氏も今回ようやく訪問することができたエリアであり、日本人も初めて入ることができたエリアでもある。マフィアやゲリラが支配していた

自作鉄花器・丸竹・割り竹
時間と共に朽ちていく鉄素材の花器、鯖色と自然のままに変わっていく竹、色の対比を活ける。

頃は、この辺り一帯は麻薬の一大産地となっており、Edmundo氏は政府が麻薬撲滅のために始めたフォレストレンジャーの活動に参加し、麻薬を全て枯らしてコーヒーに植え替える仕事に従事されていた。しかし、コーヒーを作っても誰にも買ってもらえず困っていたところ、CONが支援を開始。スペシャルティコーヒーの作り方も指導を行い、ようやく生計をたてられるようになられた。

ナリーニョ地区プロジェクトメンバーの生産者とそのご家族は、みんな気さくで明るい方々ばかりであった。Edmundo氏の奥様の名前で出ていた2アイテムのカップが素晴らしく、買い付けることができた。その奥様の名前をいただき「コロンビア・ナリーニョ・ピタリート ヒメナ」と名付けた。もちろんEdmundo氏の許可はいただいている。

COEでカスティージョが3位に入ったというニュースは衝撃的であったが、今回その環境を観ることで納得したのも収穫のひとつである。

5. 話題の「漬け込みコーヒー」について

巷で話題のInfused coffeeもカップさせていただいた。漬け込みコーヒーである。シナモン・トロピカルフルーツ・ローズウォーターと赤い果実の香りなど、圧倒的なフレーバーがある。Infused coffeeも選択肢の一つとしては全く否定するものではないが、同じコーヒーとして混在することには当然抵抗がある。消費者に対して、生産国・消費国ともに情報の開示が必要であると考える。コーヒー

に限らず、他の商品においても一括表示に記載されていないのは問題である。

今回のコロンビア訪問で出会った素晴らしい人や素晴らしいコーヒー、そしていろいろな経験は、私自身の殻に閉じこもっていた時を一気に押し進めてくれたように思う。コロナのパンデミックによって閉塞した時間は、以前には帰れないあまりにも長い時間である。でも、それを新鮮な切り口をもってワクワクしながら、新たな出会いと創作、その時代を真剣に楽しむのが得策であると思う。

オクラレルカ・薮つばき
オクラレルカの直線と深い緑、丸葉の真紅の薮つばきが引き立ちます。ホッとする色を生ける。

『花伝書』の最後の方に、

『いけた花で、実にうまくできた、まずここまでできたのだから、などと喜びをおぼえることは誰もが経験していると思う。このようなとき、奥義にふれたと思っていいのだろうし、私もそう思う。しかし、やがて時がたって、それほどのものではないとわかったり、つまらないものだったと思えたりすることが誰にもあると思う。ふれた奥義の力が弱いものになって、奥義と思えたものが違っていた。と気づくようなことがあるにちがいない。しかし、必ずしもそうなるともきまっていない。むしろ逆に、前にいけたほうがいまよりよかった、いまのほうが、自分は落ちた、奥義から遠くなった。などと思うこともある。ここがまことに厄介なので、奥義はついにわかりにくいものだときめてかからねばならない。』……とある。答えは時代と共にある。私もあらためてコーヒーに挑みたい。

参考文献
＊勅使河原蒼風　花伝書　草月出版『……』より、の部分は引用させていただきました。
＊ひとりよがりのものさし　　坂田和實著　より、この言葉を引用させていただきました。

珈琲問屋の海外出店状況
——フィリピンと韓国に出店して——

㈱フレッシュロースター珈琲問屋代表取締役（本会賛助会員）　**佐 藤 光 雄**

　珈琲問屋における国内珈琲豆の販売量は、まだまだ伸び続けている。開店当初は、海外への出店は全く考えていなかった。順調とは言えないが、1988年に横浜に9坪の店一号店を開店して、早いもので35年が過ぎてしまったが、未だ創業当初の目標は達成できていない。

　その目標とは、国内47都道府県県庁所在地への店舗展開だ。やっと関東甲信越（東京都を除く）への出店を完了。昨年9月に東北6県に向けスタートし福島店を開店した。

1．海外一号店フィリピンへの出店

　フィリピン出店のきっかけは、知人の紹介でサンフランシスコにおいて食事を共にした、UBIX の社長との出会いに始まる。それからはフィリピンに行く機会も増えたが、それまでフィリピンでコーヒーが栽培されていたことも知らなかった。

　マニラから南に車で高速を走ること90分、約100kmの道のりを、バタンガス（Batangas）に向かい、野生のコーヒーの木を見る事ができた。

　近くの市場では、そのとれたコーヒー豆を、直径1メートルもある巨大な中華鍋で焙煎しているところを見た。価格も安いこともあり、現地では人気のコーヒーである。

　またマカティから北に250km、車で約4時間のバギオ（Baguio）標高1500mのコーヒーの産地。この地には NGO 団体 CGN があり、日本人女性の反町さんが代表を務め、コーヒーの生産指導に携わっている。生産量は少ないが、高地産特有の品質の良いコーヒーを味わうことができた。現在は現地産のコーヒーとして販売している。

　こうして UBIX の社長に何度となくお会いする度に、UBIX の社長から、どうしても「珈琲問屋」をマニラで開店したいとの話になり、合弁の会社を設立し、2016年9月マニラマカティ市役所隣に開店した。100坪ほどのクラフトビールレ

ストランの入り口15坪ほどのスペースに、日本の珈琲問屋そのものを再現した。

店内はすべて生豆。注文を頂いてからお客様の好みの焙煎、好みの粗さの挽き方、注文の珈琲豆ができるまでは一杯の珈琲をサービスと、すべて日本と同じ対応にした。最初は戸惑いもあったお客様も、二回目にはスムーズな対応ができる様になっていた。

2018年9月まだ開店して2年なのに、突然先方の都合により改装に入る。改装期間中は仮店舗にて営業。しかし驚くべきは、改装期間がなんと15ヶ月もかかったことだ。そして、2019年12月改装開店。100坪と大きくなったものの、翌年2020年3月コロナの影響で、売り上げはほぼなくなってしまった。

その頃突然に、地下鉄の駅が出来るので立ち退きの話が出てきた。3回目の引っ越しである。2021年4月新店舗にて開店、まだまだコロナの影響も大きく、売り上げは伸びない。2020年3月から2023年3月までの3年間は、日本人の駐在員がいない中での営業が続いた。開店以来7年目約6000万円の累積赤字を抱えて、黒字化への再出発をした。

2. フィリピンのコーヒー事情について

コーヒー栽培の歴史は1740年に始まり、1880年には生産量も世界4位になった。しかし1889年にフィリピンでもさび病が蔓延し多くのコーヒーの樹が枯れてしまった。フィリピンはアラビカ種、ロブスタ種、リベリカ種、エクセルサ種、という4種類の珈琲豆を生産する数少ない国なのであるが、国内の消費量は生産量を大きく上回っており、輸入に頼っている現状。

コーヒーの消費量は、日本に次いで世界4番目。また生豆の輸入量も日本に次いで4番目である。インスタントコーヒーの輸入量では、ダントツの世界一位で、2021/22年は、日本の約9倍にもなる。国内の2023年珈琲豆100g平均販売価格は、アラビカ900円、ロブスタ300円、エクセルサ580円、リベリカ680円と、品種により特徴や価格も異なり、いずれも南国風味を味わうことができる。

フィリピンの珈琲生産量は、1袋60kg換算で2016/17は25万袋、2017/18は27万袋、2018/19

珈琲問屋フィリピン店の正面

フィリピン店の店内

276

は25万袋、2019/20は24万袋、2020/21は23万袋、2021/22は22万袋。生産量の90％がロブスタ種で、主な産地はミンダナオ島やルソン島山岳地帯である。

2019/20生豆の価格は、1kg6.5ドルから8.7ドル、2021年には9.8ドルを超えることもあった。思ったよりも現地仕入れの生豆は安くはない。現在の珈琲問屋マカティ店の売り上げ比率は、コーヒー豆が50％、器具12％、喫茶17％、フード21％と、コーヒー豆の販売比率はほぼ日本との比率に近い。

予想外の三度の引っ越しによる休業、改装費、コロナによる緊急事態宣言中の大幅な売上ダウンと、予想外の赤字にはなってしまったが、2023年黒字化に向け再出発をした。何が何でも黒字にして、二店舗目はセブ島への出店を計画している。

3. 海外二店舗目韓国への出店の運命

私が珈琲業界に入って初めての海外は、23歳48年前の時の韓国であった。1975年、韓国は北朝鮮と休戦中で、戒厳令が発令され、深夜0時から朝4時迄は外出禁止の時代で、空港にも街中にも、機関銃を持った兵士が多く見られた。

仕事柄どんな珈琲が飲まれているのか、現地の人の案内でタバン（喫茶店）に入ってコーヒーを飲んだ。薄暗い中でのコーヒーは、すべてインスタントコーヒーであった。なぜかメニューには、アイリッシュコーヒーもあったので注文した。見た目がとても奇麗だったのを覚えている。いつか日本と同じように、レギュラーコーヒーの時代が韓国にも来ると思った。当時の日本は、コーヒー専門店、喫茶店も乱立、コーヒー業界全ては右肩上がりの成長を続けていた。

フィリピン店開店から2年後、韓国店開店。きっかけは、イタリアミラノの展示会で偶然会った韓国人。その夜食事をした時の事、彼は今の会社を12月で退社、次は決まっていないとの事。これも何かの縁と思い、珈琲問屋を韓国に展開しようとの話に大いに盛り上がった。

彼は韓国の家庭用焙煎機メーカーの海外事業部部長で、珈琲問屋の担当であった。コーヒーに関する本も出版していて、「珈琲問屋」に関する内容も記されていた。それもつい最近知った。

珈琲問屋 韓国1号店

話はトントンと進み、2018年12月「珈琲問屋韓国」設立。韓国1号店を開店、社員は全て現地採用、すでに給与は日本より約5％も高く、退職の際一年以上勤務していれば、在籍年数×月給を支払わなければいけないと法律で決まっている。

翌年2019年7月には、日本製品不買運動となり、WEB上で珈琲問屋も日本資本の店舗として紹介されて

珈琲問屋韓国店のメニュー

いた。それなりの影響もあった。また2020年3月にはコロナウィルス感染による緊急事態宣言が発令され当然影響もあった。

まだまだ黒字化にはなっていないが、売上の60％がコーヒー豆、喫茶が30％、10％が器具とコーヒー豆の比率はほぼ日本の珈琲問屋の販売比率と変わらない。

現地スタッフからは、「器具の販売を縮小、すべて喫茶スペースにしたい。売上は倍以上になる」と要望があったが、珈琲問屋は、喫茶がコンセプトではない。珈琲豆と器具の普及販売がコンセプトである。

開店当時、韓国はコーヒーショップが乱立、街全体がコーヒーショップというそんな感じさえした。それは、まさに1975年頃の日本を思い出させた。しかし、コロナによる影響は大きく、現在では個人店は倒産、大型店舗、フランチャイズ店だけが勢いを伸ばしている。

当初、生豆、商品はすべて日本からコンテナで持って行ったが、最近はすべての仕入れは、韓国国内で調達している。

現在、開店のきっかけになった韓国責任者は二年で辞めてしまった。しかし彼は、韓国出店の為に一年かけて、韓国店五か年計画の書類50ページを作成した。それは日本と同じように、17の第一級行政区画への店舗展開がとりあえずの目標であった。彼が辞めても、韓国出店計画は止まってしまった訳ではない、確実に前に進んでいく。

4. 韓国のコーヒー事情

2009年11月、韓国ではihoneが発売され、多くの人が持っていた。その頃、家庭用焙煎器を輸入するために訪問したメーカーでの事、出されたコーヒーが麦茶状態。早速淹れ方を聞いた。驚いた事に、6杯用コーヒーメーカーに、6gメ

ジャースプーンで1杯を使用していた。何と一杯1g。これがコーヒーの淹れ方だった。後に、エスプレッソアメリカーノがメインのコーヒーであることを理解できた。

百貨店でコーヒーメーカーは販売していたが、コーヒー豆は販売していなかった。店員の説明によると、家庭ではネスプレッソのカプセルコーヒーがほとんどとの事で、当時珈琲豆は販売していなかった。

カプセルコーヒーは、毎年30％の勢いで拡大していた。2013年頃からカフェブームが始まり、焙煎機とエスプレッソマシーンが無ければカフェではない、そんな感じさえした。

2014年からは2019年まで、毎年韓国の展示会のカフェショーは見に行っていた。参加国80ケ国、出展企業630社と、日本の展示会の約3倍の規模で、特に焙煎機、エスプレッソマシーンの展示は多く、価格も安い。韓国のレギュラーコーヒーのスタートは、スペシャルティーコーヒーからである。

またカフェのコーヒーといえば、エスプレッソアメリカーノである。最近ではドリップコーヒーも増えてきている。そして、日本も韓国も、コーヒーの価格、コーヒー豆の販売価格は、店によって独自の設定になって、比較が難しくなっている。

ともあれ、今後も海外展開は、積極的に行っていく予定である。

謝　辞

　今回の30周年記念単行本出版発行にあたり、下記の各社より多大なご協力並びにご支援をいただきました。心よりお礼を申し上げます。(敬称略 順不同)

DKSHマーケットエクスパンションサービスジャパン株式会社

UCCホールディングス株式会社　　　株式会社サザコーヒーHD

株式会社富士珈機　　　　　　　　　株式会社フレッシュロースター珈琲問屋

メリタジャパン株式会社　　　　　　株式会社ワールド珈琲商会

不双産業株式会社　　　　　　　　　一般社団法人全日本コーヒー協会

HARIO株式会社　　　　　　　　　　株式会社松屋コーヒー本店

アタカ通商株式会社　　　　　　　　堀口珈琲研究所

ワタル株式会社　　　　　　　　　　株式会社ヒロコーヒー

ボルカフェ株式会社　　　　　　　　株式会社坂ノ途中

イタニアートオフィス株式会社　　　有限会社太洋

キャピタル株式会社　　　　　　　　株式会社ジーエスフード

石光商事株式会社　　　　　　　　　株式会社カリタ

日本珈琲貿易株式会社　　　　　　　株式会社セラード珈琲

三洋産業株式会社　　　　　　　　　株式会社シービージャパン

キャラバンサライ株式会社　　　　　株式会社中村商店

榛名山麓珈琲ギャラリー　　　　　　株式会社松屋珈琲店

株式会社大和屋　　　　　　　　　　株式会社昴珈琲店

株式会社シーアンドシー　　　　　　株式会社弘前コーヒースクール

株式会社いなほ書房　　　　　　　　株式会社旭屋出版

有限会社オハラ　TOKUSHIMA COFFEE WORKS

あとがき

UCCコーヒーアカデミー学長（本会事務局長）**栄　秀文**

　日本コーヒー文化学会はコーヒー愛好者参集の下に、コーヒーを学術的に探究し、総合的にかつ体系的にとりまとめ、研究成果を公表し、コーヒー文化の発展に寄与することを目的として1993年に発足いたしました。

　本学会の会員メンバーは、一般のコーヒー消費者をはじめ、喫茶店や自家焙煎店店主、学生や大学の教授、コーヒーの研究者、コーヒー関連のメーカーなど幅広く、また日本国内に限らず、海外でもコーヒー業界を支えて頂いている方々で構成されており、コーヒーを文化として捉えるこのような学会は世界でも類をみない存在です。

　このたび30周年記念の一環として、単行本『専門家が語る！ コーヒーとっておきの話』発刊にあたり、その執筆にご協力を頂いた皆さまに御礼申し上げます。

　その内容は、コーヒーの起源、歴史、品種、栽培、鑑定、流通、焙煎、ブレンド、抽出、飲用、文化、健康や効能など一杯のコーヒーが飲用者に届くまでの長い道のりを、いろいろな角度から幅広く、奥深く語って頂いており、購読頂いた皆さまにはコーヒーのワクワクするような明るい将来性と可能性を感じて頂けるものになっております。

　この記念本がひとりでも多くの方にもっとコーヒーのことを知って頂き、笑顔でおいしいコーヒーをいつまでも楽しめる未来につながるきっかけになれば幸いです。

　最後になりましたが、記念本発刊にご協力ご支援を頂いた関係各位に、あらためて御礼申し上げます。

専門家が語る！コーヒー とっておきの話

発行日　2023年12月13日　初版発行

編　者　日本コーヒー文化学会
編　集　星田宏司・狭間　寛
制　作　株式会社いなほ書房
　　　　〒109-0075　東京都新宿区高田馬場1-16-11
発行者　早嶋　茂
発行所　株式会社旭屋出版
　　　　〒160-0005　東京都新宿区愛住町23-2　ベルックス新宿ビルⅡ　6階

郵便振替　00150-1-19572

電話　03-5369-6423（販売）
　　　03-5369-6422（広告）
　　　03-5369-6424（編集）
FAX　03-5369-6431（販売）

旭屋出版ホームページ　https://asahiya-jp.com

印刷・製本　株式会社シナノ